The Risk Assessment and Comprehensive Management of Emerging Technology Project

新兴技术项目的风险评估与综合管理

周宗放　孔建会　周一懋　著

经济管理出版社
ECONOMY & MANAGEMENT PUBLISHING HOUSE

图书在版编目（CIP）数据

新兴技术项目的风险评估与综合管理/周宗放，孔建会，周一懋著. —北京：经济管理出版社，2015.8
ISBN 978-7-5096-3932-0

Ⅰ. ①新… Ⅱ. ①周… ②孔… ③周… Ⅲ. ①技术项目—风险评价 ②技术项目—综合管理 Ⅳ. ①F062.4

中国版本图书馆 CIP 数据核字（2015）第 203966 号

组稿编辑：宋 娜
责任编辑：宋 娜 赵晓静
责任印制：黄章平
责任校对：车立佳

出版发行：经济管理出版社
（北京市海淀区北蜂窝 8 号中雅大厦 A 座 11 层 100038）
网 址：www. E-mp. com. cn
电 话：（010）51915602
印 刷：三河市延风印装有限公司
经 销：新华书店
开 本：720mm×1000mm/16
印 张：17.25
字 数：290 千字
版 次：2015 年 12 月第 1 版 2015 年 12 月第 1 次印刷
书 号：ISBN 978-7-5096-3932-0
定 价：88.00 元

前 言

随着科学技术发展日新月异，新技术层出不穷，全球科学技术已进入一个前所未有的以创新为主导的时代。随着新兴学科的迅猛发展，网络技术、信息与电子技术、生物技术等已经将新兴学科和技术进步置于当今科技革命的最前沿。这些不断涌现的技术在过去通常被学术界和业界笼统地称为“新技术”（New Technology），直到20世纪90年代中期，“新兴技术”（Emerging Technology，ET）才作为一个明确的概念在管理科学的研究中被提出来。目前，新兴技术还没有统一和严格的定义，使用较为普遍的定义是“新兴技术是建立在科学基础上的革新，它们可能创造一个新行业或者改变某个老行业”[①]。

当前，全球范围的科学技术创新与变革方兴未艾，其特征是各国的科技创新和技术进步的步伐进一步加快。从世界各国科技发展历程来看，新兴技术的发展带动了工业技术的革命，工业化又促进了新兴技术的发展。特别是，自20世纪90年代以来，世界各国（特别是发达国家）都在大力加强对新兴技术的研发，把发展新兴技术作为争夺战略主动权的重要举措。从当前世界科技发展的格局来看，欧美等发达国家之所以成为科技和经济强国，其根本原因就是这些国家的技术创新水平占据了领先地位。因此，技术创新水平[②]已成为各国科技现代化水平的重要标志之一。

基于中国的国情，本书对“新兴技术”的界定如下：应用现代科学技术的基本原理和方法所开发的全新技术或者对现有技术的功能、产品或服务进行创新或升级，并且具有技术创新特征的新技术。本书所讨论的新兴技术项目主要指应用于民用的新兴技术类研发项目。

“九五”以来，尽管我国不断加大科学技术的研发步伐，然而，技术创新和

---

① [美] 乔治·戴，保罗·休梅克. 沃顿论新兴技术管理 [M]. 石莹等译. 北京：华夏出版社，2002.

② 技术创新的主要表现形式是新兴技术的水平，与新兴技术项目的研发与管理效益直接相关。

创新管理体系一直存在着不适应新兴技术发展的管理模式和明显的计划经济痕迹，同时也存在技术基础能力和研发创新能力薄弱、产品不适应市场发展的需要、收益水平不高等诸多亟待解决的问题。另外，由于新兴技术的特征，新兴技术项目无疑获得了大家的青睐，但新兴技术项目在研发、产品生产和市场等各个环节均存在较大的不确定性，这种不确定性反映出新兴技术项目较一般技术类研发项目存在更大的风险。因此，新兴技术项目的风险评估以及管理水平与新兴技术项目的成败直接相关。

基于此，本书在国家自然科学基金项目（70671017、71271043）和四川省科技支撑项目（2012SZ0001）的资助下，针对新兴技术项目（含攻关项目）的风险评估方法和综合管理体系展开讨论。第一，在分析当前新兴技术项目风险评估和管理现状的基础上，提出新兴技术项目的风险评估指标体系，并从理论层面上分析了评估指标的序关系，进而提出新兴技术项目风险评估的一类方法。第二，针对新兴技术项目的阶段性风险评估问题，提出新兴技术项目多阶段组合风险评估的方法，并对评估误差进行了理论分析。第三，为了刻画新兴技术项目的载体，即承担新兴技术项目研发任务的企业（以下简称新兴技术项目企业）的特征，构建了新兴技术项目企业的四维特征模型。第四，为了评估新兴技术项目企业履约风险和融资能力，提出新兴技术项目企业信用风险评估的一类 IF-ISODATA 集成算法，该算法改进了传统的 ISODATA 聚类算法。第五，针对新兴技术项目产品面临的赊销风险，讨论了新兴技术项目产品的赊销风险管理问题。第六，针对新兴技术项目产品的服务代理问题，探讨了服务代理商的选择和服务代理的网点布局。第七，针对我国当前新兴技术项目资产管理面临的突出问题，提出了新兴技术项目资产管理制度的构建思路。第八，给出了我国新兴技术项目综合管理体系的架构，同时，针对新兴技术项目闭环管理缺失的现状，讨论了新兴技术项目的后评估制度。

伴随着工业现代化与科技创新步伐的快速推进，我国新兴技术的发展正面临着新的机遇与挑战。本书的研究将对促进我国新兴技术的发展和新兴技术项目的管理有着积极而深远的理论和现实意义。

为加强全书的可读性，本书在注意理论完备性的同时，增加了一些相关基础理论知识的介绍，并穿插了一些必要的示例。

本书可供从事项目风险评估和管理、新兴技术行业管理的政府相关部门、金融机构、科研院所、高等学校以及相关企事业单位的教学、科研、技术和管理人员阅读、参考。

除笔者以外，课题组的于继科博士、张瑛博士、何应龙博士、任家富博士、肖珉博士和刘国强博士等也参与了本书的编写，在此一并表示感谢。还要特别感谢苏州汇誉通数据科技有限公司的鼎力支持。

鉴于笔者的学识和能力有限，疏漏之处在所难免，敬请读者予以斧正。本书借鉴和引用了大量的资料文献，如存在未准确标注出处的地方，敬请原作者予以谅解！

周宗放

2015 年 3 月于四川电子科技大学经济与管理学院

目　录

第一篇　绪论

第二篇 新兴技术项目的风险评估方法

第三篇 新兴技术项目企业

第一篇

绪 论

第1章 引 论

1.1 新兴技术与新兴技术项目的概念

1.1.1 新兴技术的概念与特征

1.1.1.1 新兴技术的概念

放眼全球，科学技术的发展日新月异，新技术层出不穷，全球经济已进入了一个前所未有的以创新为主导的时代。随着新兴学科的迅猛发展和技术进步的加快，信息与电子技术、生物科技、新材料、新能源等已经将新兴技术放到了当今管理的最前沿。然而，这些不断涌现的技术在过去往往被学术界和产业界笼统地称为"新技术"（New Technology）。直到 20 世纪 90 年代中期，"新兴技术"（Emerging Technology）才作为一个明确的概念在管理科学的研究中提出来。

目前，新兴技术还没有一个统一严格的定义，较为认可的定义是"新兴技术是建立在科学基础上的革新，它们可能创造一个新行业或者改变某个老行业"①。1994 年美国沃顿商学院成立的新兴技术研究小组主要研究了管理者如何理解、评价新兴技术和市场；如何形成战略，做出决策并改变其组织结构以适应新兴技术的管理。关于新兴技术的范畴，Day 等（2000）认为新兴技术不仅包括产生于根本性创新的间断性技术，如生物制药、数字成像、高温超导体、微型机器人、资讯、能源、新材料等，还包括通过集成多个过去独立的研究成果而更具创新意

① ［美］乔治·戴，保罗·休梅克. 沃顿论新兴技术管理［M］. 石莹等译. 北京：华夏出版社，2002.

义的技术，如核磁共振成像、电子金融和互联网等技术。综上所述，“新兴技术”可以简单地理解为“刚刚出现，并正在发展和扩散的技术”。

基于我国的国情，本书所指的新兴技术（Emerging Technology，ET）是指应用现代科学技术的基本原理和方法，开发出的全新技术或者对现有技术的功能、产品或服务进行创新或升级，并且具有技术创新特征的新技术。20 世纪 90 年代以来，全球范围的技术创新和变革方兴未艾，以互联网、信息与电子技术和生物技术等为代表的新兴技术代表了最先进的生产力。随着技术革新的步伐加快，新兴技术已成为整个社会经济持续发展的重要驱动力。世界各国（特别是发达国家）在加快经济发展步伐的同时，都加强了新兴技术产品的研发，产品的新兴技术含量不断提高。就当前世界科技发展的格局来看，欧美等发达国家之所以成为科技强国，抢占了科技发展的先机，其重要原因就是其技术创新能力和科技发展水平占有领先和几乎垄断的地位。因此，一些国家已把大力发展新兴技术，抢占技术优势，作为提升综合国力和争夺发展主动权的重要举措，新兴技术和技术装备的整体水平，已经成为各国现代化发展水平的重要标志。

技术创新不仅是我国，而且也是所有发展中国家的薄弱环节。随着我国科技和经济实力的不断加强，新兴技术产业的崛起正在成为我国科技和经济发展的新亮点，同时也面临着新的机遇与挑战①。新兴技术不仅在我国经济建设和现代化发展中具有举足轻重的作用，而且在国防、核工业和航天航空等领域的应用也越来越广泛。如何适应世界科技发展和变革的趋势，实现现代化的跨越式发展是我国当前面临的重要问题，也是我国新兴技术发展面临的基本问题②。因此，实施科技强国战略、提升综合国力的迫切要求是大力发展新兴技术，加速我国现代化发展的步伐。

1.1.1.2 新兴技术的特征

新兴技术早期研究者 Day 等（2000）认为，新兴技术的特征主要体现在以下两个方面：

（1）技术的不确定性。例如，新兴技术能否研发成功和研发成功的时间是不

① 新兴技术带动了工业现代化的发展，同时工业现代化又促进了新兴技术的发展。因此，提高新兴技术的研发和应用水平是我国实现工业现代化的重要战略举措。

② 如何加强以新兴技术为核心技术的元器件研发、设计与系统仿真、系统集成、试验验证、考核评估等科研、生产系统和核心基础软件开发环境的建设？如何支持和引导科技的自主创新能力？这些问题都是我国新兴技术发展所面临的基本问题。

确定的，技术的商业化能否成功也是不确定的。

（2）新兴技术产品市场的不确定性。例如，新兴技术产品是否能够满足市场的需求以及市场规模大小都是不确定的。

Paul J. H. Schoemaker 认为，在技术、产品结构、客户和市场等方面，老技术相对较清晰，而新兴技术则相对较模糊。新兴技术与老技术的特征比较，见表1-1。

表 1-1 新兴技术和老技术的比较①

项目＼技术	老技术	新兴技术
科学基础以及应用	已建立	不确定
体系结构或标准	在变革	新出现
功能或利益	在变革	模糊
产品结构	明确	不成熟
供货者、渠道的价值网络	已建立	正在形成
规则/标准	已建立	正在形成
市场/客户	基本明确	不明确
利用模式/行为	明确	正在形成
市场	明确	具有投机性
行业	传统行业	新兴行业
市场结构	已建立	初级状态
竞争者	已知	新加入
竞赛规则	已知	新出现

国外对新兴技术产品的研究，可以追溯到 1968 年 Frank M. Bass 构建的新产品市场扩散模型。该模型认为新产品的扩散主要受初始革新者和前一段时间购买者的影响。由此建立了包括初始购买的概率参数、前一段时间购买对后一段时间购买的影响参数、市场规模三个参数的新产品扩散微分方程，该方程的解即是扩散量。

1.1.2 新兴技术项目的概念

新兴技术项目指基于自主创新的新兴技术研发项目。近年来，我国不断地加大技术创新的力度，特别是在以推动新兴技术产业的结构升级，实现工业现代化建设的跨越式发展基础及核心能力建设方面，基于自主创新的新兴技术项目的研

① Adler P. S，McDonald D. W. & F. McDonald. Strategic Management of Technological Functions［J］. Sloan Management Review，1992（12）：19-37.

发、产品设计、检测、试验和生产的技术水平均已有了显著的提升。然而，我国目前的科技创新管理体系依然存在着明显的计划经济管理模式和痕迹，存在着技术基础能力和创新能力较薄弱、产品不适应社会经济发展和市场发展的需要、项目投资收益不高等诸多亟待解决的问题。因此，实现“以新兴技术促进科技强国”的战略目标还任重道远，提高我国新兴技术项目研发和科学管理水平势在必行。

1.1.3 新兴技术项目企业的概念与特征

本书主要讨论民用性质的新兴技术[①]，称承担新兴技术项目的研发、转化、生产、经营和产品销售为一体的企业为新兴技术项目企业。

1. 新兴技术项目企业具有三大基本特征

这类企业通常具有三大明显的基本特征，即行业特征、技术特征和市场特征。新兴技术项目企业的行业特征是拥有技术创新产品和服务的高新技术企业群落，其产品和服务具有创新性和独特性，行业的关键技术属于新兴技术领域；技术特征是具有期权性质和显著的边际效应，项目风险可以用期权价值来衡量；市场特征表现为滞后盈利和集群式快速扩张。基于新兴技术项目企业的三大基本特征，本书给出了新兴技术项目企业的四维特征模型，该特征模型所张成的四面体体积可刻画出新兴技术项目企业研发和经营风险的变化过程[②]。

2. 新兴技术项目企业的信用风险具有较大的不确定性

由于新兴技术的特征，新兴技术项目企业的扩张能力通常较强，对资金的需求较大且十分急迫。因此，企业急需强有力的金融支持。同时，新兴技术项目企业又受制于新兴技术的生命周期、技术成熟度、市场容量与产品的市场扩散能力、经营管理能力等诸多因素的影响，企业未来的经营和发展均具有较大的不确定性。因此，新兴技术项目企业在技术研发、投融资、经营和产品销售等诸多方面均具有不同于一般企业的特征。另外，由于新兴技术项目潜在的丰厚收益，且投资风险具有一定的可承受性，因此，得到投资者和金融机构的青睐。不少商业银行、各类投融资机构、企事业单位等都与新兴技术项目企业存在着各种各样的借贷或交易关系。由于新兴技术项目企业的信用风险较传统企业具有更大的波动

---

① 如互联网技术、通信与信息服务技术、云计算、大数据、生物技术、新能源等。

② 周宗放，张瑛，陈林等. 新兴技术企业信用风险演化机理与评价方法研究 [M]. 北京：科学出版社，2010.

性，因此，正确地衡量和评估新兴技术项目企业的信用风险，不仅有利于投融资机构或风险投资家作出正确的投资决策和对新兴技术项目企业实施有效的风险动态监控，而且也有利于新兴技术项目企业规范自身的研发和经营行为，促进其可持续的健康发展。换言之，新兴技术项目企业的信用风险评估，不仅是新兴技术项目企业的融资、经营和管理的重要基础性环节，也是投融资机构、其上下游企业或交易对手所面临的重要挑战。

3. 新兴技术项目产品面临较大的赊销风险

本书称依托新兴技术项目所研制和开发的产品为新兴技术项目产品。由于新兴技术项目产品所具有的高技术性、技术和市场环境的高度不确定性，新兴技术项目产品在推向市场时，产品的市场需求往往具有较大的不确定性。此外，新兴技术项目企业通常采用盈利滞后的模式，为了快速占领市场，往往采用产品赊销的营销模式。因此，新兴技术项目企业通常面临较大的赊销风险。

4. 新兴技术项目产品的售后服务必须得到保障

进入21世纪以来，以生产和经营为重心的传统观点正在发生改变，售后服务越来越受到厂商的重视。一些著名厂商认为，21世纪将是服务的时代，因此纷纷调整厂商的发展战略，如IBM已转向了以服务创造价值的战略。新兴技术项目产品在推向市场之后，可能由于产品技术的不稳定性或者用户使用不当，导致新兴技术项目产品发生故障。因此，售后服务能否得到保障，已成为新兴技术项目企业可持续发展的关键要素之一。目前，服务创造价值的经营理念在我国新兴技术行业正不断地得到体现。但是，由于长期受计划经济的影响，还有很多新兴技术项目企业，尤其是大型新兴元器件、装备的研发和生产企业的主要着力点仅仅在项目的研发和产品的生产方面，未充分意识到做好产品的售后服务工作对促进企业可持续发展的重要作用。

基于新兴技术项目企业的上述特征，新兴技术项目的风险评估和项目管理体系的构建是新兴技术项目企业研发和经营管理中亟须解决的重要问题，也是考察新兴技术项目企业能否按照预定的项目目标完成和实施的关键。

1.1.4 新兴技术企业与新兴技术项目企业的区别

新兴技术企业是指通过开发或引进国内外新兴技术，进行相关的生产经营和服务，将新兴技术的成果转化为产品并推广使用，并在技术进步的基础上扩大再生产而兴办的企业[①]。

新兴技术项目企业是指承担新兴技术项目的研发、生产[②]、经营和产品销售为一体的企业，这类企业主要依托于某一个或几个新兴技术项目所开展的研发、生产和经营活动。因此，新兴技术项目企业是具有高新技术企业特征的自主创新型企业。按照企业生命周期的划分方法，大多数新兴技术项目企业可以归入处于初创期或发展期的新兴技术企业范畴。

目前，国内对新兴技术项目企业的研究文献很少，本书借鉴了新兴技术企业的相关研究成果[③]，对新兴技术项目企业进行定义和讨论。

1.2 风险与风险评估的概念

1.2.1 什么是风险

根据风险事件的成因，风险是指系统受到的威胁、系统的弱点（或缺陷）和对系统的影响三个要素发生的机会[④]，其中：

（1）系统受到的威胁，即危险事件或行为对系统造成的威胁。威胁通常来自系统的外部。

（2）系统的弱点（或缺陷），一般存在于系统的内部，由于系统的弱点（或缺陷），系统的某些部位可能受到外部危险事件或行为的威胁。如果系统存在弱点（或缺陷），则可能因为不能抵御威胁而对系统造成负面的影响。因此，系统弱点（或缺陷）是引发风险事件的主要要素，也是评估风险事件发生概率的关键要素。

（3）对系统的影响，当威胁触发内部弱点（或缺陷）时，系统通常会受到短期或长期的负面影响。

---

① 周宗放，张瑛，陈林等. 新兴技术企业信用风险演化机理与评价方法研究［M］. 北京：科学出版社，2010.

② 包括中试到产业化生产。

③ 周宗放，张瑛，陈林等. 新兴技术企业信用风险演化机理与评价方法研究［M］. 北京：科学出版社，2010.

④ 国际风险管理白皮书，国际风险管理理事会会议资料. 北京，2008.

一般而言，当没有预测到的威胁与系统弱点（或缺陷）一旦巧合时，系统将受到负面的影响，即风险事件发生。换言之，一个存在弱点（或缺陷）的系统（如建筑的结构、项目计划的缺陷等）可能很长一段时间内运行都正常，直到威胁出现并触发这些弱点（或缺陷）时，风险事件就会发生。因此，风险事件的发生一般很难预测。对一个存在弱点（或缺陷）的系统而言，弱点（或缺陷）越严重，风险事件发生的概率越大。

1.2.2 风险的一般性定义

风险是某个事件或行为的不确定结果，这些事件或行为有可能影响人类的价值（Kates，1985）。

一般而言，一个系统面临的风险事件通常涉及以下三个方面：

（1）风险事件发生的不确定性。

（2）风险事件潜在的影响和应对措施。

（3）风险事件影响的严重程度。

风险事件对系统的影响有大有小，有些风险事件可能使整个系统置于严重危险中（如火灾、项目研发失败、项目资金链断裂等）；有些则可能不重要，这类风险事件通常对系统的正常运行影响不大，可以忽略或通过适当的应对措施来规避，这主要依赖于对风险的评估。

1.2.3 风险评估的概念

1. 风险评估的定义

根据世界经济合作与发展组织（OECD，2003）的定义，风险评估是评估风险事件发生的可能性以及其对人类生命、社会、经济、自然环境等可能带来损失的大小以及与可持续发展的关系（又称延迟效应）。风险评估包括风险事件的识别（获取有关风险信息并加以处置）、对风险事件发生概率和影响的评估以及对风险事件的可容忍或可接受性的判断。由于风险事件与评估者的风险感知直接相关，因此，风险被认为是一种心理构架，其可解释性依赖于对它的预测、评估以及现实的结果[①]。

---

① 国际风险管理白皮书，国际风险管理理事会会议资料. 北京，2008.

与许多科学的构架不相同，确认风险评估的结果一般比较困难。例如，如果预测到的风险事件发生频繁、原因明显（如车祸事件、逻辑推理错误、项目计划和管理混乱、项目承担企业破产等），确认结果相对简单直接。但对于一些发生数量少、因果关系不明的风险事件，短期内通常难以确认风险评估的结果（如冰冻事件、由不明原因造成的技术瓶颈而导致的项目延期、多种相互渗透的技术结构所造成的新技术研发风险等）。

2. 风险评估面临的三大挑战

目前，风险评估面临着三大挑战：风险事件的“复杂性”、“不可识别不确定性”和“模糊性”。

（1）风险事件的“复杂性”指多种可能的风险诱因与观测到的结果之间因果关系的识别和定量描述的困难性。这种困难的本质可能牵涉多种风险诱因之间的相互影响、原因与结果之间的时间滞后、干扰变量和其他方面的变化等。例如，前面所述的由不明原因造成的技术“瓶颈”而导致的项目延期风险、多种相互渗透的技术结构以及关键负载对项目研发造成的风险、复杂的化学物合成风险、潜在有毒物质的扩散效应等。这些都是高复杂性风险的案例，需要通过风险评估对上述复杂性程度以及如何处置进行判断。

（2）与复杂性不同，不确定性源于一些必然或偶然因素对风险事件的影响，也包括在因果关系的模拟中，评估者对复杂性掌握的不全面或不合适地降低或增加事件的风险。因此，除客观因素外，风险评估的不确定性很大一部分源于人类知识的不完全、具有选择性，或者以某些不确定的假设为依据。由于对风险事件概率分布的模拟主要来自历史经验，因此，风险评估通常仅仅是借助经验系统来理解和预测风险事件的不确定性。目前，还没有识别风险事件不确定性的最好方法。下面给出风险事件出现不确定性的关键因素：

1）目标的可变性。

2）推断或模拟中的错误及随机误差（如从动物到人类、从小数量到大数量的外推、从研发实验到大规模的生产、统计过程出现的错误及误差）。

3）不明的随机效应（在风险事件的诱因中，存在无法解释的随机效应）。

4）模型界限（由于对风险事件存在认知上的困难，建模时对一些模拟变量或参数设置受到限制）。

5）无知或无认知（不确定性主要来源于人类知识的缺乏）。

前面两点表明风险事件具有的“可识别的不确定性”，可以通过增强现有的模拟工具来降低不确定性；后面三点包括真实存在但是具有“不可识别的不确定性”，应用科学方法可以在一定程度上描述它们，但不能完全解决它们。如果“不可识别的不确定性”扮演主要角色，则风险评估结果将变得模糊，评估结果的可靠性也会受到怀疑，此时，必须增加额外的信息。

“不可识别的不确定性”的案例很多，包括地震、海啸、暴力或恐怖事件、技术瓶颈对项目研发进度的影响，多种相互渗透的技术结构对新技术研发的影响，企业的负债水平对项目成败的影响，大金融机构突然倒闭对金融系统的影响，向自然环境中引入转基因物种的长期影响等。

（3）“不确定性”源于决策缺乏完善的科学技术方法，而“模糊性”源于分歧或相互竞争的观点，这些观点是对风险产生的原因、影响以及严重程度的不同看法。“模糊性”依赖于对价值观、优先权、假设条件与应用范围等界限的不同认识。例如，人类大脑神经细胞活动，当暴露于电磁辐射中会加强，这是一种不利影响还是有利影响，或者与人类健康没有关系，仅仅体现了一种身体的反应。

在风险评估中，“模糊性”指对可接受的风险评估结果的多种合理解释。在风险评估领域，一些科学争论并不是在方法论、测量技术或模型构建方面，而是在“模糊性”的解释方面。“模糊性”可分为“可解释的模糊性”（指对同一个评估结果可以有的不同解释，包括对评估结果所反映出的不利和有利影响的解释。例如，人民币升值的解释、企业多元化经营的解释、新产品或新技术进入市场时机的解释、“以毒攻毒”问题的解释等）和“标准化的模糊性”（指对风险可承受标准的不同认识。例如，生活质量参数、项目收益和风险的分布、道德规范等）。一些简单、高可能性的风险有时也会引起争论，产生“可解释的模糊性”，如低辐射、含有低浓度有毒物质的药品或食品、利率或汇率调整等金融政策的制定、新技术的研发标准、新技术的扩散边界、多种技术的融合等。“模糊性”的可解释程度与评估者对风险的感知有关，如被动吸烟、核能应用、转基因食品的推广、项目研发目标的设定、项目的融资方式和债务结构、项目的投资收益等。

3. 风险评估的三种潜在结果

风险评估者通过收集到的相关信息，对风险事件进行预测和经济影响评估，同时对风险源进行科学描述，在此基础上，进行风险评估并对评估结果进行选择。通常有以下三种潜在的评估结果[①]：

(1) 不可容忍的风险：对于此类风险，必须通过清除或替代的方式消灭风险源（例如，某些存在缺陷的技术、项目计划存在漏洞、存在潜在危险的化学药品等），如果无法消除（如自然灾害、关键技术存在缺陷或由于项目计划的失误使项目无法继续进行等），需要通过努力降低其攻击性或缩小被攻击面。

(2) 可容忍的风险：对于此类风险，需要降低风险的影响，并把风险影响控制在某个合理的范围内（最优风险控制策略）。如果风险源自企业的内部，则风险控制可由企业或项目的风险管理部门来实现；如果风险源自企业的外部，则需要公共部门（政府相关部门）来实现。

(3) 可接受的风险：此类风险意味着影响面很小，通常可以忽略，或者可以在自愿的基础上，通过分散化、套期保值、保险或者适当调整项目的计划或人员等方法来进一步降低风险的影响（即将损失控制在可接受的范围）。

对于上述潜在的评估结果，如果所有的利益相关者意见一致，则评估结果被确定；如果存在众多矛盾的意见，则需要评估者履行其权威性。值得一提的是，矛盾的程度是促使选择合适风险管理工具的动力之一。就风险管理而言，"可容忍"风险的容忍度通常是争论焦点，对于这类存在争议的风险，风险管理者应该尽可能选择预防的措施而不是冒险的行动。对于"可容忍的风险"，风险管理者应该设计并实施一些措施，使其随时间变为"可接受的风险"，而"不可容忍的风险"无论风险管理者采取何种措施，都不能变为"可接受的风险"。

4. 风险的接受性原则

人们总是希望风险是可接受的，但哪些风险是可接受的呢？以下根据风险的类别，提出风险的可接受性原则。一般可以将风险分为以下三大类：

(1) 一定不可接受的高风险（如前面的"不可容忍的风险"）。

(2) 可接受的低风险。

(3) 可容忍的风险（介于以上两者之间的风险，考虑时必须权衡风险与效益）。

---

① 评估结果通常涉及风险相关者的利益，评估者需要有一定的权威性或者通过第三方评估机构进行。

一般采用风险容忍度（倒三角形）来形象地描述，其中倒三角形的宽度表示风险的影响程度，见图 1–1。

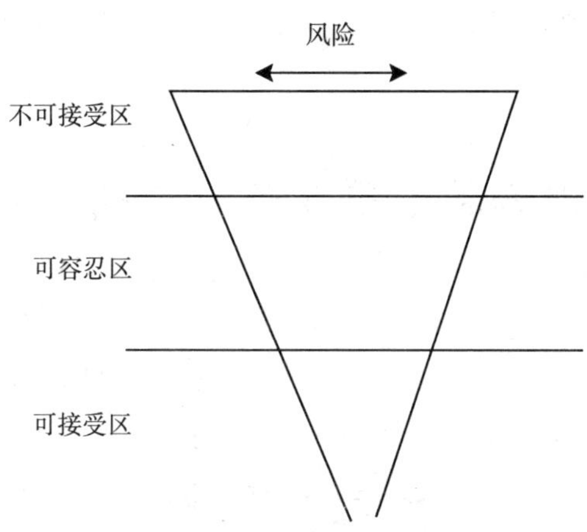

图 1–1 风险容忍度的倒三角形描述

如果风险不符合预先确定的可接受标准，则必须采取必要的措施，尝试将该风险降低至可接受水平；如果风险不能降低至可接受水平，但同时满足以下三个条件，则该风险亦可认为是可容忍的，该三个条件是：

（1）风险低于预先确定的不可接受的极限。

（2）风险水平“确实可能低”①。

（3）所带来的效益足以证明值得接受该风险。

值得一提的是，当“接受”或“容忍”某风险时，并不表明该风险已经被排除，一定程度的风险依然存在，但是经过风险管理后的残余风险已足够低，接受该风险得大于失。

5. 风险管理

风险管理是为了实现特定目标，设计和贯彻必需的行动和风险处理措施，以规避、降低、转移或抑制风险。风险管理提出包括以下六个步骤：

（1）通过风险评估阶段收集风险信息。

（2）判断风险的可接受性或可容忍性。

（3）在确定的范围内选择风险管理的措施或方法，选择的原则包括：有效性、效率、最小化外部影响、可持续性等。

① 风险水平“确实可能低”，意味着采取任何进一步降低风险的措施或者不可行，或者得不偿失。

(4) 根据相对重要性对所选择的风险管理措施进行综合评估。

(5) 对所选择的风险管理措施进行取舍，做出最后选择。

(6) 执行定期监测的制度。

1.3 新兴技术项目的风险成因与特征

在新兴技术层出不穷的今天，金融机构、企业、政府部门、科研院所等与新兴技术项目之间可能存在或多或少的联系。由于新兴技术的特征，新兴技术项目从研发、转化应用、生产一直到项目产品推向市场的各个环节均存在较大的不确定性。因此，新兴技术项目的风险是导致项目成败的关键性因素。

回顾互联网技术在我国的发展历程，从一些典型的项目成败案例，可以提炼出新兴技术项目的风险成因和一些重要特征。例如，最早进入互联网行业的瀛海威公司的发展就具有一定的代表性。互联网在我国的发展过程大致可分为五个阶段：第一阶段为 1987~1994 年，是互联网的探索阶段；第二阶段为 1993~1996 年，是互联网蓄势待发阶段；第三阶段为 1996~1998 年，是互联网空前活跃的阶段；第四阶段为 1999~2002 年，是互联网普及阶段；第五阶段从 2003 年至今。在这五个阶段的发展过程中，尤其是从第二个阶段开始，涌现出了许多从事互联网技术（当时互联网行业的新兴技术）研发和应用的项目和企业。分析其中成功和失败的一些典型案例，可以对新兴技术项目的风险成因和特征有一定程度的了解。

1.3.1 技术与行业风险

新兴技术可能创造一个新的行业[①]，但在这个行业的初始阶段，往往需要巨大的投入。互联网行业在我国的发展初期是从 ISP（互联网接入技术的服务提供商）开始的。例如，瀛海威公司最初是做 ISP 的，曾一度在 8 个城市开通了 ISP 服务。然而，殊不知 ISP 需要巨大的资金投入，非一般企业所能承受。之后，中国电信则凭借其强大的经济实力和技术优势，打败了几乎所有的 ISP 服务商。因

① 国务院发展研究中心产业部认为：未来 10 年，将是战略性新兴产业蓬勃发展的 10 年，到 2020 年，战略性新兴产业占工业增加值比重可望达到 20%以上。

此，这种行业发展的风险是导致新兴技术项目成败的重要因素之一。

行业风险主要来自两个方面：由技术条件造成的风险；由市场环境所造成的风险。

这两方面的风险对大多数新兴技术项目的成败都有较大的影响。从我国互联网发展历程来看，当互联网技术处于初始发展阶段时，先进入的新兴技术项目企业比后进入的企业面临的市场风险更大。

1. 技术的约束

新兴技术最大特点是技术的不确定性，如果技术不成熟则可能很快被其他技术所代替。在新兴技术项目商业化运作的初始阶段，除了新兴技术自身可能还没有完全成熟外，还受制于一些其他相关技术的约束，使得初级阶段的新兴技术项目产品往往比较单一。例如，互联网技术在我国商业化运作初期，人们直接的需求是能够上网，因此，1994~1997年，几乎所有的ISP技术都提供相同的产品。其必然的结果就是采用该技术的一大批企业争夺一个较小的市场，每一企业的生存空间都很狭小。

2. 市场环境的约束

在新兴技术项目商业化运作阶段，新兴技术项目产品的潜在市场依赖于人们对新兴技术的认识。一般而言，新兴技术项目产品从被人们了解到被市场广泛接受，都经历了一个漫长的过程。人们认知上的缺乏，使得在开拓新产品市场前，率先研发或采用新技术的企业将承担向消费者普及新技术的义务，并且负担相应的成本[①]。在互联网技术商业化运作的初始阶段，ISP技术的外部性尤其突出。先研发ISP技术的企业花费了很大的成本，让消费者逐渐认识了互联网。随着互联网技术的不断成熟和完善，互联网的服务内容越来越丰富多彩、价格也越来越低廉，先采用ISP技术的企业如果不及时更新技术和经营理念，则将失去原来的客户。

1.3.2 来自新兴技术项目企业的风险

导致新兴技术项目风险的因素除了来自技术和行业的风险外，很大一部分还来自新兴技术项目企业的经营和管理风险。换言之，为什么在同样的技术条件和市场环境下，有的新兴技术项目企业成功了，有的却失败了。显然，这与新兴技

① 称先进入市场的新技术或新产品具有外部性。

术项目企业管理层的经营决策和管理水平有直接关系。

如前所述，新兴技术项目风险很大一部分是来自承担新兴技术项目的企业，如果企业在科研和技术条件、人力资源、市场营销和管理模式以及管理层的决策水平等方面或某一方面存在弱点，则新兴技术项目企业将面临相应的风险。例如，就企业的管理决策风险而言，通常来自以下两个方面：

1. 选择什么项目和产品

选择项目和产品涉及新兴技术项目企业的发展定位。例如，在互联网行业，瀛海威公司当初选择做 ISP 实属受技术和市场发展的限制。当时，在互联网行业中，也许只有 ISP 可以做，凭借瀛海威公司的实力当初该不该做 ISP 这个问题，直到今天依然值得商讨，尽管瀛海威公司为互联网在我国的普及和发展做出了贡献。

1997 年 8 月，与同期网易、四通利方论坛（新浪的前身）等从事 BBS、电子邮件等业务的产品选择不同，瀛海威公司提出从“中国百姓网”向金融服务方向转型的决策。后来的事实也证明，网易、新浪等通过 BBS、电子邮件等手段聚集大量客户资源的决策是正确的。换言之，如果选对了项目和产品，企业所面临的技术风险和市场风险都会大大降低。

2. 企业管理层面临众多的不确定性和决策的复杂性

新兴技术项目研发过程是否顺利、能否达到预期的研发目标、项目产品的市场在哪儿以及如何塑造产品的市场竞争力等，这些问题都面临很大的不确定性和复杂性，或者说新兴技术项目企业是摸着石头过河，因为前人没有做过。此时，团结、高效的管理团队对企业的发展至关重要。显然，科学的管理决策能够提升新兴技术项目企业面对复杂环境的应对能力、减少决策风险发生的概率，进而规避或降低项目和企业失败的可能性。

1.3.3 来自知识产权的法律风险

新兴技术的知识产权作为一种无形资产，通过许可、转让等权益实施过程发挥知识产权的经济价值。新兴技术项目企业在知识产权权益实施过程中面临的法律风险主要源于以下几个方面：

1. 新兴技术项目企业知识产权保护意识淡薄

新兴技术项目企业知识产权保护意识淡薄，可能导致企业的知识产权权益实施手段、策略以及知识产权价值维护等均会存在诸多弊端。

2. 知识产权交易契约管理混乱

企业知识产权的交易契约包括技术成果在权益实施、转让过程中涉及的各类契约合同。特别是对新兴技术项目企业而言，知识产权的交易契约主要涵盖了知识产权的权益实施、转让等过程中各种交易合同，这些合同大多是以知识产权为标的的合同。如果交易契约的管理制度不健全、不科学，则可能导致新兴技术项目企业的知识产权得不到应有的保护，同时，知识产权侵权责任难以追偿。

3. 缺乏有效的新兴技术项目成果内部保护机制

如果新兴技术项目企业内部缺乏有效的技术成果保护机制，则可能导致技术成果的外泄，知识产权将无法得到相应的保护。

4. 与海外知识产权保护规则存在差异

各国知识产权规则各有差异。例如，一些国家实行先发明制①，我国实行的是先申制。不同的知识产权规则，可能导致新兴技术项目企业在知识产权保护方面的法律风险。

1.4 风险项目的一般评估方法

新兴技术项目大多具有风险项目的特征，风险项目投资评估方面较经典的一些研究成果包括：Tyebjee 等（1984）就美国的风险投资项目的评估方法进行研究，从项目产品的独特性、市场吸引力、管理能力、变现能力以及环境适应能力五方面构建了风险项目的基本评估指标体系；Macmillam 等（1985）通过问卷或访谈方式就一般风险项目涉及的风险类别进行了研究，得到风险项目存在的六类常见风险②；Robert（1991）认为，评价指标和评价方法的正确选择与风险项目的成功概率相关，同时，他认为，评价指标除技术和风险指标外，还应包括战略吻合度与市场竞争等指标；Fried 等（1994）从多个维度得出了包含 15 个指标的风险项目评估指标体系；Chotigeat 等（1997）和 Manigart 等（2000）采用打分法对欧亚地区的风险项目评估指标进行了研究。其中 Chotigeat 等给出风险项目的综

① 该机制要求发明者在研发过程中及时地保留发明的证据，以此证明知识产权的发明日。

② 包括竞争性风险、融资风险、撤资风险、管理风险、执行风险和决策风险。

合评估指标体系，而 Manigart 等则从风险和收益角度对风险项目的效用进行评估，通过划分收益性和风险性两大类指标，建立了风险项目的评估指标体系，但上述研究至今还没有文献从实证上对其进行严格的论证；Kaplan 等（2004）对美国 58 份风险项目的投资分析报告进行了分析，发现样本中风险决策者考虑的重要风险包括机遇、管理、交易、监控和退出等风险；Kumar 等（2009）应用心智图，构建了一类集成管理决策模型，使得决策显性化和具体化，并应用决策树方法进行了分析等。

国内学者的部分研究工作包括：

（1）从风险项目的外部环境、难易程度、项目承担单位的能力等几个方面进行研究，将风险项目划分为技术研发、产品开发和生产以及市场营销等几个阶段，提出了 24 种风险因素及决策方式。

（2）针对高技术性风险项目，提出该类项目所面临的主要风险是工程化风险、市场风险和管理风险，并建立了相应的预测和评估模型。

（3）对风险投资与高新技术项目产品开发之间的关系进行了分析，认为高新技术项目的投资风险涉及六大类风险①，并在此基础上，对风险投资项目的投资风险进模糊综合评价。

（4）对风险项目的影响因素进行了分析，构建出评估风险项目的非系统风险的一套指标体系。其中，非系统性风险主要涉及市场风险和代理风险。

（5）构建了包括技术风险、市场风险、管理风险、环境风险和流动风险五类指标的评价指标体系，并采用层次分析法计算权重。研究发现，技术风险和管理风险是风险项目最重要的两类风险，并应用灰色多层次综合评价方法对项目风险进行了综合评估。

（6）针对风险项目的系统风险，提出了一套相应的评估指标体系，并运用层次分析和模糊统计方法建立了风险项目系统风险的评估模型。

（7）提出的风险项目的评估指标除应包含技术、管理、财务和市场类风险外，还应关注生产类风险和自然环境风险。在此基础上，应用灰色多层次综合评估方法对风险项目进行风险评估。

（8）针对高技术投资项目，应用粗糙集相关理论构建了项目风险的评估模

① 包括环境风险、融资风险、技术风险、生产风险、市场风险和管理风险等。

型。其中，评估指标权重的确定被转化为粗糙集中指标的重要性，并与经验权重相结合得到综合的权重。

(9) 构建了风险项目的多层次风险评估指标体系，并利用模糊层次分析法确定出指标权重。

(10) 认为风险项目的评估问题主要应该依靠专家的经验判断，如果完全依靠统计数据，则缺乏经验智慧。因此，综合利用了主观和客观赋权的变异系数法，构建组合赋权的风险项目评估模型等。

1.5 风险项目的阶段性评估

阶段性评估是评估风险项目的常用方式。由于风险项目所具有的较大不确定性，投资方一般不会一次性对风险项目投入全部的资金，而需要对项目阶段性目标的实际完成情况进行阶段性评估，并根据评估结果进行阶段性的投资决策。因此，对风险项目而言，阶段性风险评估反映了一种激励和约束的机制，可以有效地控制投资风险和降低代理成本。

Sahlman (1990) 认为阶段性风险评估是规避项目风险的有效方式。就投资方而言，在每一阶段性投资前，投资方都要对项目进行风险评估。一旦发现不良信号，投资方将中止投资甚至更换项目承担者，从而对项目承担者形成有效的约束。Admati 等 (1991) 认为阶段性评估可以降低投资方的投资成本。Hellmann (1994) 认为阶段性评估可能使风险项目的承担者产生追逐短期效益的动机，因此，投资方必须获得大量的股份才能比较有效地减少项目承担者的这种短期行为。Gompers (1995) 采用 795 家风险项目的数据进行实证研究后认为，阶段性评估的结果是为了执行风险投资者所拥有的选择期权，有助于降低项目承担者的道德风险。Dixit 等 (1995) 的研究结论与 Gompers 的研究结果不谋而合，认为阶段性评估使投资方可以同时拥有以项目价值为标的看涨和看跌期权；Bergemann 等 (1998) 在考虑道德风险和信号学习的基础上，推出了风险投资的代理模型，认为阶段性评估有助于获得正确的信号。Neher (1999) 认为由于风险项目的投资方面临被套牢的情况，而阶段性评估可以有效地缓解该问题。但 Neher

给出的模型假设条件太强，假设了风险项目的信息是完全对称的。Klausner 等（2001）认为，阶段性评估可能引发预算软约束问题，投资方一旦中止了进一步的投资，则投资方的前期投资将成为沉没成本。Cornelli 等（2003）的研究发现，阶段性评估在一定程度上可能导致“窗饰效应”，即风险项目承担者可能存在操纵短期业绩的动机。Susheng W.和 Hailan Z.（2004）从理论层面上提出了风险投资的阶段性契约模型，当风险项目承担者的道德风险发生高度不确定时，阶段性评估能够有效降低其道德风险发生的概率。Cuny 等（2005）针对风险项目的阶段性投资模式进行了研究。Bienz 等（2006）的实证结果与 Cuny 和 Talmor 的结论类似。Tan J.、Zhang W.和 Xia J. 等（2008）讨论了中国和境外风险投资的激励机制。他们通过实证研究发现，多数投资机构均会对风险项目的绩效和风险进行阶段性评估，阶段性评估结果是下阶段投资的重要决策依据。Smolarski 等（2009）研究发现，风险项目的评估和投资方式将影响项目承担者的绩效和国际化程度，风险项目的阶段性评估与项目承担者的国际化程度之间存在正相关关系。Sami（2009）等研究了风险项目阶段性评估的密度问题，研究认为，由于每一阶段的评估都可以暴露出一些低质量风险项目，因此，下一阶段的投资将不断减少低质量项目的比例等。

国内的相关研究主要集中在风险投资领域：

(1) 以风险项目价值评估为基础，建立了多阶段多目标决策模型，并给出风险投资家与风险企业家投资合作的安全合理区域。

(2) 针对多阶段投资决策问题，建立了基于收益最大化的决策优化模型，并基于优化序列，提出了一类阶段性投资决策的方法。

(3) 针对阶段性投资的安全性问题，给出风险项目多阶段投资的马尔科夫决策方法。

(4) 基于信号传递模型，构建了风险投资的多阶段信号传递契约模型。该模型在一定程度上刻画了风险企业家的逆向选择。

(5) 将阶段性投资所具有的期权价值描述为延期和风险效应，并利用实物期权度量了多阶段风险投资策略的价值。

(6) 在完全竞争的假设下，建立了包含多个风险投资家的阶段性投资模型，分析了风险企业家和风险投资家的均衡收益及最优投资水平。

(7) 针对高新技术企业的风险项目投资，讨论了分阶段投资的最优时机，构建了相应的实物期权模型。

（8）通过引入时间变量构建了风险投资多阶段动态信号博弈模型。

（9）讨论了风险项目的初始和中止决策机制的建立等。

1.6 关于政府资助的科研计划项目评估

新兴技术项目很多属于政府资助的科研计划项目①。目前，针对政府资助的科研计划项目评估方面的研究，主要集中在评估流程、评估方法和评估指标体系的构建等方面。

（1）在介绍美国、日本、法国等科技较发达国家或地区对科研项目的评估工作（尤其是政府财政支持的科研项目）的一些典型做法的基础上，对我国政府科研计划项目的评估进行了有益探索。

（2）在分析软科学项目评估指标和评估过程的基础上，提出软科学项目评估必须做好两方面工作：一是理顺评估指标之间的逻辑关系，并建立有效的评估程序；二是根据不同评估阶段，选择不同的评估指标和操作性强的评估方法。

（3）科学的科研计划项目评估体系是做好科研项目评估工作的重要前提和依据，并在论述科研计划项目立项评估重要性的基础上，提出某省科研计划项目评估体系的建设原则、思路和评估方法。

（4）针对国内外科研项目评估的现状与发展趋势，结合某省科技发展的特点，提出科研项目产业化的评估指标体系和评估方法。

（5）利用属性综合评估方法对科研项目进行立项评估，提出科研项目的属性综合立项评估模型，为科技管理部门对科研项目的立项评估提供决策方法。

（6）建立了一类基于 FWGA 算子和 FOWGA 算子的科研项目综合评估模型。该模型根据项目的模糊属性信息，应用 FWGA 算子对各备选科研项目进行评估，并根据其重要性程度进行排序。并在此基础上，利用 FOWGA 算子对同一备选项目的模糊属性信息进行集结，为客观科学地评估和筛选项目提供方法。

① 特别是国防类或战略类的新兴技术项目都由政府财政资金资助。

在科研计划项目管理制度方面的研究，主要集中在对政府财政投资的科研计划项目的管理模式和管理制度方面的改革和创新。

（1）分析了发达国家和地区政府科研计划项目的管理理念、基本原则和基本模式。同时，借鉴发达国家和地区政府科研计划项目的运行机制及监督机制，对我国政府科研计划项目的管理模式改革提出了建议。

（2）分析了我国科研计划项目管理的现状，介绍了发达国家以及中国香港模式，并提出我国政府投资的科研计划项目管理模式的改革设想，包括严格区分由政府财政投资的科研计划或工程建设项目与非政府财政投资的项目，加强对政府财政投资项目的管理，加强政府财政投资项目的管理和招投标制度、审计和稽查制度等的改革和创新。

（3）讨论了自改革开放以来我国对政府财政投资项目的管理进行的一系列体制改革，同时指出存在的许多问题。例如，项目决策机制不完善，部分项目未进行过科学的可行性研究，以致造成决策的失误；项目管理机构分散、重复设置；监管不力，以致造成投资失控及腐败现象屡屡发生等。因此，必须大力开展政府财政投资项目管理体制的改革和相关法律法规的建设（特别是项目问责制度）。

（4）研究发现当前我国政府财政投资的项目存在比较严重的超支和质量低下现象，上述现象源于财政投资项目的评估和管理制度的不健全，并将我国财政投资项目的管理模式发展划分为以下三个阶段：

1）计划经济时期的自建模式和国有模式，以及大型工程建设的指挥部模式。

2）转轨经济时期主要采用项目法人制和多级管理模式。

3）在市场经济的初期阶段，主要采用政府采购、代建与社会性投融资模式。

在对上述管理模式进行分析和比较的基础上，政府财政投资项目的管理模式改革应遵循六项基本原则①，在六项基本原则的框架下，合理选择项目的管理模式。换言之，应逐步实现代建、政府采购、社会资本介入以及项目法人制等多种管理模式并存的政府财政投资项目管理的局面。

（5）目前我国政府财政投资项目的管理体系是过去计划经济时期沿袭下来的计划管理体系，存在投资失误、违反立项原则和程序、投资管控不力、财务风险大等诸多风险问题。追其主要原因，是政府财政投资项目的决策机制不健全、管

---

① 即资金来源、政府职能、采购、成本、管理经验和制约腐败。

理理念落后、监管能力不强等。因此，应从决策机制、管理模式以及项目评估制度等方面完善我国政府财政投资项目的管理体系等。

1.7 企业信用风险评估

新兴技术项目的载体即新兴技术项目企业，包括一些相关的科研院所和企业。目前，改制后的企业型科研院所和新兴技术行业内企业已成为新兴技术项目企业的主体。由于这类企业通常对资金的需求较大，其技术和风险特征以及市场运营模式等均具有区别于一般传统企业的特殊性。因此，新兴技术项目企业的履约能力和信用风险必须予以重视。目前，经典的企业信用风险评估模型大致可划分为破产模型、结构化模型、简化模型等，以下分别进行介绍。

1.7.1 破产模型

最初关于破产模型的研究，主要是根据一些重要的企业财务指标，采用回归分析或判别分析方法，对企业是否可能发生破产进行预测。如 Beaver（1966）的单变量模型、Altman（1968）的多个变量模型（Z 计分模型和 Zeta 模型）、Logit 模型、Probit 模型等。除此之外，有文献对多元判别法与 Logit 法的有效性进行了比较。

目前，一些非统计方法也被用于构建破产模型。从数据采用方面，Baldwin 等（1992）结合年度和季度数据，Chava 等（2004）结合月度和行业数据构建了破产模型。之后，非财务数据纳入破产预测模型中。Altman（1981）、Dugan 等（1995）先后研究了企业破产在股市上表现出的征兆，由此预测企业破产概率。Lindsay 等（1996）发现正常企业的股票收益具有混沌特性，以此建立了非线性破产模型。Kim 等（1999）分析了破产模型对决策结果的影响。Cybinski（2001）指出破产模型无法解释破产成因等。

1.7.2 结构化模型

结构化模型建立在 Black-Scholes（1973）和 Merton（1974）期权定价理论的基础上，将企业违约行为与期权理论相结合，据此对企业的违约概率进行度量。

同时，基于结构化模型也出现了大量的相关研究成果。如 Geske（1977）基于结构化模型提出了有息债权的定价模式。继 Merton 的研究之后，大量的学者对结构化模型进行了完善和发展。例如，Merton（1976），Black 和 Scholes（1974），Longstaff 和 Schwartz（1995），Mason（1981），Madan、Carr 和 Chang（1998）等。针对结构化模型的缺陷，Black 和 Cox（1976）率先提出了首次到达违约模型（First Passage Model），该模型假设违约可以发生在债务到期前的任何时间点。Geske（1977）、Leland（1994，1998）、Leland 和 Toft（1996）等对基于无风险利率的非随机过程进行了研究。Ronn 和 Verma（1986），Kim、Ramaswamy 和 Sundaresan（1993），Nielsen 等（1993），Longstaff 和 Schwartz（1995），Briys 和 DeVarenne（1997），Acharya 和 Carpenter（2002），Das 和 Tufano（1996），Shimko、Tejima 和 Deventer（1993）等则考虑了无风险利率为随机过程情形下的结构化模型。

1.7.3 简化模型

简化模型又称为违约强度模型，对违约事件发生条件的定义，与结构化模型有本质区别。简化模型认为公司发生违约，是受外生随机变量的影响，与公司的资产价值无关。其主要观点是将违约时间描述成某一类随机过程。简化模型的产生和发展起源于 Jarrow 和 Turnbull（1995）、Duffee（1999）等的开创性工作。Duffie 和 Singleton（1999）等对这类模型做了进一步的改进和发展。在简化模型研究中具有一定影响力的代表性文献还有：Jarrow、Lando 和 Turnbull（1997），Madan 和 Unal（1998），Duffie 和 Singleton（1999、1998），Embrechts、McNeal 和 Straumann（1999），Li（1999），Kijima 和 Muromachi（2000），Hughston 和 Turbull（2001），Schonbucher 和 Schubert（2001），Kay（2003）等。其中，Duffee 认为非系统性因素对企业违约强度影响更大，而 Kay 对影响企业违约强度因素的选择则存在不同看法。

1.7.4 企业信用风险评估模型的应用

目前，最具有代表性的企业信用风险评估模型主要包括 Creditmetrics 模型、KMV 模型[①] 以及 Creditrisk$^+$ 模型[②] Credit Portfolio View 模型等，以下分别进行介绍。

① 均以结构化模型为基础。

② 以简化模型为基础。

1. Creditmetrics 模型

该模型由 J. P. 摩根于 1997 年研发并推向市场，模型假设债券或信贷资产的价值取决于债务人或借贷者的信用评级。其中关键参数包括：

（1）债券或信贷资产组合的风险敞口。

（2）由债务人的违约风险所引起的债券或信贷资产的价值波动。

（3）债券或信贷资产之间的相关性。

该模型从债券或信贷资产组合的角度度量债券或信贷资产的违约风险，债券或信贷资产组合的违约风险来自组合中每一债券或信贷资产的边际贡献和它们之间的相关性。

2. KMV 模型

KMV 模型[①] 被世界上各大金融机构采用，该模型假设公司资产的市场价值一旦低于其债务的账面价值时，公司发生违约。由此，KMV 定义了公司的违约距离和公司的违约概率[②]。国内学者在运用 KMV 模型方面也进行了大量的研究。

3. Creditrisk$^+$模型

Creditrisk$^+$模型是由瑞士信贷第一波士顿（Credit Suisse First Boston，CSFB）开发。该模型假设违约事件是外生的随机事件，基于精算原理，模拟债券或信贷资产组合的损失分布。该模型的优点在于，它只要求有限的输入数据，只需要贷款组合中各组的贷款违约率、违约波动率和风险暴露，因此，贷款损失很容易计算。其局限性有以下几点：模型对于单项债务人的违约率没有详细阐述，而它们却是模型的基本输入因子；没有考虑债务人的特征及市场风险；忽略了债务人信用等级的变化等。以后的学者对该模型又进行了修正，利用 CVaR 的鞍点来度量债券或信贷资产的违约风险。

4. Credit Portfolio View 模型

该模型由麦肯锡公司于 1998 年提出，该模型在度量债券或信贷资产组合的违约风险时，引入了一些宏观经济变量[③]，并通过模拟转移概率矩阵来计算债券或信贷资产组合违约的损失分布。

① KMV 公司被 Moody 收购后，该模型被称为 Moody's KMV。

② 采用预期违约频率来度量公司的违约概率。

③ 如失业率、增长率、利率、汇率以及总储蓄率等。

1.8 服务代理商选择问题[①]

本书所指的服务代理商是指代理厂商为用户提供售后服务的第三方企业。现实中，很多大企业常常将自己的用户售后服务部分或全部的外包给第三方，由第三方承担对用户的售后服务。作为新兴技术元器件和大型装备的制造商，售后服务通常会外包给第三方，因此，厂商的售后服务面临着一个关键性问题，即服务代理商的选择问题。

服务代理商既是生产厂商的合作伙伴，同时也是用户的服务提供商。因此，厂商对服务代理商的选择，很大程度属于其合作伙伴的选择范畴。目前，学术界和业界主要基于供应链视角，对如何选择合作伙伴的问题进行研究。以下对合作伙伴选择的相关文献做简要介绍。

1.8.1 合作伙伴选择

科学地选择合作伙伴[②]对于增强生产厂商的竞争力具有重要的现实意义。合作伙伴的选择主要涉及选择或评价指标体系和选择方法两个层次的研究。

1. 合作伙伴选择或评价的指标体系研究

相关研究工作包括：

（1）从交货提前期、质量、交货可靠性和价格四个方面建立合作伙伴的选择指标，并将 TOPSIS 法应用于合作伙伴的选优，由此避免了指标权重确定的主观性。

（2）建立了一组合作伙伴选择的评价指标体系。

（3）在分析建立合作伙伴评价指标体系所应遵循的三大原则的基础上，提出了一套合作伙伴评价指标体系。

（4）在已有相关物流服务代理商选择评价标准和评价方法的基础上，从供应链管理和实际运用的角度，指出了已有研究存在的缺陷，并融入了新的评价因子。

---

① 周宗放，任家富. 服务代理商的选择与备件备品库存研究［M］. 北京：经济科学出版社，2011.

② 如供应商、外包商、服务外包商以及供应链上或厂商联盟的各类合作伙伴。

(5) 分析了循环经济模式下的厂商物流变革，结合正向和逆向物流提出一套第三方物流服务代理商评价指标体系。

(6) 针对第三方物流服务代理商的选择，建立了评价指标体系，并提出了选择第三方物流服务代理商的一般步骤和决策模型。

(7) 在构建物流服务代理商评价指标体系的基础上，提出了基于主观和客观赋权相结合的一种综合集成赋权法，为评价物流服务代理商的综合水平提供了一种评价方法。

(8) 针对现有供应商选择评价方法的缺陷，构建了合作伙伴（供应商）选择系统。该系统采用粗糙集算法约简供应商评价指标，并计算指标权重，应用乘积推理机、单值模糊器和中心平均解模糊器构造供应商评价模型。

2. 合作伙伴评价和选择方法的研究

为了在竞争激烈的市场条件下充分利用内部和外部资源。国内外学者已提出了很多关于合作伙伴的选择方法，相关的一些研究工作归纳如下：

(1) 逼近理想解排序法（TOPSIS 法）。部分研究工作包括：

1）使用了改进的 TOPSIS 法，用于实际多目标系统优选决策分析。

2）提出基于集成灰色关联法、TOPSIS 法和社会选择方法，构建选择第三方物流服务代理商的两阶段模型。

3）研究了多式联运服务代理商的选择问题，针对多式联运服务的具体特点，建立了多式联运服务代理商选择的指标体系，并应用混合型 TOPSIS 法建立了目标优选的评价模型。

4）为了解决模糊环境下的第三方物流服务代理商选择问题，构建了基于战略联盟关系导向的评价指标体系，并采用 TOPSIS 法对备选物流服务代理商进行最终排序。

(2) AHP/DEA 方法。部分研究工作包括：

1）由于当前网络技术和信息技术的发展，厂商可供选择的供应商越来越多、需要处理的数据越来越大，针对敏捷供应链管理中合作伙伴（供应商）的选择，分析了网络时代供应商选择的特点，结合层次分析法（AHP）和数据包络法（DEA）的优缺点，提出了一种选择合作伙伴的 AHP/ DEA 方法。

2）以供应链管理中的合作伙伴选择为背景，讨论了现有的合作伙伴选择方法以及评价准则的特点，在此基础上提出了供应商评价的偏好约束锥 DEA 模型，该模型具有较好的鲁棒性，同时兼有一般 DEA 模型的特点，且能够反映决策者的偏好。

3）认为合作伙伴选择关系供应链中核心厂商的采购质量，影响厂商的市场竞争力，由此提出了合作伙伴选择的 AHP/随机 DEA 方法。

4）采用层次分析法确定各专家和各影响因素的权重，并使用模糊评价的方法计算各候选厂商针对各因素的优先分值。

5）根据厂商对于物流服务的要求建立了指标体系，并应用层次分析法选择最佳物流服务代理商。

6）采用了多层过滤方法选择第三方物流服务代理商。

7）综合运用 AHP 和 LP 方法，探讨了多源合作伙伴选择以及最优采购量分配的问题。

8）运用了平衡计分卡和层次分析法，研究了合作伙伴的动态选择问题，提出了选择合作伙伴的组合选择方法。

9）综合了一种基于 AHP 和 DEA 的合作伙伴（供应商）选择方法。

10）采用层次分析法和模糊层次法对合作伙伴的选择予以评价。

（3）合作伙伴选择的多目标决策法。部分研究工作包括：

1）认为合作伙伴的选择是供应链运行的前提和基础，提出了基于信息熵的合作伙伴选择的模糊多目标最优决策法。

2）利用模糊层次分析法和模糊目标规划分析了供应链战略中全球合作伙伴选择问题，通过不断整合管理者的意见来确定目标权重，由此获得合适的供应商订货量。

（4）神经网络模型。一些文献建立了基于神经网络的第三方物流服务代理商的评价体系，提出了运用 BP 神经网络模型对第三方物流服务代理商进行选择决策的方法。

（5）模糊数学模型。部分研究工作包括：

1）由于合作伙伴选择问题中包含大量的不确定和模糊因素，将模糊集合论的思想和方法引入合作伙伴评价中，建立了合作伙伴模糊评价模型。

2）针对传统的单因素评判方法极易“失真”的缺陷，采用模糊综合评判法从定性、定量两个方面对第三方物流服务代理商的综合服务能力进行评判。

3）针对物流服务供应链绩效评价中指标过多的问题，提出了一种基于模糊

粗糙集的指标约简方法。

4）通过分析物流外包战略、物流服务代理商类型以及物流的成本和风险，构建一个关于选择第三方物流服务代理商的模型。

5）针对物流服务代理商选择中评价指标的不确定性和模糊性，用三角形模糊数描述评价指标，构造了基于三角形模糊数和群决策理论算法。

6）针对人力资源外包服务代理商的选择问题，运用模糊方法建立了外包服务代理商选择的熵权系数评价模型。

7）提出了一套第三方物流合作伙伴选择的评价指标体系，并运用模糊决策和层次分析法解决第三方物流合作伙伴的选择问题。

（6）粗糙集方法。部分研究工作包括：

1）认为理想的合作伙伴可由灰色粗糙集理论的下近似值决定，进而利用灰色粗糙集方法研究了合作伙伴的选择问题。

2）基于质量、按时交货、价格和服务四个属性，利用 Taguchi 损失函数给出合作伙伴的评价和选择制度。Arunkumar、Karunamoorthy 和 Anand（2006）研究了包含折扣价格时间表的合作伙伴选择的多目标问题，并由此建立了分段线性的多目标决策问题。

（7）其他优化方法。部分研究工作包括：

1）认为第三方物流服务代理商选择是多因素、多层次的决策问题。因此，将 P-SVM 方法和混沌算法、遗传算法应用于第三方物流服务代理商选择模型。

2）运用支持向量机（SVM）分析合作伙伴的排名，进而选择合作伙伴。

3）研究了供应链管理中伙伴选择问题，并运用混合遗传算法求解其模型。

4）基于灰色关联分析了合作伙伴选择的优点，比较了其他选择合作伙伴的算法。

5）利用遗传算法研究了在模糊需求下合作伙伴的选择问题。

6）研究了在有限预算和市场不确定情况下，如何建立合作伙伴选择模型。

7）结合机会约束规划模型及遗传算法，研究了总质量和服务不确定情况下的合作伙伴选择问题。

8）采用多准则群决策（MCGDM）的信息集成法处理多重决策标准，进而选择合作伙伴。

1.8.2 简要评述

从国内外研究的主要文献来看，目前基于服务代理商的合作伙伴选择的研究成果还不多，大多数研究主要集中在供应链上提供产品的供应商和第三方物流服务代理商。虽然服务也是一种产品，但与传统的产品概念有所不同。因此，对生产厂商、服务代理商的选择应有别于传统供应链上合作伙伴的选择。这种区别首先是由服务代理商与传统产品的供应商的作用不同而导致的，传统产品的供应商主要为相关制造厂商提供原材料和产品，而服务代理商则兼顾了向用户提供维修服务和现场技术服务，并处理产品使用中的质量问题，同时将用户反馈的信息传递给生产厂商。因此，好的服务代理商是生产厂商参与竞争的一个重要力量，将直接影响到用户的满意度、忠诚度和产品的市场占有率。综上所述，从现有的研究来看，服务代理商选择的重要性还未得到体现，服务代理商选择的主要指标体系尚未建立，结合服务代理商特点和作用的评价和选择方法也鲜有研究。

1.9 企业的赊销风险管理[①]

赊销与企业的竞争力有着密切的关系，西方企业已将赊销作为主要的销售手段和竞争手段。企业的赊销风险主要来自赊销客户，包括赊销客户的拖欠风险、赖账风险、破产风险以及不同付款方式造成的信用风险（包括汇款、托收和信用证等）等。企业的赊销风险管理就是企业为控制交易中的赊销风险而制定和实施的政策、一整套技术[②]及业务方案以及组织和制度保障。其基本目标就是增加赊销的成功率，规避或降低赊销的风险。

企业赊销风险管理的技术环节包括赊销客户筛选、赊销风险评价以及赊销风险资本预留等计量的方法。因此，企业赊销风险管理的技术环节是企业实施科学赊销风险管理的保障。企业赊销风险管理的业务环节主要体现在企业的应收账款

① 周宗放，刘国强，肖珉. 企业赊销信用风险的评价与管理［M］. 北京：经济科学出版社，2011.

② 企业赊销风险管理技术是对企业赊销风险识别与评价、赊销客户的选择以及赊销风险资本的留存等环节进行科学管理而设计的专门技术。

管理。应收账款回收难的问题，从表面上看是由于不良市场环境和赊销客户违约所致，但其根本原因在于企业内部赊销风险管理存在缺陷。这些缺陷包括：

（1）企业内部缺乏独立的赊销风险管理部门，不能解决销售部门和财务部门在赊销中分工不清的现象。

（2）应收账款缺乏事前控制措施。表面上看，应收账款是财务问题，但实际上却关系着企业经营管理的诸多方面，如市场拓展、产品生产、债权管理乃至企业的发展战略等。因此，企业应当把赊销风险的评价结果与应收账款有机地结合起来，通过赊销的事前控制来减少逾期的应收账款。

企业赊销风险管理的核心内容是在科学评价赊销风险的基础上，通过评价和筛选赊销客户，同时制定相应的赊销政策和预留合适的赊销风险资本，最终达到均衡赊销收益和赊销风险、建立科学的企业赊销风险管理体制的目的。企业赊销风险管理的目标是在保证企业利润最大化的同时使企业的赊销风险最小，并且在赊销客户违约的情况下，企业不会因为货款的损失而破产。

当前，我国企业的信用意识仍然十分淡薄，企业的赊销风险管理制度建设严重滞后，很多企业因他人拖欠和赖账，严重影响了其正常的生产和经营①。据有关资料统计，我国企业由于赊销产生的坏账率为5%~10%，账款拖欠期平均为90多天；而美国企业由于赊销产生的坏账率仅为0.25%~0.5%，账款拖欠期平均为7天左右。由此凸显出我国企业赊销风险管理制度建设的落后。目前，无论是学术界还是实务界，关于企业赊销问题的研究还主要集中在收账策略和应收账款管理等赊销风险管理的“事中控制”和“事后控制”的阶段，而对企业如何评价和选择赊销客户，如何识别、防范和控制赊销风险，以及如何管理赊销的非预期损失等方面的研究十分欠缺②，更鲜见对企业赊销风险评价和赊销客户选择方法的研究。

1.9.1 企业赊销风险管理模式

长期以来，企业的信用管理和拖欠风险一直是困扰我国企业发展的一大顽症。大量的逾期应收账款和呆账、坏账不仅使企业的流动资金紧张，甚至出现严

① 据国家统计局公布的数据，我国企业的无效成本包括管理费用、财务费用和销售费用，占销售收入的14%，而美国只占2%~3%。

② 值得一提的是，对促进当前我国社会、经济和科技发展的重要力量——中小型新兴技术企业而言，一旦发生大量的赊销损失，则有可能导致其破产。

重的经营亏损，企业间信用关系也被破坏，最终导致我国市场经济秩序的混乱。大量的调查研究和实践表明，我国企业目前在解决账款拖欠问题上更多的是采取“事后控制”的方法，即只有在账款拖欠了相当长一段时间才开始催收。当前企业的信用管理模式提倡企业的全程信用管理模式[①]，该模式是以信用和风险控制为核心的一套新型的企业经营管理方式，它是针对我国企业内部管理机制方面的缺陷以及在销售、财务、信息管理方面的落后状况，提出的一套综合性解决方案。目前该模式受到了业界和学术界的关注。全程信用管理模式是按照“过程控制”的管理思路，控制交易过程中每一个关键业务环节[②]。概括地讲，企业的全程信用管理模式由事前控制、事中控制和事后控制三个阶段组成，以下分别进行介绍。

1. 事前控制

事前控制是指在正式交易之前（签约或发货）对赊销客户的审查及信用条件的选择。事前控制以赊销客户的资信为核心，包括以下几个方面：

（1）客户信息收集。

（2）客户资信档案管理。

（3）客户资信调查管理。

在事前控制阶段，客户的信息收集和管理是赊销风险管理的基础，是企业进行后续授信决策的前提条件。企业建立赊销客户的调查制度必须投入一定的人力、物力和财力，需要设立专门的部门或组织才能完成。如果企业为了节省管理成本，可以委托专业的信用咨询公司对赊销客户进行信用调查。企业的全程信用管理强调赊销的信用管理应从源头控制，防患于未然。赊销客户的选择和赊销风险的评价是“事前控制”阶段中涉及的关键技术，全程信用管理由于缺乏赊销风险的评价技术，使企业赊销风险管理的可操作性和科学性不够严密，也未考虑到为了防范企业的赊销损失应如何留存合适的“赊销风险资本”[③]。

2. 事中控制

事中控制是指在交易过程中，对客户赊销额度的控制。主要管理措施如下：

（1）赊销业务预算管理与报告。

---

① 蒲小雷，韩家平. 企业信用管理典范［M］. 北京：中国对外经济贸易出版社，2001.

② 从客户开发、签订合同、发货到账款催收等各个环节。

③ 从某种角度来看，本书提出的赊销事前控制阶段的赊销客户选择方法和赊销风险的评价技术弥补了企业全程信用管理的不足。

(2) 制定赊销政策。

(3) 公司授信的组织。

(4) 业务部门信用初审。

(5) 赊销额度稽核。

(6) 赊销额度审批与监控。

企业在赊销交易过程中产生的赊销风险主要源于销售部门或相关业务管理部门在销售管理方面缺乏规范的依据和控制措施。例如，客户赊销额度和期限控制的随意性。因此，全程信用管理强调企业必须建立与赊销客户间的直接信用关系，在对客户赊销风险评价的基础上，根据企业自身的发展战略对相应的赊销客户制定合理的赊销政策，摒弃依赖销售人员"间接管理"的状况，实行严格的内部授信制度。在"事中控制"阶段，赊销标准的确定是核心的内容。一般来讲，信用条件越严格，企业的坏账损失及收账费用相应地减少，但也会因此丧失一部分客户，影响到企业的销售额；反之，如果企业的赊销标准过于宽松，企业虽然可以扩大销售额度，但可能会因为巨大的坏账和追讨成本让企业承受更大的损失。本书将讨论新兴技术企业的赊销风险管理组织架构和各相关职能部门的职责，并提出赊销额度和赊销期限的决策方法以及赊销标准的确定思路。

3. 事后控制

事后控制指以债权管理为核心，对应收账款的管理及拖欠账款的处理措施。主要管理内容如下：

(1) 应收账款的系统管理。

(2) 应收账款的监控。

(3) 应收账款的账龄管理。

(4) 收账政策。

"事后控制"最主要的内容是对应收账款的管理。全程信用管理强调企业应针对应收账款，制定一套完善的管理制度。在应收账款形成的早期就应该适度进行催收，根据逾期的不同程度采取不同的催收策略，并注意尽可能地与赊销客户保持良好的关系。对已形成的坏账，企业应采取适当的措施尽可能地减少损失。

1.9.2 企业赊销风险管理的主要特点

第一，企业赊销风险管理关系着整个企业未来的发展、投资方向和客户化战略的总体规划。良好的企业赊销风险管理制度可以促进企业的销售额、增加企业的利润；反之，有缺陷的赊销风险管理制度可能导致企业亏损甚至倒闭。因此，企业的赊销风险管理应该提到企业战略管理的高度。

第二，企业赊销风险管理是一种信息不对称的管理过程。企业的所有决策几乎都是在信息不完全的情况下做出的，既涉及赊销客户的道德风险，又涉及赊销客户的逆向选择。因此，企业的赊销风险控制存在很大的不确定性。

第三，赊销风险管理既是信用管理，又是风险管理。从某种程度上看，企业的赊销可以看作一种投资，高风险可以带来高收益。企业可以通过赊销风险控制将赊销风险化解或者降低到较低水平。

第四，赊销风险管理是一种集成管理。企业赊销风险管理不仅涉及企业的内部管理和外部客户的管理，还涉及社会和经济信用环境的诸多因素。企业的内部管理涉及多部门之间的协调，企业的外部管理既涉及客户化战略又涉及客户的资信评价。由于赊销涉及经济、法律、社会伦理等多方面的因素，因此，企业赊销风险管理是一种集成化的管理。

1.10 本书的主要内容和结构

本书包括四篇共 13 章的内容，主要结构如下：

第一篇　绪论，包括第 1 章和第 2 章的内容：

第 1 章，引论。该章介绍了本书的背景、意义和主要内容，并对讨论对象的概念与范畴予以了界定。

第 2 章，新兴技术项目风险评估与管理现状。该章主要介绍项目风险评估的一些常用方法，并分析和提出当前新兴技术项目风险评估和管理中存在的问题。

第二篇　新兴技术项目的风险评估方法，包括第 3 章到第 6 章的内容：

第 3 章，新兴技术项目风险评估指标体系研究。由于新兴技术项目资金需求较大，而其技术本身和新兴技术项目产品市场的不确定性和复杂性，新兴技术项目面临很大的风险。该章在分析新兴技术项目的特点和风险要素的基础上，根据风险和收益相匹配的原则，将新兴技术项目的风险评估指标划分为三大类：风险

类指标、管理类指标和收益类指标。其中风险类指标是直接的风险性指标，管理类指标和收益类指标是间接的风险性指标。进一步，应用粗糙集相关理论，对初选评估指标进行约简，构建出新兴技术项目的风险评估指标体系。

第4章，新兴技术项目风险评估指标的序关系。由于新兴技术项目的风险评估涉及多个方面，评估指标具有多面性和多维性，不同方面和维度的评估指标之间通常不能直接进行优劣比较。因此，新兴技术项目的风险评估指标体系具有明显的偏序结构特征。该章提出了新兴技术项目的风险评估指标序集（Evaluation Indexes Sequence Set，EISS）、EISS 的序关系（Ordering Relation）和优势结构（Dominance Structure）等概念，并在此基础上对 EISS 的序关系和优势结构进行讨论。针对新兴技术项目的风险特征，给出了一类新兴技术项目风险评估的偏差估计方法。

第5章，基于风险和预期收益的新兴技术项目综合评估。该章针对新兴技术项目具有高风险、高收益、高技术和定性评估指标多等特点，从风险性和收益性的角度出发，提出了一类新兴技术项目的综合评估方法。首先，采用云重心评判法，分别对新兴技术项目的风险和预期收益进行评估；其次，结合新兴技术项目的风险评估结果和预期收益评估结果，对新兴技术项目进行综合评估。该章提出的方法不仅解决了定性评估指标的定量化描述问题，而且将预期收益的评估纳入了风险评估的范畴，从而改进了传统的项目风险评估方法。

第6章，新兴技术项目的多阶段组合风险评估（Multistage Combination Risk Assessment，MCRA）方法。该章应用多阶段组合风险评估方法，讨论了新兴技术项目的全过程风险评估问题。正如大家所知，组合评估方法是一类减少评估误差的有效工具，但 MCRA 模型同样会存在评估的误差。因此，如何估计 MCRA 模型的误差是该章的特色。该章在构建多阶段组合风险评估模型的基础上，从理论层面上确定出 MCRA 模型的误差界，同时给出了一般 MCRA 模型的误差、简单平均 MCRA（SA-MCRA）模型的误差以及组合评估模型中单一评估模型的误差之间的联系。

第三篇 新兴技术项目企业，包括第7章到第10章的内容[①]：

第7章，我国新兴技术项目企业的主要特征。根据新兴技术项目企业具有的

① 本书主要针对集项目研发、生产和商业化运作于一身的新兴技术项目企业展开讨论（不考虑成果转让的情况），因此，涉及产品的市场销售和售后服务等企业管理方面的内容。

三大基本特征，即行业特征、技术特征和市场特征，该章给出了新兴技术项目企业的四维特征模型，该模型所张成的四面体体积可刻画出新兴技术项目企业研发和经营风险的动态变化过程。

第 8 章，新兴技术项目企业信用风险评估的 IF-ISODATA 集成算法。该章针对承担新兴技术项目的企业（即新兴技术项目企业）的信用风险评估问题，提出一类改进的模糊 ISODATA 聚类算法（即 IF-ISODATA 集成算法）。首先，根据新兴技术项目企业信用风险具有较大不确定性等特征，设置相应的参照样本系，确定初始聚类中心矩阵，从而克服了传统 ISODATA 聚类算法的不足，提高了聚类的可靠性；其次，给出 IF-ISODATA 集成算法评估新兴技术项目企业信用风险的步骤；最后，对国内 10 家新兴技术项目企业的信用风险进行测评，实例表明了本算法的有效性和可操作性。

第 9 章，新兴技术项目产品的赊销风险管理。由于新兴技术所具有的高技术性、技术和市场的高度不确定性，新兴技术项目产品（指由新兴技术项目而形成的产品）推向市场时，产品的市场需求往往具有较大的不确定性。为了快速地占领市场，新兴技术项目企业往往采用产品赊销的营销模式。因此，新兴技术项目企业通常面临较大的产品赊销风险。该章对新兴技术项目产品所面临的赊销风险进行了分析，并提出新兴技术项目产品赊销的信用管理模式。

第 10 章，新兴技术项目产品的服务代理商选择。新兴技术项目产品推向市场之后，由于技术不稳定或产品使用不当，都可能导致新兴技术项目产品发生故障，但由于长期受到计划经济的影响，很多新兴技术项目厂商，尤其是大型新兴电子元器件和装备的生产厂商还未充分意识到良好的（售后）服务对促进企业可持续发展所具有的重要作用，而服务代理商的选择问题又是（售后）服务能否满足客户需要的关键所在。该章针对新兴技术项目企业，尤其是大型新兴电子元器件和装备的生产企业服务代理商的选择问题进行讨论，从服务代理商评价和服务代理网点布局两个方面提出了服务代理商的选择方法。

第四篇　新兴技术项目的综合管理，包括第 11 章到第 13 章的内容：

第 11 章，新兴技术项目资产管理制度的探讨。新兴技术项目的资产管理是新兴技术项目综合管理体系（见第 12 章）中的一个重要部分，是当前新兴技术项目管理所面临的突出问题。迄今为止，该方面的研究几乎是空白。该章针对目前新兴技术项目管理所面临的现实问题进行了较为系统、深入的研究，第一部分

针对由国家财政投资的新兴技术项目的资产管理问题展开讨论。该类新兴技术项目结题验收后，形成了新兴技术项目企业的资产，该类资产应属于国有资产。基于此，该部分就出资人如何行使监管职能以及确保国有资产的保值增值等制度建设方面进行了有益的探讨。该章的第二部分针对当前新兴技术项目“资产转固”后资产管理缺失的现状，提出新兴技术项目企业的新兴技术科研和生产能力的登记制度，这些制度是新兴技术项目闭环管理的重要基础。

第 12 章，新兴技术项目综合管理体系的构建。该章针对新兴技术项目的特点，就新兴技术项目的整个管理体系架构进行了讨论，包括新兴技术项目的立项评估、阶段性（风险）评估、产品的赊销风险管理、产品（售后）服务代理商选择、新兴技术项目的资产管理[①]以及结题验收评估和后评估等新兴技术项目综合管理体系中各个主要环节进行讨论，最终构建了新兴技术项目的综合管理体系。该章还对当前新兴技术项目的管理体系中缺失的后评估制度进行了分析和论述。其中涉及的新兴技术项目的阶段性风险评估问题，在第 6 章中已进行了理论层面上的探索；新兴技术项目的资产管理制度问题在第 11 章中也进行了较详细的讨论。

第 13 章，对提高我国新兴技术项目研发水平的思考。该章根据当前我国新兴技术研发的基础能力和创新能力薄弱、核心元件技术含量不高、新兴技术项目的研发资金渠道单一、人才培养不适应我国新兴技术发展等诸多亟待解决的问题展开了较深入和具体的讨论。

结束语。对本书的主要研究成果进行了梳理和总结，同时指出了本书的不足之处。

1.11 本书的主要贡献

本书从新兴技术项目风险评估和管理的视角，在分析新兴技术项目的特点、管理现状与不足的基础上，以优化新兴技术项目的研发和生产环境、控制新兴技术项目风险的创新思路，提出新兴技术项目风险的评估方法和项目的综合管理体系。本书的主要贡献归纳如下：

---

① 一般的科研项目管理通常未涉及资产管理问题，而新兴技术项目的资产管理是新兴技术项目管理体系中的重要内容。

第一，针对我国新兴技术项目的风险特征和评估问题，构建了新兴技术项目的风险评估指标体系，并基于评估指标的偏序结构特征，讨论了评估指标的序关系；进一步，提出了基于云重心评判法的新兴技术项目综合评估方法；并针对新兴技术项目的阶段性风险评估问题，提出了新兴技术项目多阶段组合风险评估的一类方法，同时，对组合评估误差进行了分析。

第二，基于新兴技术项目企业的三大基本特征，即行业特征、技术特征和市场特征，提出了新兴技术项目企业的四维特征模型；进一步，针对新兴技术项目企业的履约能力和信用风险，提出了评估新兴技术项目企业信用风险的IF-ISO-DATA集成算法。

第三，由于新兴技术项目企业通常采用盈利滞后的产品销售模式，为了快速地占领市场，企业往往采用产品赊销的营销方式。本书针对新兴技术项目企业所面临的产品赊销风险进行了分析，并提出控制新兴技术产品赊销风险的管理模式。

第四，很多从事新兴技术项目研发和产品生产的厂商，尤其是大型新兴元器件和装备的生产厂商已开始意识到良好的（售后）服务对促进企业可持续发展所具有的重要作用，服务代理商的选择和服务代理网点布局问题是（售后）服务能否满足客户需要的关键所在。本书针对新兴技术项目企业，尤其是大型新兴元器件和装备生产企业的服务代理商选择和服务代理网点布局问题进行讨论，提出了服务代理商的评价与选择方法。

第五，针对新兴技术项目的资产管理问题，特别是新兴技术项目“资产转固”后的资产管理问题进行了制度创新研究。

第六，提出了新兴技术项目综合管理体系的构建思路。

综上所述，期望本书的内容能够对我国新兴技术的发展和新兴技术项目的管理具有积极、现实的意义。

第2章 新兴技术项目风险评估与管理现状

2.1 引 言

新兴技术（Emerging Technology，ET）是具有新技术特征，反映了科学技术领域中具有开拓性和实验性的创新技术，是未来引领社会经济发展和现代化建设的重要驱动力。目前，大型的新兴技术项目（含攻关项目）主要由国家财政全额投资或部分出资，通常属于国家或地方急需建设的新技术研发和生产的项目，并由相关部委或省市科技主管部门负责项目的立项、实施及验收等全过程管理①。本书所涉及的新兴技术项目主要指由国家财政全额投资，由国家相关部委负责项目的评估和管理或由地方主管部门或科技部门负责项目评估和管理的新兴技术项目（含攻关项目）②。由于新兴技术项目研发通常对资金需求较大、新兴技术的技术特质、商业模式的特殊性以及新兴技术项目产品市场的不确定性，因此，新兴技术项目在研发、生产和管理过程中均面临较大的风险③。

由于大型新兴技术项目大多属于国家或地方重点支持的发展领域，项目规模较大且主要由财政资金投入，申请或承担新兴技术项目研发和产品开发的企事业单位众多，因此，新兴技术项目的风险评估与管理问题已成为当前高科技产业发

① 例如，2004年3月1日中国电子科技集团公司（CETC）挂牌成立，该集团公司成员单位所申报的新兴电子类技术项目均由国家相关部委负责立项、实施及验收。

② 除国家财政资金投入外，一些投资机构和商业银行等也纷纷青睐并介入该领域。

③ 由于该类项目主要由国家财政资金投入，因此，对项目在研发、生产和管理过程中面临的风险关注不够，这也是本书编著的初衷。

展中面临的突出问题。本章针对由国家财政资金投入的新兴技术项目风险评估和管理的现状和存在问题进行分析，本章内容是以后各章的基础。本章结构如下：2.2 节介绍了科学技术类项目（含新兴技术项目）风险评估的常用方法；2.3节剖析了目前科学技术类项目（含新兴技术项目）风险评估面临的主要问题；2.4节介绍了新兴技术项目风险管理的内容和要求；2.5 节对新兴技术项目的管理现状与管理措施进行了介绍[①]；2.6 节对当前新兴技术项目管理中存在的问题进行了分析。2.7 节是本章小结。

2.2 项目风险评估的一些常用方法

2.2.1 风险评估的基础模型

就风险评估而言，评估者需要计算各种威胁发生的可能性与系统的存在弱点，并预测可能受到的影响。目前，对风险事件的预测，主要依靠历史的经验来估计在一定时期内某些风险事件发生的可能性。

但基于历史经验的估计存在以下两个严重缺陷：

（1）一些很少发生但具有极度影响的风险事件（如经济危机、恐怖活动），由于历史信息和数据的不足，评估者很难构建相应的预测模型，提出科学的预测方法。

（2）由于缺乏经验，评估者难以预测因为环境或条件改变可能出现的新风险。例如，随着电子商务的快速发展，对网上交易行为所导致的新风险的认识大多依赖于猜测。

风险事件的发生有时具有偶然性，换言之，威胁与弱点的结合可能只是偶尔发生（即所谓的“坏运气”），但对于一个几乎不存在弱点或未受到威胁的系统，通常不会受到风险事件影响；反之，一个脆弱的系统必然易遭风险事件的影响，这是风险评估的基本点。

① 目前在科学技术类项目管理中，还没有对一般科学技术项目和新兴技术项目进行区分。

任何一个企业或项目均面临着各种各样的风险事件，风险贯穿项目研发、生产、采购、经营决策、投融资、财务、销售、服务等各个环节。企业管理层必须承受某种程度的风险（即可容忍或可接受的风险）以获取利润，但如果风险是不可接受的，则可能导致企业破产。

风险评估与管理是任何一个企业或项目完好管理的重要元素。管理者应该根据风险评估的结果，将风险活动向风险缓和的方向转移。例如，设置合适的风险控制线以减少弱点、威胁与影响。因此，风险评估与管理的关键是管理者必须对风险有正确认识，知道哪些是可以接受或缓和的风险，哪些是必须规避的风险。

以下简单的风险模型是评估风险的基础：

$$风险 = 威胁 \oplus 弱点 \oplus 影响 \tag{2-1}$$

表面上看，该公式意味着具有高威胁、弱点或影响的系统是高风险的系统。即“威胁”与“弱点”的结合（即风险事件发生），而风险事件造成的“影响”将确定风险的程度。换言之，“威胁”与“弱点”反映了风险事件发生的概率，“影响”反映了对企业的破坏程度。这是一类串行的事件（非并行的事件），因此，用数学语言描述的逻辑计算应该是乘积而不是求和，即有：风险 = 威胁⊗弱点⊗影响。

上式表明：包含高“威胁”与“弱点”的组合显然会产生高风险，但如果其中任何一个风险因素降为零时，风险自然消失。

类似地，项目风险也可利用该模型进行评估，以形成基本的项目风险管理方法。项目“威胁”依靠于项目的性质，一般包括政治、经济、社会与技术方面（又称 PEST 分析）；项目“弱点”一般包括技能、激励机制、财务或人力等资源限制；项目“影响”（指对项目的负面影响）一般包括成本过大、推迟完成、质量问题导致的客户满意度低等。

例如，由英国中央计算机与电信局（Central Computer and Telecommunications Agency，CCTA）于 1985 年开发的一种风险分析的定量化工具 CRAMM（CCTA Risk Analysis and Management Method），同时也支持定性分析，目前已经过多次版本更新，由 Insight 咨询公司负责管理和授权。CRAMM 是一种可以评估系统开发的风险并确定恰当对策的结构化方法，适用于各种类型的信息和网络系统的开发。CRAMM 的模型数据库基于“资产/威胁/弱点”模型，评估过程包括以下三个阶段：

（1）对系统威胁和弱点的评估。

（2）系统风险识别与评估。

（3）风险控制措施选择。

其中风险控制措施选择的标准与国际安全标准 BS7799 一致，提供可选择的措施达 3000 个。

目前，我国现行的科技类项目风险评估方法主要是借鉴传统的项目风险评估方法。迄今为止，还没有建立针对新兴技术项目风险评估的专门方法。以下就当前项目风险评估中常见的一些方法进行介绍和评述。

2.2.2 线性加权评估法

线性权重法可以计算出项目在某一评估阶段的风险评估值，给决策者提供相应的决策依据。基本思路是首先建立项目的风险评估指标体系，并对评估指标进行分类，即对评估指标进行层次划分。其次，通过专家打分或参考历史资料获取评估指标的量值和权重。最后，建立模型并通过加权计算得到项目的风险评估值。显然，该评估思路可以部分援用到新兴技术项目的风险评估中。

1. 评估指标的量化

对于项目风险的评估而言，目前关于评估指标量值的获得，主要由专家根据经验和项目本身的特点，对评估指标按优劣打分，如设为优、良、中、差四个档次，每个档次分别记 4 分、3 分、2 分、1 分，由此，对每个评估指标给出相应的分数，这个分数就是评估指标的量值。评估指标的权重即为每个指标对项目的相对重要程度，权重也是通过专家经验和历史资料获得。由于线性权重法可用于项目风险评估的不同阶段，因此，除立项风险评估外，在项目的阶段性风险评估、中期检查、结题评估乃至后评估中都可以采用。其中评估指标的选择及其量值与权重根据不同的评估阶段有所不同。

2. 线性加权模型

通过对所有选择的评估指标进行逐层分解，即可建立风险评估指标体系。虽然每个评估指标对项目的相对重要程度不同，但大部分指标层与层之间存在着线性关系，所以可以采用较为简单的线性模型，在指标量化的基础上计算出专家对项目的综合风险评估值。

例如，设第 1 层第 i 个指标的量值为 V_i^1，相应权重为 w_i^1，第 2 层的第 j 个指标的量值为 V_{ij}^2，相应权重为 w_{ij}^2。进一步，如果第 1 层有 n 个指标，第 1 层第 i

个指标的第 2 层有 m 个指标，则线性加权法的计算模型为：

$$A = \sum_{i=1}^{n} V_i^1 \cdot w_i^1, \quad \sum_{i=1}^{n} w_i^1 = 1 \tag{2-2}$$

$$V_i^1 = \sum_{j=1}^{m} V_{ij}^2 \cdot w_{ij}^2, \quad \sum_{i=1}^{n} w_{ij}^2 = 1 \tag{2-3}$$

式中，A 为项目的风险评估值；V_i^1 为评估指标的量值；w_i^1 和 w_{ij}^2 为相应指标的权重。应用线性加权方法不仅可以容易地计算出项目的风险评估值，还可以计算出项目每一评估阶段的风险评估值。

2.2.3 方差法

方差法是度量投资风险的一类常用方法。方差是反映随机变量与其期望值的偏离程度的数值，是随机变量各个可能值对其期望值的离差平方的数学期望。该方法将风险投资的收益视为一个随机变量，方差（或标准差）表示收益的不确定性程度或者说风险程度。方差法的大致思路如下：

记风险投资的收益为随机变量 x，其方差（风险）为：

$$D(x) = E[x - E(x)]^2 \tag{2-4}$$

式中，E(x) 是随机变量 x 的期望值。

对于离散型随机变量，方差（风险）的计算公式为：

$$D(x) = \sum_{k=1}^{\infty} [x_k - E(x)]^2 P_k \tag{2-5}$$

式中，P_k 为随机变量 $x = x_k$ 的概率，$E(x) = \sum_{k=1}^{\infty} x_k P_k$ 为 x_k 的期望值。

对于连续型随机变量，其方差的计算公式为：

$$D(x) = \int_{-\infty}^{\infty} [x_k - E(x)]^2 f(x) dx \tag{2-6}$$

式中，f(x) 是随机变量 x 的概率密度函数。

在实际应用中，为了便于分析，通常还引入与随机变量具有相同量纲的标准差 $\sigma(x) = \sqrt{D^2(x)}$ 来表示收益的不确定性程度。

2.2.4 A 计分法

“A 计分法”是一类传统的项目风险评估方法，其基本步骤如下：

（1）将相关的风险因素逐一列出，包括宏观因素、技术因素、市场因素、管理因素、人力资源因素、退出因素等，并根据各风险因素发生的概率赋予权重。

（2）根据各因素对项目影响程度的大小予以赋值。

（3）最后将所有因素的影响值加权汇总，即可得到该项目的风险评估值。

例如，根据《软件项目风险评估报告》，软件项目各风险因素发生的概率及其影响大小，见表 2-1。

表 2-1 软件项目各风险因素发生的概率及其影响大小

风险因素	发生概率	影响程度
规模估计过低	60%	严重（8 分）
交付期限太紧张	50%	严重（8 分）
技术达不到预期效果	30%	轻微（3 分）
软件体系结构设计不合理	40%	灾难性（10 分）
人员流动	30%	严重（8 分）

每项风险值在 0~10 之间，得分越高，风险越大。该方法的优点是考虑到风险是逐步产生的，具有相互关联性，存在于公司的业务流程中，因此，可以通过加总求和，从总体上来判断风险的大小。其缺点是影响大小的赋值取决于决策人员的主观判断，趋向于定性评价，科学性不足。

2.2.5 历史资料法

历史资料法指在历史条件基本相同的情况下，通过观察潜在风险在历史时期发生的次数，估计每一风险事件发生的概率。从理论的角度讲，如果项目风险发生的概率和后果的计算是通过对大量已完成的类似项目的数据进行分析和整理得到的，则在历史条件基本相同的情况下，准确性一般较高。

就新兴技术项目而言，新兴技术项目风险发生的客观概率一般很难得到，即使有一些相关的历史数据，也会因样本过小而无法建立较为准确的概率分布。因此，由于经验和历史数据的缺乏，通常不能采用这类方法建立新兴技术项目风险

可靠的概率分布，但可以采用某些理论概率分布来补充或修正[1]，如正态分布、离散分布、二项分布等。决策者可以根据风险事件的特点选择适当的概率分布。

2.2.6 外推方法

外推方法主要包括简单平均法、移动平均法、加权移动平均法、指数平滑法、季节变动分析法、线性趋势法、非线性趋势法等。其基本原理是利用取得的按时间排列的历史信息数据推断出未来事件发生的概率和后果，是一种定量预测方法。外推法虽然简单易行，但前提是需要足够的历史数据。

就新兴技术项目而言，这种方法存在明显的缺陷。首先，新兴技术项目风险的历史记录通常缺失或不完整。其次，新兴技术项目的历史前提和环境通常已发生了较大变化，不一定适用于现在和未来。最后，外推法没有考虑事件的因果关系。由于这些缺陷存在，外推结果必然会发生较大偏差。如果将其应用于新兴技术项目的风险评估中，则必须在历史数据的处理中加入专家的经验加以修正，专家可以根据自身的专业素养以及丰富的实践经验，依据新兴技术项目的具体情况做出判断。

2.2.7 市场需求预测与市场成长性评估

由于新兴技术项目产品市场的不确定性，对项目产品的市场需求量进行预测是新兴技术项目风险评估的重要基础性工作之一。由此可以估计出项目产品的市场规模和市场风险。市场成长性评估即是对市场需求发展趋势的评估。前者分析的是新兴技术项目的单位产品在近期内可能达到的需求量；后者则分析预测新兴技术项目产品在今后一定时期内需求量的变化趋势，因此，后者是以前者为基础进行的预测。由于新兴技术项目的特点，对其进行市场需求预测和市场成长性评估具有十分重要的意义。显然，一般项目的市场需求预测和市场成长性评估的基础性方法也可以援用到新兴技术项目中。

2.2.7.1 市场需求预测

市场需求预测是评估新兴技术项目产品市场风险的基础性工作之一。目前，对项目产品市场需求的预测方法主要有抽样调查、购买力估算、相关性调查预测

---

① 风险事件发生的理论概率常用正态分布来拟合，实践证明正态分布可以描述许多风险事件发生的概率。

以及判断预测等方法。

1. 抽样调查

对新兴技术项目产品潜在用户的需求意向直接进行调查是比较可靠的办法①。从理论上说，对用户进行直接的全面调查，精确度较高。但事实上，由于时间、精力与费用等条件的限制，要对所有潜在用户进行需求意向调查，几乎是不可能的。因而，作为市场需求量预测的一种手段，对潜在用户的调查通常采用抽样的方法。目前采用的抽样调查方法主要有等距抽样、标准抽样和分类抽样三种。实际操作方法是：先对样本进行调查，再由样本调查结果推算出全体总量。当然，对项目形成的多种产品进行调查时不仅要考虑绝对数量，还要考虑产品的不同规格和品种。

2. 购买力估算

通过估算新兴技术项目产品的市场购买力可以预测该产品需求量。通常分为以下三步进行：

（1）预测总的市场购买力。主要根据历史数据及新增的对项目产品的投入进行测算。

（2）分析用于购买各种项目产品的比重及绝对数。

（3）分析项目产品在类别投入费用中所占的比重，并由此测算出其需求量。

显然，购买力估算方法可以直接援用到新兴技术项目产品的市场购买力预测中，在估算新兴技术项目产品的购买力时，用于购买新兴技术项目产品的费用常常界定得比较清楚。例如，某单位 2013 年的电子装备更新和改造总费用预计为 40 万元。某类新型电子装备的更新费用占总费用的 12%，即 4.8 万元，其中购买新型电子器件 A 的费用约占 25%，购买新型电子器件 B 的费用约占 18%，购买新型电子器件 C 的费用约占 46%。某新型电子装备生产企业的新型电子器件 A 的市场占有率为 30%，加权平均售价为 1.2 元/件，则可测算出 2013 年该单位对新型电子器件 A 的购买力 = 40 × 12% × 25% = 1.2（万元），见表 2-2。

表 2-2　某单位对某企业新型电子器件的购买力

支出	新型电子器件 A	新型电子器件 B	新型电子器件 C	其他	合计
比重（%）	25	18	46	11	100
购买力（万元）	1.2	0.864	2.208	0.528	4.8

① 一般而言，如果新兴技术项目是大型、技术性和专业性较强的项目，通常可以在一定程度上预知潜在的用户。

就该新型电子装备的生产企业而言，新型电子器件 A 的需求潜量（价值）为 $1.2 \times 30\% = 0.36$（万元），换言之，该单位对该企业的新型电子器件 A 需求量为：$3600/1.2 = 3000$（件）。

3. 相关性调查预测

在不同的新兴技术项目产品之间，其生产和供求上往往存在着直接或间接的相关性。随着科学技术的进步，不同项目产品之间的相关关系日益显著化，这种相关性将对项目产品的需求产生重大影响。主要体现为两类：第一类是需求量呈同向变化的相关关系，即互补关系；第二类是需求量呈反向变化的相关关系，即替代关系。这些相关关系一般是在项目的不同产品使用功能可替代的情况下呈现出来的，即互为补充或替代的产品。一般新兴技术项目产品的相关性调查预测的步骤如下：

（1）界定出本企业新兴技术项目产品有相关供求关系的产品种类。

（2）对各相关新兴技术项目产品进行调查分析，弄清其与本企业的新兴技术项目产品的相关性质与程度。

（3）对相关的新兴技术项目产品的供求前景进行调查预测。

（4）根据本企业相关项目产品之间的相关程度（互补或替代的数量关系）以及产品的市场占有份额等情况，预测本企业新兴技术项目产品的市场需求量。

随着科学技术的不断革新、升级和集成，各类新兴技术项目产品之间的相关关系必然日益显著化。因此，在对新兴技术项目的市场风险进行评估时，对新兴技术项目产品的相关性调查预测尤为重要。

4. 判断预测

判断预测法指对新兴技术项目产品的市场状况较为熟悉的人员，凭借其经验而进行市场需求预测的方法。在对新兴技术项目的市场风险进行评估时，可以按照预测者身份的不同，将其分为专家意见法（德尔菲法）、经理人员预测法、基层销售人员意见汇总法、购买者意图调查法等多种方法。

判断预测法除可用于市场需求量预测外，也可用于市场发展趋势的预测。其主要优点是简便易行，能够集思广益；缺点则是带有一定的主观性，严谨性较差，容易发生失误。

2.2.7.2　市场成长性预测

市场成长性预测也是评估新兴技术项目产品市场风险的基础性工作之一。目前，与传统产品的市场成长性预测方法类似，新兴技术项目产品市场成长性的预测方法也可以采用历史引申法和回归分析预测法等。

1. 历史引申法

历史引申法又称时间序列预测法，是预测市场需求发展趋势的一类最为常用的方法。其依据是假定过去的市场需求变动趋势在今后不发生显著变化，根据过去时间序列所反映出的市场需求动态来预测今后一段时期市场需求的水平。一般可分为移动平均数法、加权移动平均数法和指数平滑法等。

（1）移动平均数法。以预测期前邻近若干期的产品实际销售的平均值，作为其后某期（即预测期）的市场需求预计数。

（2）加权移动平均数法。对所使用的不同时期的资料分别给予不同的权数，近期资料权数可取得大一些，远期资料则应随时间前溯而使权数递减，然后再加权平均，得出预测期数值。

（3）指数平滑法。指数平滑法是一种既考虑了不同时期资料数据的影响程度，又不必对各期资料数据逐期进行加权计算，即根据过去的数据采用平滑系数进行预测的一类方法，其计算公式为：

$$F_{T+1} = \alpha S_T + (1-\alpha)F_T \tag{2-7}$$

式中，F_{T+1}为产品下期销售量的预测数；S_T为本期实际数；F_T为本期预测数；α为平滑系数（$1\geqslant\alpha\geqslant0$）。其中，平滑系数$\alpha$的确定在指数平滑法的预测计算中具有关键意义，其大小一般根据过去各年新兴技术项目产品的实际销售量与预测销售量的比较来测算确定。可以根据过去各年的实际数，选择几个不同的α值进行测算，其中使各年实际数与预测数的平均误差最小的α值，即可定为平滑系数。

2. 回归分析预测法

回归分析预测法是根据自变量与因变量之间的相关性，通过自变量数值变化来预测因变量变化的一种数理统计方法。

显然，上述方法都可以容易地移植到新兴技术项目产品的市场成长性预测中，但由于新兴技术项目产品的特点，对其产品市场成长性的预测较一般产品更为复杂，也更为重要。

2.2.8 基于项目预期收益的评估方法

目前，对科技类项目的风险评估还更多是基于定性分析的方法，采用的定量化方法还主要限于概率分析方法，如历史资料法、专家咨询法、外推法等。目前，大多数科技类项目的评估主要是从预期收益的角度展开，还没有专门针对项目风险的评估方法。由于新兴技术项目的高技术性和研发的不确定性，可能导致新兴技术项目在研发、实施、产品生产和市场销售等各个阶段均面临更大的风险，因此，除战略性新兴技术项目外，对新兴技术项目的风险评估具有特殊的现实意义。

目前，一般的项目评估方法主要是基于项目预期收益的评估方法[①]，主要采用项目在执行过程中的财务信息。评估方法主要包括净现值法、现值指数法、内部报酬率法、回收期法以及平均账面回报率准则等，以下分别进行介绍。

2.2.8.1 净现值法

一般而言，项目的净现值（Net Present Value，NPV）准则是如果项目预期的净现值为正值，则接受该项目。对一般项目而言，其预期的现值可以用累计折现现金流方法得到，成本现值也要折现累计。对新兴技术项目而言，具体的决策程序类似于风险投资项目的决策程序，大致可以按照如下步骤进行：

首先，预测新兴技术项目预期产生的运营现金流序列和成本的现金流序列。由于新兴技术项目的特点，目前对新兴技术项目预期运营现金流序列的预测还是难点。如果该新兴技术项目的经济或技术寿命为 k 年，则需要预测项目 $k+1$ 年的预期运营现金流序列以及固定资产处理及运营资本返还生成的现金流。新兴技术项目（特别是大型新兴技术项目）的投资往往是分期投入。假设投入 $n+1$ 期，则需要估算即期和以后各期资金投入的资金成本现金流序列[②]。

其次，综合各种因素，确定所投入资金的机会成本，得到折现率 r，并在此基础上计算新兴技术项目的净现值。

最后，根据新兴技术项目净现值的预测结果进行决策。

---

① 虽然收益与风险存在相关关系，但如果仅评估项目的预期收益，显然不能构成科学的评估体系，特别是对新兴技术项目而言。

② 成本现金流包括即期和以后各期在固定资产、无形资产、递延资产上的资本投入。当新兴技术项目完成时，固定资产等的残值（预期处理价格）如果大于账面价值，其差额应视为资本增值，计入应税项目，其税后值构成第 $k+1$ 期现金来源之一。

2.2.8.2 现值指数法与内部回报率法

“现值指数法”指项目的未来报酬按资本成本折算的总现值与原投入资金额的现值之比，亦称“获利能力指数”，其反映了单位初始投入（成本）按资本成本折现后的净收益，故又称“已折现的收益成本率”。如上所述，应用现值指数法于新兴技术项目预期收益评估的难点是需要正确估计出新兴技术项目的折现率。

“内部回报率”（Internal Rate of Return，IRR）是投入资金的净现值等于零时的折现率，内部回报率法是根据项目本身的回报率来评估项目的优劣。显然，内部回报率法存在以下一些明显的缺陷：

（1）折现率的估计[①]。

（2）可能存在多个内部回报率甚至没有内部回报率[②]，这给评估带来困难。

（3）由于规模或性质不同的新兴技术项目可能存在多种不同的现金流模式，对现金流模式的选择也可能会导致错误的评估结果。

（4）不能处理短期利率和长期利率。

由于新兴技术项目的特点，如果直接应用内部回报率法评估新兴技术项目的预期收益，这些缺陷将更加明显。

2.2.8.3 回收期法和平均账面回报率

“回收期”（Payback Period）法是先设定项目的回收期，如果该项目的收益能在回收期内补偿投入的资金，则为可接受的项目。回收期准则简单易懂，容易为决策者所理解。但回收期法存在以下明显的缺陷，即回收期法主要关注回收期之前的现金流，而忽视了其后的现金流。评估者可能会接受那些回收期较短，近期收益较高，但长期收益不高，甚至出现亏损的项目，同时可能拒绝那些近期看来收益较低但长期看好的项目。因此，就新兴技术项目而言，回收期法虽然可以移植到新兴技术项目预期收益的评估中，但可能得出错误的评估结果，特别是可能漏掉一些有发展潜力的新兴技术项目。

“平均账面回报率”（Average Return Book Value，ARBV）等于项目产品寿命期内的年平均净收益与年平均账面资产额之比。该方法将投入资金的账面回报率与项目承担企业或整个行业的目标回报率相比较，如果平均账面回报率大于或等

---

① 有时 NPV 并不一定随折现率的上升而下降。

② 例如，当现金流序列有正有负时，新兴技术项目的净现值可能会随折现率增大而时升时降，故可能存在多个使净现值等于零的折现率。

于目标回报率，则该项目可接受。该方法的优点是能够反映项目承担企业的资产质量及其增值能力，但如果移植到新兴技术项目预期收益的评估中，存在以下一些明显的缺点：

（1）由于该方法主要考虑账面投资的平均收益，忽略了近期收益和远期收益对项目的影响，特别是对新兴技术项目，更看重的是远期的效益。

（2）企业的账面回报率往往采用近期数据，可能影响新兴技术项目企业对项目的认识[①]。

（3）同回收期一样，忽视了资本的机会成本和现值原则，这些都影响对新兴技术项目预期收益评估的科学性。

因此，平均账面回报率法存在一定的局限性，只能在新兴技术项目预期收益的财务评估中作为一种辅助的方法。上述方法的应用基础都能够正确地预测出新兴技术项目未来的现金流和回报率，但由于新兴技术项目的高技术特质和特殊的商业模式，新兴技术项目产品市场具有较大的不确定性，其未来的现金流和回报率通常难以预测。

2.3　我国新兴技术项目风险评估面临的问题

就大型新兴技术项目而言，目前主要由国家或地方政府相关部门负责评估和管理。就新兴技术项目的立项评估而言，立项评估的程序、依据和立项评估方法等都没有与一般科学技术类项目进行区分。因此，迄今为止，还没有专门针对新兴技术项目立项风险评估的操作规范和实施方法。当前，一般科技类项目[②]立项评估的原则与依据主要是根据国家或地方科学技术的发展需要，主要包括：

（1）项目是否符合国家科技产业和技术发展的政策和发展规划。

（2）项目是否符合科技类项目的立项政策。

（3）项目是否符合科技类项目立项申报书编制的规定。

（4）申报内容是否客观、真实。

① 一些本来回报率较低的新兴技术项目企业可能接受平均账面回报率相对较高，但可能是亏本的项目。
② 以下所提及的科学技术类项目均包括新兴技术项目。

目前，对于由国家财政投入的大型科技类项目，项目的申报和立项程序如下：首先，项目申报单位应依据国家有关中长期规划、产业政策和有关要求自行或委托有资质的设计、咨询单位编制项目申报书，并由上级相关部门审查和组织申报。其次，项目评估由专门的专家委员会或委托咨询机构，根据申报书和承担单位的综合实力以及项目立项的必要性、可行性研究报告和技术方案等进行客观评议。最后，根据评估结果确定拟立项的项目。已立项的项目原则上还需要设计具体的实施方案，其中，对于没有新建土建工程，只有购置通用装备仪器或计算机软硬件等的简单项目一般可以不再进行具体实施方案的设计①。

显然，上述立项评估的原则与依据没有突出新兴技术项目的技术创新程度和水平，也没有强调新兴技术项目研发和实施过程中可能面临的风险。随着我国科技现代化进程的快速推进和对新兴技术项目研发的迫切需求，我国相关部门应该根据新兴技术项目本身的风险特点，尽快地研究出针对新兴技术项目风险的评估程序和评估方法。

就新兴技术项目的风险评估方法而言，由于新兴技术项目所具有的技术特质、商业模式的特殊性和新兴技术项目产品市场的专属性，新兴技术项目的未来前景具有较大的不确定性，面临很大的风险。从前面的分析可知，目前在由国家财政投入的新兴技术项目的风险评估过程中，依旧保留了非常浓厚的计划经济的色彩。无论是从市场需求预测、成长性预测方法，还是从项目风险评估方法，主要采用了一些常规的评估方法，没有体现出新兴技术项目的风险特点。在评估环节中，无论是专家会审还是委托咨询机构评估，虽然是以客观公正为原则，但缺乏系统、科学的评估体系，特别是缺乏专门针对新兴技术项目风险的评估程序和方法。在整个评审过程中，主要依靠专家的经验和定性分析，过多掺杂了专家的个人意见和领导的看法，导致最终的决策可能由领导“拍脑袋”决定。

因此，在对新兴技术项目进行风险评估时，必须注意到新兴技术项目通常缺乏历史资料数据，其面对的风险以及财务状况，特别是未来的现金流难以预测等特点。如果采用常规的评估方法，难以对新兴技术项目的风险进行较为准确的评估。

① 这类项目的可行性研究报告中已经包括了具体的实施方案。

2.4　新兴技术项目管理的内容及要求

目前，由于新兴技术项目还没有从一般科技类项目中分离出来，因此，从管理内容来看，一般科技类项目管理的内容和新兴技术项目的管理内容目前基本相同[①]。一般科技类项目（含新兴技术项目）管理的主要内容，如图 2–1 所示。

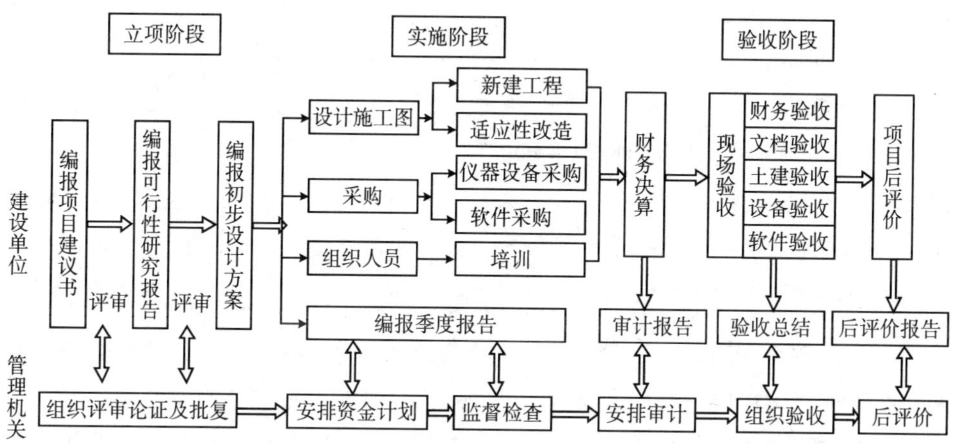

图 2–1　科技类项目（含新兴技术项目）管理的主要内容

以下给出大型科技类项目（含新兴技术项目）全过程管理的内容：

（1）组织项目与项目的立项评估。

（2）项目具体实施方案的编制。

（3）相关仪器装备的采购、新增建筑、环境适应性改造等土建内容的审批。

（4）组织项目的阶段性评估。

（5）项目结题验收和后评估。

一方面，由于新兴技术项目的管理涉及众多新兴领域与专业知识，除相关科技基础知识外，还涉及技术创新、新兴技术以及技术经济学等相关管理知识，同时还涉及《公司法》等政策法规，因此，新兴技术项目管理涉及众多知识领域。另

① 此处所涉及的科技类项目（含新兴技术项目）主要指由国家财政投资的大型科学技术类项目。

一方面，新兴技术项目在研发和实施过程中还涉及诸多具体的问题，项目管理部门，常常需要进行协调。例如，新兴技术项目企业的内部科研、生产、质保、技改、财务、仪器装备、软件、文献档案等各部门以及国家机关、地方政府、银行、海关、税务、环保、消防、职业安全、卫生、城建等各方面都需要新兴技术项目的管理部门进行协调和落实。

2.5 我国新兴技术项目管理的现状与管理措施

进入 21 世纪以来，为进一步提升我国的科技水平，国家对新技术研发和改造项目以及保障条件建设的投资逐年提高，资助了一大批新兴技术项目。其中，国家急需的一些应用于现代化建设的高新技术类项目，主要由相关部委主管部门或地方主管部门或科技部门负责项目的立项、实施及验收等过程管理。通过新兴技术项目的研发、技术创新和专项建设，大大改善了项目承担单位的设计和研发技术老化，测试、加工、检测和试验装备和管理水平落后的现状；进一步缩短了新兴技术的研发周期，提高了项目产品的技术含量和批量生产的能力；同时，新兴技术项目承担单位的基础设施都得到了不同程度的改造，技术研发水平和能力都有了较大幅度的提升，新兴技术项目产品的质量和技术水平迈上了新的台阶。所采取的措施主要包括以下几个方面：

（1）通过一系列关键技术的基础性建设以及重点实验室建设、技术基础条件和配套建设等，有力地保障了科研生产任务，新兴技术项目研发的基础条件薄弱的状况有了较大的改观。

（2）新兴技术项目产品的生产条件建设，科研生产手段和管理现代化初见成效。部分研发设计、试验验证、先进制造、集成总成的技术水平实现了更新换代，初步形成了能够保障新兴技术项目产品的研发和生产需要、水平较高的装备设施和管理团队，产品的整体创新和生产能力以及管理水平均得到了一定幅度的提高。

（3）以增量投资与存量调整相结合，基本形成了小核心、大协作的结构布局。在增量投资方面，加强了高科技核心能力的建设和新兴技术项目的投资和管

理力度，通过全国性大协作，初步形成了“哑铃型”的建设模式。在存量调整方面，初步完成了高新技术类项目的研发和生产能力的结构性调整。

（4）大型科技类项目的投融资体制改革方案提上了议事日程，对拓展新兴技术项目的投融资渠道等保障条件和管理模式进行了有益探索。项目法人责任制、中介机构和专家独立评估制度基本得到了落实。

（5）通过启动新兴技术项目的系统研发平台和关键产品的基础性条件建设等，单纯跟随型的技术采集模式开始扭转。

2.6 我国新兴技术项目管理存在的一些主要问题

1. 保障能力不足，投入不够

虽然国家不断加强高科技项目的投资力度，然而与科技现代化建设对新兴技术发展的需求来看，我国高科技产业整体保障力量仍显不足。在新兴技术项目的评估方面，存在较多计划经济的色彩；在新兴技术项目研发方面，资金的投入比重不足。这些导致我国缺乏能够有效支撑新兴技术研发的措施和手段，造成难以支撑新一代新兴技术项目产品的研发和生产的局面。

2. 经济效益不高

由于新兴技术项目的特点，新兴技术项目（特别是大型项目）大多依赖于政府财政的投入，投资主体多元化远远不够。目前大型新兴技术项目管理体制的改革尚处于探索阶段，所面临的最大问题是项目的风险评估体系、后评估制度与项目的资产管理制度等均不到位。因此，亟须改善新兴技术项目的风险评估方法，健全新兴技术项目的评估与管理体系。另外，承担大型新兴技术项目的企业或单位，在项目的开发或实施过程中，普遍存在项目风险大、经济效益不高的问题。

3. 基础能力和创新能力薄弱

目前，我国高科技产业基础性建设的薄弱状况还没有根本改观，投资结构性矛盾突出。这种状况已不适应新兴技术由跟踪模仿走向自主创新和可持续发展的要求。

4. 行业所有、条块分割

目前，我国的一些高科技产业主要分布在大型集团公司，但各集团公司基本处于封闭状态，不能有效融合。例如，高科技产业的行业所有、条块分割状况一直没有得到有效的改善。新兴技术项目的分散化使得资源共享和利用率低，阻碍了新兴技术发展过程中至关重要的“知识横向的流动”，导致新兴技术项目的研发和生产效率不高、资源浪费和重复建设的现象。

5. 知识产权保护不力

目前，我国对知识产权的保护意识还较为淡漠，知识产权的保护措施、规则和管理制度还亟待完善，技术成果流失、商业秘密外泄的情况频繁出现。

2.7 本章小结

本章对一般科技类项目的风险评估程序和通常采用的一些传统评估方法进行了阐述，并对科技类项目（含新兴技术项目）的风险评估和管理现状以及存在的问题进行了分析。显然，现行的科技类项目的评估过程和所采用的评估方法都没有很好地体现出新兴技术项目的特点，难以对新兴技术项目进行较为客观、准确的评估。

由于很多大型的新兴技术项目属于国家重点扶持的发展领域，这些项目主要由国家财政资金投入。同时，申报或承担新兴技术项目研发和产品开发的企事业单位众多，因此，新兴技术项目的评估（特别是对项目风险的评估）和管理问题已成为当前我国新兴技术产业发展中所面临的十分突出的问题。

第二篇

新兴技术项目的风险评估方法

第3章　新兴技术项目风险评估指标体系

3.1 引　言

根据前述对科学技术类项目评估的现状分析和新兴技术项目的特点可知，新兴技术项目评估的关键是应该更多关注于对其风险、预期收益和管理水平的评估。本章在对新兴技术项目特征分析的基础上，根据风险和收益相匹配的原则，针对新兴技术项目的特点与风险，将新兴技术项目的风险评估指标划分为两大类：直接风险类指标和间接风险类指标，而间接风险类指标又可分为管理类指标和收益类指标。进一步，基于粗糙集的相关理论，约简三大类初选的评估指标，最终构建了新兴技术项目的风险评估指标体系。本章的安排如下：3.2 节提出了新兴技术项目的主要特征；3.3 节分析了新兴技术项目的主要风险要素；3.4 节构建了新兴技术项目风险评估的指标体系；3.5 节是本章小结。

3.2 新兴技术项目的特征

由前面的分析可知，新兴技术项目具备以下主要特征：

（1）新兴技术项目的研发创新围绕新技术展开，并融合了新兴技术和传统技术与服务的功能。

(2) 新兴技术项目的资金一般需求较大，特别是一些大型的新兴技术项目主要由国家财政投入。

(3) 新兴技术项目实施成功后，承担企业或单位的规模和产品的市场需求通常以几何倍数增长，可能改变原有的产业结构，导致产业链的模式发生裂变，产业边界更加模糊。

以上特征决定了新兴技术项目具有高收益性，同时具有高度的不确定性（风险）。

3.3 新兴技术项目的风险要素

根据新兴技术的特点，对新兴技术项目成败具有决定性影响的风险因素主要包括：

(1) 新兴技术项目自身存在的风险。

(2) 新兴技术项目承担企业（简称新兴技术项目企业）的自身条件、内部和外部环境条件而导致的研发和经营风险。

(3) 新兴技术项目的预期收益水平能否得到保障。

这三类因素对新兴技术项目的成败都具有十分显著的影响，各自都可以形成相应的评估指标体系。这三类影响因素不仅是新兴技术项目风险评估体系的构建要素，而且在项目的实施过程中，通过控制这些影响因素，可以降低新兴技术项目的风险，提高项目的成功率。下面分别对这三类影响因素所包含的评估指标进行分析。

3.3.1 新兴技术项目自身存在的风险

新兴技术项目的风险大体可分为两类：非系统风险和系统风险，见表 3-1。非系统风险是指可由自身控制和管理的风险；系统风险是指与外部客观条件有关，超出了项目自身控制范围的风险。当然，这两类风险的划分并不是绝对的。

表 3–1　风险类别

非系统风险	系统风险
技术风险	政治风险
市场风险	法律风险
融资风险	社会风险
管理风险	不可抗力风险

3.3.2　新兴技术项目企业的内部条件

对新兴技术项目企业而言，新兴技术项目企业不仅应该具有相当的科研和经济实力，而且其内部管理应该符合新兴技术项目的研发和实施的管理要求。因此，在新兴技术项目的风险评估中，需要考察企业是否符合承担新兴技术项目的相应条件。

1. 新兴技术项目企业的领导人及管理团队

（1）新兴技术项目企业领导人可以用“为将之道”来衡量其应该具备的能力和素质。古代兵书《将苑》指出，“将才”必须具备优良的思想品质、过人的智谋才能、高尚的心理素质、精湛的技艺和上乘的指挥艺术。企业领导人的个性特征对其领导行为的影响的相对重要程度，见表 3–2。

表 3–2　个性特征对领导者行为的影响[①]

品质	重要性
监督能力	100
职业成就	76
智力	64
自立	63
自信	62
决断力	61
冒险	54
人际关系	47
创造性	34
不慕财富	20
对权力的追求	10
成熟	5
男性化或女性化	0

① 该表对重要性的评估数据是根据一些相关文献的整理结果而成的。

对于一个领导者来说，想要获得成功，需要智慧上的深谋远虑、敏锐的洞察力和果敢的判断力以及对事业的执着追求。换言之，一个领导者能否获得成功，与上述特质息息相关。结合我国的实际情况，与新兴技术项目企业领导人相关的风险评估指标应包括政治素质指标、经营管理能力、市场营销能力、金融管理能力、社会交往能力、市场应变能力、风险预见能力、技术创新能力、企业领导人的品质等。

（2）新兴技术项目的管理团队。包括项目人员构成的完备性和人员素质、学历、专长能力和相关经验等。

2. 新兴技术项目企业的自身条件

（1）企业的财务状况。主要包括盈利能力、偿债能力和资产管理水平等。

（2）企业的科研水平和创新能力以及企业所处的发展阶段。

（3）人事制度。包括人事选拔、开发、考评和激励等。

（4）组织和治理结构。企业的组织结构和治理水平是否适应新兴技术项目研发、管理和实施的要求。

（5）企业文化与经营理念。新兴技术项目企业的企业文化应具有导向功能、凝聚功能、激励功能、调适功能和约束功能；经营理念应是良好、合理和具有前瞻性的。

（6）新兴技术项目企业的信用风险水平。新兴技术项目企业是否具有良好的履约和融资的能力。

3.3.3 新兴技术项目企业的外部环境

1. 新兴技术项目企业的市场环境

包括企业的市场占有规模、成长性、稳定性以及进入壁垒和市场竞争性等。

2. 新兴技术项目企业与外部的关系

包括企业与供应商的关系、与销售商的关系、与潜在使用者的关系、与金融界的关系以及与政府的关系等。

3. 其他环境要素

包括社会政治环境、宏观经济环境、法制环境、文化环境、基础设施、自然环境、技术环境等。

3.3.4　新兴技术项目的产品

1. 新兴技术项目产品的技术指标

新兴技术项目产品[①] 在技术上的先进性、独创性、可靠性和安全性等是新兴技术项目成功与否的重要前提条件，该指标的内容，见表 3–3。

表 3–3　新兴技术项目产品的技术指标

产品的先进性	与现有技术差异及先进程度
产品的独创性	独创功能及实现程度
产品的可靠性	系统的协调性
产品的安全性	加工、装配、使用等各环节的便利性
产品的可操作性	产品本身与周围环境的协调性
产品的维修性	取得所需维修装备的可能性
防模仿性	新兴技术项目产品的技术含量

2. 新兴技术项目产品的经济指标

该指标可以结合新兴技术项目产品的预期收益和市场风险展开，考察重点是新兴技术项目产品对市场需求和需求变化的适应性。

3.3.5　新兴技术项目预期收益的保障性条件

新兴技术项目未来的预期收益水平除一般财务类指标外，还应该结合新兴技术项目企业的自身条件、内外部环境条件等作为新兴技术项目实现未来预期收益的保障条件进行分析。考察重点是新兴技术项目企业的财务状况、项目的预期收益水平能否达到预期的标准。新兴技术项目未来预期收益的保障性条件包括新兴技术项目与国家政策和科技发展方向的相关度，所涉及行业的成长周期、行业竞争力、市场规模、进入壁垒以及新兴技术项目企业的科研水平与创新能力等。

① 新兴技术项目产品指企业承担新兴技术项目后，依托于项目研制和开发的产品。

3.4 新兴技术项目风险评估指标体系的构建

设计新兴技术项目风险评估指标体系时，有几个原则需要遵循，主要包括系统性、科学性则、准确性、特色性、风险与收益相匹配、定性与定量相结合等原则。同时，构建的评估指标体系应该具有简洁性和可操作性。目前，国内外相关的研究主要集中在构建一般性项目的投资评估指标体系方面，还未见到有关新兴技术项目风险评估指标体系构建方面的研究文献。

3.4.1 指标初选

本章遵循上述指标设计的原则设计新兴技术项目的风险评估指标体系。在借鉴国内外关于风险性项目评估指标体系设计的一些研究成果的基础上，结合我国新兴技术项目风险的特点，基于风险与收益相匹配的原则，设计了如下新兴技术项目的风险评估指标体系。其中，将新兴技术项目的风险评估指标划分为直接风险类指标和间接风险类指标，间接风险类指标主要包括管理类指标、收益类与环境类指标。初选的新兴技术项目风险评估指标，见表 3-4。

表 3-4 初选的新兴技术项目风险评估指标

<table>
<tr><th colspan="2">评估指标</th><th>第一层</th><th>第二层</th></tr>
<tr><td colspan="2" rowspan="5">直接风险类指标</td><td>技术风险</td><td>新兴技术的先进性与市场潜力、技术的成熟度与稳定性、技术可持续发展的潜力、技术的可替代程度等</td></tr>
<tr><td>市场风险</td><td>产品竞争力、产品适用性、需求程度、市场定价策略与市场潜力</td></tr>
<tr><td>管理风险</td><td>企业组织和治理结构、管理层决策水平、市场营销能力、人力资源管理、生产管理难度、知识产权管理等</td></tr>
<tr><td>财务风险</td><td>财务状况、财务计划、财务制度和财务信息等</td></tr>
<tr><td>信用风险</td><td>履约和资金需求的保障、融资渠道的畅通等</td></tr>
<tr><td rowspan="4">间接风险类指标</td><td rowspan="2">管理类指标</td><td>企业家素质和能力</td><td>精神品质、知识素养、整合资源的能力、管理经验、以往业绩</td></tr>
<tr><td>项目管理团队</td><td>团队文化、团队素质、组织结构、成员互补性和合作精神等</td></tr>
<tr><td rowspan="2">收益类与环境类指标</td><td>财务指标</td><td>净资产收益率、投资报酬率、股东权益报酬率、市场增长率、利润增长率等</td></tr>
<tr><td>内外部环境</td><td>科研水平与创新能力、行业成长周期、市场规模进入壁垒、行业竞争力、与国家政策发展方向相关度等</td></tr>
</table>

3.4.2 指标说明

3.4.2.1 直接风险类指标

1. 技术风险

新兴技术项目的技术风险指伴随着科学技术的进步，新兴技术的先进性和技术的嵌入条件、技术的稳定性、生产方式的改变对技术的影响等一些不确定性因素都是可能导致新兴技术项目失败的风险。具体可以用如下指标来描述：新兴技术的先进性与市场潜力、技术的成熟度与稳定性、技术可持续发展的潜力、技术的可替代程度等。其中，技术的先进性与市场潜力、技术成熟度与稳定性、技术的可持续发展潜力指标与新兴技术项目的风险成反向关系；技术的可代替程度与新兴技术项目的风险成正向关系，这些指标从技术层面上较好地刻画了新兴技术项目技术风险的特征。

2. 市场风险

新兴技术项目产品的市场风险主要源于产品未来市场的不确定性。可以从产品竞争力、产品的适用性、需求程度、市场定价策略和市场潜力五个指标从市场的宏观状况和需求的微观导向描述了新兴技术项目特有的市场风险。

3. 管理风险

管理风险指新兴技术项目企业可能由于管理出现问题而导致项目失败的风险。主要包括新兴技术项目企业组织和治理结构、管理层决策水平、市场营销能力、人力资源管理、生产管理的难度以及知识产权管理等。

4. 财务风险

衡量新兴技术项目企业自身财务风险的主要指标包括财务状况、财务制度和财务计划等。

5. 信用风险

由于信用风险反映了新兴技术项目企业的履约水平和融资能力，是保障新兴技术项目完成和实施的重要前提条件。关于新兴技术项目企业的信用风险评估问题将在第 8 章进行专门的讨论，对新兴技术项目企业而言，其信用风险的评估结果是新兴技术项目能否成功的关键依据之一。

3.4.2.2 间接风险类指标

1. 管理类指标

（1）企业家素质和能力。

企业家常常被比喻为企业的灵魂，对新兴技术项目企业而言，管理者的企业家精神、个人素质和管理能力有着更高要求。因此，管理者的精神品质、知识素养、整合资源的能力、管理经验和以往业绩五个指标可以较好地刻画出管理者的管理素质和能力。

（2）新兴技术项目管理团队。

新兴技术项目管理团队的评估指标主要包括团队文化、团队素质、团队的组织结构、成员的互补性和合作精神等。

2. 收益类与环境类指标

（1）财务指标。

除了新兴技术项目的直接风险以外，同时必须关注新兴技术项目的预期收益水平。如果项目不能达到或远低于预期的收益水平，甚至出现亏损，则项目也属于失败的项目。反映新兴技术项目收益的指标主要由相关的财务指标构成，包括反映项目盈利能力的净资产收益率、反映项目效率的投资报酬率和股东权益报酬、反映新兴技术企业发展潜力的市场增长率以及利润增长率等指标。

（2）内外部环境。

新兴技术项目企业的内外部环境是新兴技术项目未来实现预期收益的重要保障条件。评估指标包括新兴技术项目企业的科研水平与创新能力、所涉及行业的成长周期、行业竞争力、市场规模、进入壁垒以及新兴技术项目与国家政策发展方向的相关度等。如果新兴技术项目企业的科研水平与创新能力强，新兴技术项目产品的市场发展潜力好，则新兴技术项目企业将有较大的成长空间和市场成长性。当新兴技术项目产品取得足够大的市场规模后，企业竞争力和盈利空间将快速提升。外部发展环境是否良好，在很大程度上基于该项目是否能够得到国家政策的扶持，因此，项目是否符合国家的产业政策非常重要。另外，构建一个较高的进入壁垒，对于新兴技术项目企业取得可持续发展和维持高收益，也是重要的影响因素。换言之，行业的竞争性可以较好地反映新兴技术项目企业所处的内外部环境。

3.4.3 指标约简

粗糙集（Rough Set，RS）作为一类数学工具（详见附录），常被用以描述考察对象的不确定性和不完整性。它能够对不精确、不一致、不完整的信息进行分析和处理，从数据中发现隐性信息，找到潜在的规律，通过有效约简知识库和提取有用的知识，取其精华，约去冗余指标，且不会改变原有指标体系的评估能力。

如表 3-4 所示的初选新兴技术项目风险评估指标中（除信用风险评估指标外），有些指标是冗余的。

为使新兴技术项目的风险评估指标更加科学、简洁，以下借助粗糙集约简方法对表 3-4 中的初选指标进行筛选，仅保留重要和必需的指标，从而构建相对简洁、实用的新兴技术项目风险评估指标体系。为了说明整个约简的过程，下面以某一新兴技术项目为例，给出约简方法的主要步骤：

（1）该例中采用了五个评语集｛非常重要，比较重要，重要，一般，不重要｝，对应的分值分别为｛5，4，3，2，1｝，邀请相关专家（该例为五个专家）对初选的直接风险类指标和间接风险类指标（管理类指标、收益类与环境类指标）的重要性进行评估，得到各指标的评估表，见表 3-5 和表 3-6。

表 3-5　直接风险类指标评估

第一层指标	第二层指标	专家 1	专家 2	专家 3	专家 4	专家 5
技术风险	技术的先进性	5	4	4	5	4
	技术成熟度	5	5	4	5	5
	技术的发展潜力	4	3	3	4	2
	技术的可替代程度	5	5	4	5	5
市场风险	产品竞争力	5	4	4	5	4
	产品适用性	5	4	5	4	5
	需求程度	5	3	5	4	4
	市场定价策略	5	4	5	4	5
	市场潜力	5	4	3	3	2
管理风险	企业组织和治理结构	5	5	4	5	5
	决策水平	4	3	4	3	3
	项目管理	5	4	5	4	5
	市场营销	5	4	4	4	5
	生产管理	5	4	4	5	4

续表

第一层指标	第二层指标	专家 1	专家 2	专家 3	专家 4	专家 5
管理风险	人事管理	5	4	5	4	5
	知识产权管理	4	2	3	4	3
财务风险	资金保障	5	4	5	5	5
	财务计划	3	4	4	3	4
	财务状况	5	5	5	5	4
	财务制度和财务信息	5	5	5	5	4
	负债水平	3	3	2	4	3

表 3–6 间接风险类指标（管理类、收益类与环境类指标）评估

第一层指标	第二层指标	专家 1	专家 2	专家 3	专家 4	专家 5
企业家素质和能力	精神品质	5	4	5	5	5
	企业家知识素养	5	5	5	5	4
	整合资源的能力	5	4	4	5	5
	管理经验	5	5	4	4	5
	以往业绩	3	3	3	3	2
项目管理团队	团队文化	5	4	5	5	5
	团队素质	5	5	4	4	4
	团队组织结构	5	5	4	5	5
	成员的互补性和合作精神	5	5	4	4	4
财务指标	净资产收益率	5	5	5	5	4
	投资报酬率	4	5	5	5	5
	股东权益报酬率	3	3	4	3	4
	市场增长率	5	4	5	5	4
	利润增长率	5	5	5	4	5
内外部环境	科研水平与创新能力	5	5	5	5	4
	行业成长周期	3	4	4	3	3
	市场规模	5	4	4	4	5
	行业竞争力	3	2	3	3	3
	进入壁垒	4	5	4	5	5
	与国家政策发展方向相关度	5	4	5	4	4

（2）基于粗糙集的分析软件 ROSETTA，首先采用“等频率法”离散风险评估指标体系中的各指标因素，再运用遗传约简算法求最小约简（本例给定初始种群规模为 70，交叉概率为 0.8，变异概率为 0.05，支持度为 100）。分别对直接风险类指标和间接风险类指标（管理类、收益类和环境类指标）应用上述方法得到约简的结果后，综合约简结果和专家意见。最后，便可得到筛选后的新兴技术项

目风险评估指标体系（除信用风险评估指标外），见表 3–7。

表 3–7　约简后的新兴技术项目风险评估指标体系

评估指标	第一层	第二层
风险类指标	技术风险	技术的先进性、技术的发展潜力、技术的可替代程度
	市场风险	产品竞争力、市场定价策略、市场潜力
	管理风险	企业组织与治理结构、人事管理、市场营销、生产管理
	财务风险	资金保障、财务状况、财务制度和财务信息
管理类指标	企业家素质和能力	精神品质、知识素养、管理经验
	项目管理团队	团队文化、团队素质、成员的互补性和合作精神
收益与环境类指标	财务指标	净资产收益率、投资报酬率、销售增长率、利润增长率
	内外部环境	科研水平与创新能力、市场规模、进入壁垒、与国家政策发展方向相关度

3.5　本章小结

本章在分析新兴技术项目特征的基础上，结合新兴技术项目的特点，从直接风险和间接风险（管理、收益与环境）方面选择新兴技术项目的风险评估指标，并利用粗糙集相关理论对新兴技术项目的风险评估指标进行约简，构建出新兴技术项目的风险评估指标体系。在该指标体系中，未包括新兴技术项目企业的信用风险指标，新兴技术项目企业的信用风险可进行专门的评估（见第 8 章），该指标具有一票否决性。换言之，信用风险较大的企业不能承担新兴技术项目。由于新兴技术项目相关数据不易获取，本章仅从理论和经验层面上，以某一新兴技术项目为例，提出新兴技术项目风险评估指标体系的构建方法。如果采用具体的新兴技术项目和新兴技术项目企业的相关数据，则可以应用本章给出的约简算法，构建出相应的新兴技术项目风险评估指标体系，并应用该指标体系对具体的新兴技术项目风险进行评估。

第 4 章　新兴技术项目风险评估指标的序关系

4.1 引　言

新兴技术是引领整个社会经济发展和现代化建设的强大驱动力。新兴技术项目无论从国家科技发展的需要，还是从投资的角度，都具有不同寻常的价值和意义。目前，除国家财政对新兴技术项目不断增加投入外，一些投资机构和商业银行等也纷纷青睐并介入该领域，各种评估方法也不断涌现。例如，基于新兴市场的评估模型（Emerging Market Scoring Model，EMSM）、NN 模型、几何模型（Geometric Methods）等。这些方法都依赖于评估指标体系，不同的指标体系可能会影响评估结果的一致性。由于新兴技术项目的风险评估指标具有多维性和多面性，因此，评估指标呈现出一种非全序的结构（偏序结构）。为了阐明评估指标之间存在的内在关系，本章从理论层面上对评估指标的优势结构进行探讨，该优势结构可以较好地刻画评估指标的相对重要性。基于此，本章提出了新兴技术项目的风险评估指标序集（Evaluation Indexes Sequence Set，EISS）、EISS 的序关系（Ordering Relation）和优势结构（Dominance Structure）等概念，并在此基础上对 EISS 的序关系和优势结构进行讨论，并针对新兴技术项目的风险特征，给出了一类新兴技术项目风险评估的偏差估计方法。本章的安排如下：4.2 节提出了新兴技术项目的风险评估指标序集以及 EISS 的序关系；4.3节进一步讨论了新兴技术项目风险评估指标序集的优势结构；4.4 节给出了一类新兴技术项目风险评估的偏差估计方法；4.5 节是本章小结。

4.2 EISS 集的序关系

设 x_1，x_2，…，x_n 是新兴技术项目的 n 个风险评估指标。

定义 4.1：集合：

$$S=\{(x_1, x_2, \cdots, x_n)|x_i\in R_i, i=1, 2, \cdots, n\} \tag{4-1}$$

称为评估指标的序集（Evaluation Indexes Sequences Set，EISS），其中（x_1，x_2，…，x_n）称为集合 S 中评估指标序（Evaluation Indexes Sequences），记 $x=(x_1, x_2, \cdots, x_n)\in S$，其中，$R_i$ 是第 i 个评估指标 x_i 的约束集（Constraint Set）。

记：

$$f(x)=(f_1(x), f_2(x), \cdots, f_p(x))^T \tag{4-2}$$

为 $x\in S$ 处的风险评估值向量，其中 $f_i(x)$，（$i=1, 2, \cdots, p$）是对新兴技术项目第 i 个方面的风险评估值，记序集 S 到 $\{f(S)\}$ 的映射函数为：

$$f(S)=\{f(x)=(f_1(x), \cdots, f_p(x))^T|x\in S\} \tag{4-3}$$

式（4-3）表示在映射函数 $f(\cdot)$ 下序集 S 的像集，其中，$\{f(S)\}$ 称为评估值向量集（Evaluation Value Vectors Set）。

定义 4.2：设风险评估指标序 x_1，$x_2\in S$，且 x_1 和 x_2 处的风险评估值向量分别是：

$f(x^1)=(f_1(x^1), f_2(x^1), \cdots, f_p(x^1))^T$ 和 $f(x^2)=(f_1(x^2), f_2(x^2), \cdots, f_p(x^2))^T$

（1）如果评估结果 $f_k(x^1)$ 较评估结果 $f_k(x^2)$，（$k=1, 2, \cdots, p$）好，则称评估指标序 x^1 优于评估指标序 x^2，并记为 $x^1>x^2$。

（2）如果评估结果 $f_k(x^1)$ 不比评估结果 $f_k(x^2)$，（$k=1, 2, \cdots, p$）差，则称评估指标序 x^1 不比评估指标序 x^2 差，并记为 $x^1\geqslant x^2$。

（3）如果评估结果 $f_k(x^1)$ 与评估结果 $f_k(x^2)$，（$k=1, 2, \cdots, p$）相同，则称评估指标序 x^1 与评估指标序 x^2 无差异，记为 $x^1\sim x^2$。

显然，上述序关系（≥，f）是一种二元关系，并且：

$$x^1\geqslant x^2\Leftrightarrow x^1>x^2 \text{ 或 } x^1\sim x^2 \tag{4-4}$$

该二元关系（≥，f）定义了序集 S 中的一种偏序结构（Partial-Ordering Structure）。显然，如果在 S 中存在序关系：$x^1\geqslant(>，或\sim)x^2$，则在像集 $\{f(S)\}$ 中

也存在相应的序关系：$f(x^1) \succcurlyeq (\succ，或\sim) f(x^2)$。

由于对新兴技术项目的风险评估是多方面的，评估指标必然具有多维性，不同维度的评估指标之间通常不能直接进行优劣的比较，因此，新兴技术项目的风险评估指标体系具有明显的偏序结构特征。为了进一步对新兴技术项目的风险评估指标体系进行深入分析，以下讨论评估指标序集（EISS）的优势结构，并给出构建风险评估指标体系全序结构的方法。

4.3　EISS 的优势结构

定义 4.3：对任意的风险评估指标序 $x \in S$，称集合：

$$D(x) = \{x' - x | x' \preccurlyeq x\}，x' \in S \tag{4-5}$$

为序集 S 中 x 处的优势结构。

换言之，对任意的评估指标序 $x \in S$，x 不劣于 $D(x)$ 中其他的评估指标序。

定理 4.1：对任意两个评估指标序 x，$x' \in S$，$x \succcurlyeq x'$的充要条件是：

$$x' \in x + D(x) \tag{4-6}$$

事实上，对任意的评估指标序 x，$x' \in S$，如果 $x \succcurlyeq x' \Leftrightarrow x' - x \in D(x)$或者 $x' \in x + D(x)$。

类似地，对任意的评估指标序 x，$x' \in S$，记：

$$\hat{D}(x) = \{x' - x | x' \prec x\} \tag{4-7}$$

并且：

$$D(x)/\hat{D}(x) = \{x' - x | x' \sim x\} \tag{4-8}$$

推论 4.1：对任意的评估指标序 x，$x' \in S$：

$$x \succ x' 当且仅当 x' \in x + \hat{D}(x) \tag{4-9}$$

和 $x \sim x'$当且仅当 $x' \in x + D(x)/\hat{D}(x)$　(4-10)

定义 4.4：记函数 $U[\cdot]$ 是从 E^P 到 E 的映射函数，如果：

$U[f(x)] \succcurlyeq U[f(x')] \Rightarrow x \succcurlyeq x'$，x，$x' \in S$

$U[f(x)]=U[f(x')] \Leftrightarrow x \sim x'$，$x$，$x' \in S$

则称 $U[f(x)]$ 为效用函数。

显然，效用函数 $U[\cdot]$ 定义了序集 S 的全序结构，由此，可以依据效用函数 $U[\cdot]$ 区分出所有评估指标序 x 的优劣。

定理 4.2： 设 $U[f(x)]$ 为效用函数，对任意的评估指标序 $x \in S$，在 x 处的优势结构可以表示为：

$$D(x)=\{x \in E^m | U[f(x+\beta)] \leqslant U[f(x)]\} \tag{4-11}$$

证明： 对任意的评估指标序 x，$x' \in S$：

$x \geqslant x' \Leftrightarrow x' \in x+D(x) \Leftrightarrow$

$x'=x+\beta$，$\beta \in D(x) \Leftrightarrow U[f(x')] \leqslant U[f(x)]$

证毕。

定理 4.3： 如果效用函数 $U[f(x)]$ 是凸函数，则优势结构 $D(x)$ 是凸集。

证明： 对任意的评估指标序 $x \in S$ 和 β'，$\beta'' \in D(x)$，$\forall \alpha \in (0, 1)$，由于：

$x+\alpha\beta'+(1-\alpha)\beta''=\alpha(x+\beta')+(1-\alpha)(x+\beta'')$

并且 $U[f(x)]$ 是凸集，于是有：

$U\{f[x+\alpha\beta'+(1-\alpha)\beta'']\} \leqslant \alpha U[f(x+\beta')]+(1-\alpha)U[f(x+\beta'')]$

进一步，由 $U[f(x+\beta')] \leqslant U[f(x)]$ 和 $U[f(x+q'')] \leqslant U[f(x)]$，易得：

$U\{f[x+\alpha\beta'+(1-\alpha)\beta'']\} \leqslant \alpha U[f(x+\beta')]+(1-\alpha)U[f(x+\beta'')] \leqslant \alpha U[f(x)]+(1-\alpha)U[f(x)]=U[f(x)]$

上式表明：$\alpha\beta'+(1-\alpha)\beta'' \in D(x)$，即 $D(x)$ 是凸集。

证毕。

由于新兴技术项目风险评估指标的偏序结构特征，不同维度的评估指标之间通常不能直接进行优劣比较。因此，可以通过效用函数来定义序集 S 的全序结构，并由此通过评估指标体系对新兴技术项目的风险进行优劣比较。

4.4 基于偏差的新兴技术项目风险估计

由于新兴技术项目通常具有较大的风险，评估者必须充分考虑项目的风险。

如果当项目的预期收益标准确定后，可接受风险水平下的评估指标序为：

$x^* = (x_1^*, x_2^*, \cdots, x_m^*)$

$f(x^*) = (f_1(x^*), f_2(x^*), \cdots, f_p(x^*))^T$ 是 x^* 处的评估值，$\lambda = (\lambda_1, \lambda_2, \cdots, \lambda_p)^T$ 是反映评估值 $f_i(x^*)$，$i = 1, \cdots, p$ 重要程度的权重，且满足 $\sum_{i=1}^{p} \lambda_i = 1$，$\lambda_i \geqslant 0$，$i = 1, 2, \cdots, p$。

记评估值向量 $f(x) = (f_1(x), f_2(x), \cdots, f_p(x))^T \in f(s)$ 和 x^* 处评估值 $f(x^*)$ 之间的偏差为：

$$e(x) = [f(x) - f(x^*)]^+ = \sum_{i=1}^{p} \lambda_i [f_i(x) - f_i(x^*)]^+ \tag{4-12}$$

其中 $[f_i(x) - f_i(x^*)]^+ = \begin{cases} f_i(x) - f_i(x^*), & f_i(x) \geqslant f_i(x^*) \\ 0, & f_i(x) < f_i(x^*) \end{cases}$

显然，上述偏差越小，新兴技术项目的风险越小。如果有多个新兴技术项目，则可以根据式（4-12），确定出这些新兴技术项目的风险，并对这些新兴技术项目进行风险排序，以此作为投资者的重要决策依据。

4.5　本章小结

由于新兴技术项目风险评估指标的偏序结构特征，不同维度的评估指标之间通常不能直接进行优劣比较。为了使评估指标具有可比性，本章提出了新兴技术项目的风险评估指标序集（EISS）、EISS 的序关系和优势结构等概念，并从理论上对 EISS 的序关系和优势结构进行讨论；进一步，通过效用函数来定义序集 S 的全序结构，由此可以基于评估指标体系对新兴技术项目的风险进行比较；最后，针对新兴技术项目的风险特征，基于新兴技术项目可接受的风险，从理论层面上给出了新兴技术项目风险估计的一类方法，该方法可以作为评估新兴技术项目风险的辅助方法之一。

第 5 章　基于风险和预期收益的新兴技术项目综合评估

5.1　引　言

新兴技术项目具有运作周期较长、未来收益不确定性较高且技术水平领先等众多特点。因此，相较于传统的一般项目而言，新兴技术项目的风险评估有许多不同的地方。从本书的第 3 章可以看到，新兴技术项目的风险评估指标众多且其中一些指标不易度量，这是由新兴技术项目的特点所决定的。由于项目的风险与收益具有对称性，项目的预期收益必须受制于风险的大小，换言之，如果项目的预期收益与风险不对等，则该项目一般不具有研发的价值。因此，在对新兴技术项目进行风险评估时，必须考虑项目可能带来的预期收益。基于此，本章针对新兴技术项目具有的高风险、高收益、高技术和定性评估指标较多等特点，综合新兴技术项目的风险和预期收益，提出了新兴技术项目的一类综合评估方法。首先，采用云重心评判法，分别对新兴技术项目的风险和预期收益进行评估；然后，结合风险评估的结果和预期收益评估的结果，对新兴技术项目进行综合评估。本章将预期收益和风险视为一体，提出了基于新兴技术项目风险和预期收益的一类综合评估方法，该方法改进了传统的项目风险评估方法，并采用云重心评判法解决了新兴技术项目评估中定性指标定量化的表示问题。

云重心评判法是 DMKD（知识挖掘和知识发现）领域中发展起来的一种综合评价方法，该方法联系了定性特征和定量特征转化的随机性表达，是一种基于云理论的系统评估价方法。目前该方法已广泛应用于数据挖掘、智能系统等众多领域之中。云重心评判法的引入使得隶属度的度量具有可变性。因此，该方法修正了传统评估方法中的隶属度为常数的不足。另外，传统的偏序处理方法（如AHP、模糊方法和专家系统等）都忽略了数据处理主体可能产生的随机性对数据的影响，进而影响定性表达向定量排序转化的准确性。而云重心评判法则综合了这种随机性，利用语义对某个概念的定性向定量转化并进行度量。正如前文所述，新兴技术项目的风险评估涉及众多的指标，是一个复杂的评估体系，如何将这些定性指标合理的定量化，是目前新兴技术项目评估过程中所面临的主要困难之一。云重心评判法恰好可以解决这一问题，因此，云重心评价法是一种针对复杂系统的有效评估方法。

本章针对新兴技术项目的特点，5.2 节提出了新兴技术项目风险评估指标权重的一类确定方法；5.3 节应用云重心评判法对新兴技术项目的风险和预期收益分别进行评估，在评估过程中，应用主成分分析法确定各评估指标的权重；由于新兴技术项目的最终评估结论应是基于风险和预期收益的综合权衡，因此，5.4 节基于新兴技术项目的风险和预期收益，进一步提出了新兴技术项目的一类综合评估方法；5.5 节是本章小结。

5.2 评估指标权重的确定

为避免或减少评估指标权重确定的主观性，以下应用主成分分析方法确定各评估指标的权重。采用主成分分析方法的目的是精简指标数量，减少指标的相关性，进而提高指标应用的效率。

主成分分析方法的基本思想：首先，将新兴技术项目的 p 个风险（或预期收益）评估指标 $X_i(i=1, 2, \cdots, p)$ 进行归一化处理；其次，应用归一化处理后的指标 $Y_i(i=1, 2, \cdots, p)$ 进行线性组合；最后，得到新的评估指标。

$$\begin{cases} F_1 = a_{11}Y_1 + a_{21}Y_2 + \cdots + a_{p1}Y_p \\ F_2 = a_{12}Y_1 + a_{22}Y_2 + \cdots + a_{p2}Y_p \\ \vdots \\ F_m = a_{1m}Y_1 + a_{2m}Y_2 + \cdots + a_{pm}Y_p \end{cases} \tag{5-1}$$

其中 a_{1i}，a_{2i}，…，$a_{pi}(i=1, 2, \cdots, m)$ 是变量 Y_1，Y_2，…，Y_p 的协方差矩阵的特征值所对应的特征向量。F_1 的方差 Var（F_1）表示线性组合 F_1 所包含的信息量，其越大表示所包含的信息越多。如果在式（5-1）中，线性组合 F_1 的方差最大，则说明 F_1 包含了指标中最多的信息，因此，可以将其被划分为第一主成分。如果需要的信息量比第一主成分所蕴含的信息量多，则需要继续考虑第二大方差的线性组合 F_2。在考虑第二个主成分时，第一个主成分不再出现，即要求 $Cov(F_1F_2)=0$，依此类推，由此，可以得出 m 个主成分。

根据贡献率的大小，如果前 s 个（$1 \leqslant s \leqslant m$）主成分 F_1，F_2，…，F_s 使总贡献率超过某一比例（一般为 80%~90%），则可由此构造出综合评估函数：

$$F = h_1F_1 + h_2F_2 + \cdots + h_sF_s \tag{5-2}$$

其中，$h_j = \sum_{j=1}^{s} \frac{a_{1j}Var(F_j)}{\sum_{j=1}^{s} Var(F_j)}$。最后，经归一化处理后即可确定出指标 F_i 的权重。

5.3　云重心评判法

5.3.1　云的概念

云模型已广泛应用于定性指标的定量化转化问题，在智能系统、数据挖掘等领域都发挥着十分重要的作用。其基本思想如下：

论域 $U=\{x\}$ 表征基本的考察范围，T 是对论域 U 的一个语言评价，U 中元素 x 对 T 的评价隶属度可记为 $G_T(x)$，该隶属度可以看作一个带约束的随机变量。该随机变量的分布称为隶属云或云。$G_T(x)$ 属于区间 [0，1]，$U \to [0, 1]$，即 $\forall x \in U$，$x \to G_T(x)$。

服从正态分布或半正态分布的隶属云广泛存在于社会经济的各个领域之中，也是运用最广泛的隶属云分布方式。在这种分布下，期望值 Ex、熵 En 和超熵 He 三个数值可以完全表征一个隶属云，即（Ex，En，He）。其中，Ex 反映了语义评价总体的平均；En 指这种评价的不同程度；He 则反映了随机程度。例如，语义“非常小”的云模型见图 5-1。

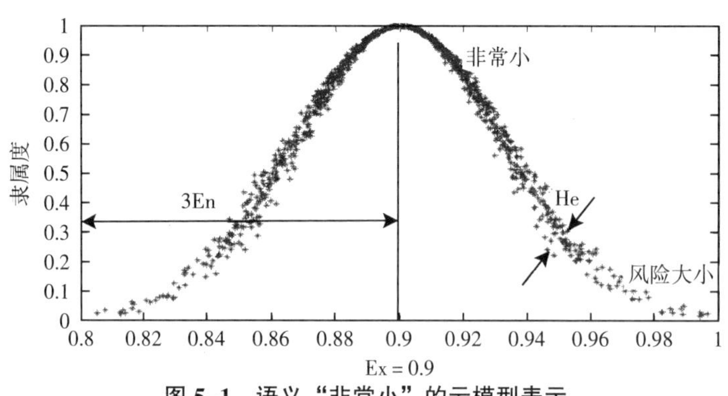

图 5-1　语义“非常小”的云模型表示

图 5-1 所表示的云重心为 T = a × b，其中 a 为位置，b 为高度。一般而言，当 a 相同时，可以比较云重心的高度，进而区分其重要程度。因此，云的变化将反映整个系统的信息情况。

5.3.2　基于云重心判别法的评估步骤

利用云重心判别法对新兴技术项目进行风险（或预期收益）评估的步骤如下。

1. 云重心向量的表示

设新兴技术项目的风险（或预期收益）评估指标数为 p，假设在理想状态下，p 维云重心位置为 $a=(E_{x1}^0, E_{x2}^0, \cdots, E_{xp}^0)$，云重心高度向量为 $b=(b_1, b_2, \cdots, b_n)$，则在理想状态下 p 维云重心向量可表示为：

$$T^0 = a \times b^T = (T_1^0, T_2^0, \cdots, T_p^0) \tag{5-3}$$

同理，可求得任一状态下的 p 维云重心向量 $T=(T_1, T_2, \cdots, T_p)$。

2. 云重心向量的归一化

云重心向量 $T=(T_1, T_2, \cdots, T_p)$ 可按照式（5-4）进行归一化，得到归一化的云重心向量 $T^G=(T_1^G, T_2^G, \cdots, T_p^G)$：

$$T_i^G = \begin{cases} \dfrac{T_i - T_i^0}{T_i^0}, & T_i < T_i^0 \\ \dfrac{T_i - T_i^0}{T_i}, & T_i \geqslant T_i^0 \end{cases} \quad (i=1, 2, \cdots, p) \tag{5-4}$$

3. 用加权偏离度衡量云重心的变化

将归一化后的分量值 T_i^G（i = 1，2，…，p）与权重相乘，绝对值相加得到加权偏离度 θ（0≤θ≤1）：

$$\theta = \sum_{i=1}^{p} \left| w_i \times T_i^G \right| \tag{5-5}$$

式（5-5）中，w_i 为第 i 个指标的权重值。加权偏离度 θ 可以衡量理想状态和待评估状态之间云重心的差异（注：θ 值越小表示差异越不明显，反之，差异越显著）。

5.4　基于云重心判别法的新兴技术项目风险与预期收益的评估

5.4.1　评语集

衡量新兴技术项目风险和预期收益可由以下两对评语集（共二十二个评语）组成：

衡量风险大小包含十一个评语：即 U = {极大，非常大，很大，大，较大，一般，较小，小，很小，非常小，极小}。

衡量预期收益也包含十一个评语：即 V = {极差，非常差，很差，差，较差，一般，较好，好，很好，非常好，极好}。

5.4.2　风险与预期收益的评估

加权偏离度表示了与最佳情况的接近程度。对于某个具体的新兴技术项目，先求得其加权偏离度，再将其代入每个语义所形成的云发生器中，通过以下两种方式即可得到输出结构，见图 5-2。

第一种：若激活的某一个评语程度在需要的准确度下远远超过其他的评语程度，那么就以这个评语作为最终评价结果。

第二种：若激活的是两个相近程度的评语（机制保证了不可能同时激活不相近的两个评语），且这两个评语的激活程度相近，则生成一个介于这两个评语之间的新评语作为定性表述的结果，由专家向评估方进行解释。

同样可以得到预期收益性指标的云发生器，见图 5-3。

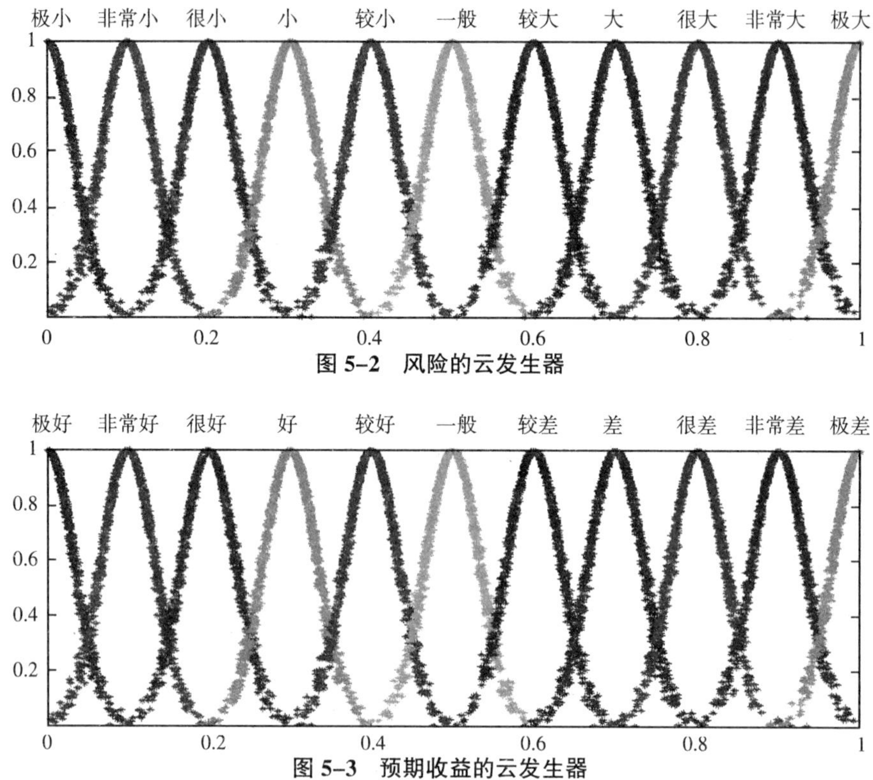

图 5-2　风险的云发生器

图 5-3　预期收益的云发生器

基于云发生器，可以对新兴技术项目的风险和预期收益分别进行评估，评估结果反映了新兴技术项目的风险程度与预期收益水平。

5.4.3　基于风险与预期收益的综合评估

由于新兴技术项目综合风险评估的最终依据应是风险和预期收益的综合权衡，因此，最后必须对新兴技术项目的风险和预期收益进行综合评估，以便为评估者提供合理的决策依据。

（1）如果某新兴技术项目的风险评估结果为“很大”时，例如，风险评估结果的偏离度 $\theta_r \geq 0.8$ 时，则可以根据新兴技术项目特点和经验，该新兴技术项目的预期收益情况无论如何，都无投资的价值。

（2）由于新兴技术项目未来可能带来较好的预期收益，因此，如果新兴技术

项目的预期收益情况评估为“较好”时，如预期收益评估结果的偏离度 $\theta_e \leqslant 0.4$ 时，该新兴技术项目的预期收益符合项目对预期收益的要求。

（3）如果新兴技术项目的风险评估结果未出现上述（1）的情况，则需要综合风险评估和预期收益评估的结果。例如，可以用加权平均方法计算该新兴技术项目风险和预期收益的综合评分值 Z。首先，分别对风险性指标和预期收益性指标计算出评估得分 $R = (1 - \theta_r) \times 100$ 和 $E = (1 - \theta_e) \times 100$；其次，计算综合评分值：$Z = w_r R + w_e E$，其中 w_r 和 w_e 分别为风险性指标和收益性指标的权重，且 $w_r + w_e = 1$，w_r 和 w_e 表示在综合评估中风险和收益的相对重要程度。如果评估者属于风险偏好型，则一般有 $w_e > w_r$；如果属于风险厌恶型，则有 $w_r > w_e$；如果属于风险中性，则可取 $w_r = w_e = 0.5$。在实践中，w_r 和 w_e 的确定可根据新兴技术项目的具体情况和评估者的偏好而定。

进一步，假设某类新兴技术项目综合评估的评分阈值为 Z_0，如果该新兴技术项目除了风险性指标和收益性指标之外的其他条件均符合项目投资的条件，则当该项目的风险和预期收益综合评估分值 $Z > Z_0$ 时，即可以认为该项目具有投资的价值，且项目的风险是能够接受。

5.5　本章小结

本章针对新兴技术项目的高风险、高收益、高技术以及定性评估指标较多等特点，提出了一类新兴技术项目的综合评估方法。本章首先从新兴技术项目的风险性和收益性两个角度出发，应用云重心评判法对新兴技术项目的风险程度和预期收益大小进行评估；进一步，在权衡风险和预期收益的基础上，对新兴技术项目进行综合评估。本章不仅构建了基于风险和预期收益的新兴技术项目综合评估方法，而且提出了定性评估指标的定量化处理技术。因此，本章的研究具有较重要的学术价值和应用前景。

第6章 新兴技术项目的多阶段组合风险评估及误差估计

6.1 引 言

新兴技术项目的最终成败不是新兴技术项目立项和初始评估时能够完全预知的。因此，如何全面、客观地对新兴技术项目全过程进行风险评估（也可以移植到对新兴技术项目的绩效或社会经济效益的评估），是新兴技术项目风险评估时所面临的棘手问题。在新兴技术项目的综合管理体系中（见第12章），包括了对新兴技术项目各个实施阶段的风险评估。

多阶段性风险评估是新兴技术项目投资方对其所拟投项目采用的一种整体风险评估方式。由于新兴技术项目的阶段性目标不同，可能导致新兴技术项目各阶段的风险有较大差异①。例如，新兴技术项目的投资和管理部门为了控制项目的整体风险，通常基于新兴技术项目的阶段性目标实现情况或面临的风险状况，对新兴技术项目的风险进行整体性评估。因此，多阶段风险评估在一定程度上促使了新兴技术项目企业激励和约束机制的形成，并且可以有效地揭示和维持新兴技术项目的整体风险和效益，并降低新兴技术项目失败的概率。

自组合评估方法提出以来，许多学者对各种组合方法以及加权系数的确定方

① 就风险评估而言，新兴技术项目在某些阶段的风险可能很大（如研发阶段，但在高风险阶段，出资方一般不会中途撤资），有些阶段的风险则较小（如研发成功后到产品推向市场以前，但如果处理不当，较小风险也可能导致项目的失败）。因此，对新兴技术项目的风险评估应该综合考虑项目各个阶段的风险，并作为项目整体风险的评估依据。

法进行了一系列的研究，并取得了大量的研究成果。例如，等权或简单平均组合、递归等权、优势矩阵、奇异粒子群以及实物期权等。虽然组合评估方法可以减少评估误差，但不能完全消除评估误差。迄今为止，关于组合评估方法的误差估计方面的研究还鲜见成果。因此，对组合评估方法的评估误差进行估计具有重要的学术和现实意义。

本章应用多阶段组合风险评估（Multistage Combination Risk Assessment，MCRA）方法，构建了多阶段组合风险评估模型（MCRA 模型），并在此基础上，讨论新兴技术项目的多阶段组合风险评估问题。正如大家所知，组合评估方法是一类减少评估误差的有效工具，但 MCRA 模型同样会存在评估的误差。因此，如何估计 MCRA 模型的误差是本章的特色。本章在构建多阶段组合风险评估模型的基础上，从理论层面上确定出 MCRA 模型的误差界，同时给出了一般 MCRA 模型的误差、简单平均 MCRA（SA-MCRA）模型的误差以及组合评估模型中单一评估模型的误差之间的联系。本章的安排如下：6.2 节构建新兴技术项目的多阶段组合风险评估模型，并从理论层面上对多阶段组合风险评估的误差进行研究；6.3 节确定简单平均组合风险评估模型的评估误差上界；6.4 节讨论一般多阶段组合风险评估模型的评估误差上界，并给出一般 MCRA 模型的误差、简单平均 MCRA（SA-MCRA）模型的误差以及组合评估模型中单一评估模型的误差之间的联系；6.5 节针对一类特殊的新兴技术项目的 MCRA 模型进行了分析；6.6 节是本章小结。

6.2 新兴技术项目的多阶段组合风险评估

假设给定 T 个评估阶段，评估者拟运用 n 种评估模型对某一新兴技术项目的风险进行组合评估。为确定组合的权重，多阶段组合风险评估（MCRA）问题描述如下：

记 $y_t(t=1, 2, \cdots, T)$ 是新兴技术项目的风险在第 t 阶段的经验值（或实际观察值）；$f_{it}(t=1, 2, \cdots, T; i=1, 2, \cdots, n)$ 是新兴技术项目风险在第 t 阶段、第 i 个评估模型的理论评估值；$e_{it}=y_t-f_{it}$ 是在第 t 阶段、第 i 个评估模型的理论

评估值与经验值（或实际观察值）之间的误差。组合风险评估的理论值为：

$$f_t = \sum_{i=1}^{n} \mu_i f_{it} \quad (t = 1, 2, \cdots, T) \tag{6-1}$$

式中，$\mu_i (i = 1, 2, \cdots, n)$ 为组合权重，且满足 $\sum_{i=1}^{n} \mu_i = 1$ $(i = 1, 2, \cdots, n)$；$e_t = \sum_{i=1}^{n} e_{it} = y_t - f_t (t = 1, 2, \cdots, T)$ 为组合风险评估的误差。

记：
$$J = \sum_{t=1}^{T} e_t^2 = \sum_{t=1}^{T} (\sum_{i=1}^{n} \mu_i e_{it})^2 = \sum_{i=1}^{n} \sum_{j=1}^{n} \left[\mu_i \mu_j \left(\sum_{t=1}^{T} e_{it} e_{jt} \right) \right] = \mu' E_{(n)} \mu \tag{6-2}$$

为 MCRA 模型的误差平方和，其中 $\mu = (\mu_1, \mu_2, \cdots, \mu_n)'$ 是权重向量；$E_i = (e_{i1}, e_{i2}, \cdots, e_{iT})'$ $(i = 1, 2, \cdots, n)$ 是第 i 个模型的误差向量，$E_{ij} = E_{ji} = E_i' E_j$，$E_{(n)} = (E_{ij})_{n \times n}$ 是 n × n 对称矩阵，$E_{ii} = \sum_{t=1}^{T} e_{it}^2 = J_i$ $(i = 1, 2, \cdots, n)$ 正好为第 i 个模型评估误差的平方和。

矩阵 $E_{(n)}$ 反映了在对新兴技术项目进行多阶段组合风险评估模型时，每一评估模型的误差信息，称 $E_{(n)}$ 是 MCRA 模型的评估误差矩阵，并假设矩阵 $E_{(n)}$ 是可逆的（或误差向量 $E_i (i = 1, 2, \cdots, n)$ 是线性无关的）。

定义 6.1：如果 $J^* = (\mu^*)' E_{(n)} \mu^*$ $(\mu_i^* \geqslant 0, i = 1, 2, \cdots, n)$ 关于 μ 是极小的，则称 μ^* 为最优组合评估权重向量，J^* 为 MCRA 模型的极小误差平方和。

6.3 简单平均组合模型的误解界

定义 6.2：在式（6-1）中，令 $\mu_i = \frac{1}{n} (i = 1, 2, \cdots, n)$，则称相应的 MCRA 模型为简单平均多阶段组合风险评估（Simple Average Multistage Combination Risk Assessment，SA-MCRA）模型。

令 SA-MCRA 模型的误差平方和为：

$$J_A = (\mu^{(0)})' E_{(n)} \mu^{(0)} \tag{6-3}$$

式中，$\mu^{(0)} = (\frac{1}{n}, \frac{1}{n}, \cdots, \frac{1}{n})'$。

如果第 i 个评估模型的误差平方和为 J_i，其最大值和最小值分别为：

$J_{max} = \max\limits_{1 \leqslant i \leqslant n} \{J_i\}$ 和 $J_{min} = \min\limits_{1 \leqslant i \leqslant n} \{J_i\}$

定理 6.1： 如果 MCRA 模型是 SA-MCRA 模型，则：

$$J_A \leqslant J_{max} \tag{6-4}$$

推论 6.1： 如果 MCRA 模型是 SA-MCRA 模型，则 $J_A < J_{min}$ 的充要条件是：

$$\sum_{i=1}^{n} \sum_{j=1}^{n} E_{ij} < n^2 J_{min} \tag{6-5}$$

定理 6.2： 设 $E_{(n)}$是正定矩阵，如果组合模型中每一个评估模型的误差平方和均为常数 C（即 $J_i = C$，$i = 1, 2, \cdots, n$），则：

$$J_A < C \tag{6-6}$$

上述定理表明：SA-MCRA 模型可以减少新兴技术项目风险评估的误差，如果 J_i = 常数 $C(i = 1, 2, \ldots, n)$，则该常数 C 为 SA-MCRA 模型的误差上界。

例如，在定理 6.2 的假设下，如果 $E_i = (e_{i1}, e_{i2}, \cdots, e_{iT})'(i = 1, 2, \cdots, n)$ 是 T 维空间中 $n(T \geqslant n)$ 个相互正交的向量，此时 $E_{(n)} = (E_{ij})_{n \times n} = (E_i' E_j)_{n \times n}$ 是一个对角常量矩阵，其对角线上的元素恰为常数 C，则 SA-MCRA 模型的误差平方和为 $\frac{1}{n}C$。

6.4 一般 MCRA 模型的误差估计

记新兴技术项目的一般 MCRA 模型[①] 的误差平方和为：

$$J = J(\mu) = \mu' E_{(n)} \mu \tag{6-7}$$

式中 μ 是权重向量。

① 为了区分一些特殊的情况，此处针对一般情况进行讨论，故称为“一般 MCRA 模型”。

引理： 如果 ξ_1，ξ_2，…，ξ_n 是 n 个不同的权重向量（n 维），并且常数 a_1，a_2，…，a_n 满足 $\sum_{i=1}^{n}\alpha_i = 1$，$\alpha_i > 0$，则：

$$J\left(\sum_{i=1}^{n}\alpha_i\xi_i\right) < \sum_{i=1}^{n}\alpha_i J(\xi_i) \tag{6-8}$$

或 $\left(\sum_{i=1}^{n}\alpha_i\xi_i\right)'E_{(n)}\left(\sum_{i=1}^{n}\alpha_i\xi_i\right) < \sum_{i=1}^{n}\alpha_i(\xi_i E_{(n)}\xi_i)$

容易得到以下结论：

定理 6.3： 如果 $\mu = (\mu_1, \mu_2, \cdots, \mu_n)'$ 是权重向量，并且 $\sum_{i=1}^{n}\mu_i = 1$，$\mu_i > 0$，则：

$$J = J(\mu) = \mu'E_{(n)}\mu < \sum_{i=1}^{n}\mu_i J_i \tag{6-9}$$

换言之，新兴技术项目的一般 MCRA 模型的误差平方和不超过组合中所有单一评估模型误差平方和的加权和。

推论 6.2： 如果 μ 是非负权重向量，则：

i）$J = \mu'E_{(n)}\mu < J_{max}$　(6-10)

ii）$J_A < \frac{1}{n}\sum_{i=1}^{n}J_i \leqslant J_{max}$　(6-11)

根据上述结论可知，一般 MCRA 模型的误差平方和不超过组合中所有单一评估模型误差平方和的最大值。因此，MCRA 模型可以减少新兴技术项目风险评估的误差，且一般 MCRA 模型的评估误差上界是 J_{max}。

6.5　示　例

考虑一类特殊的新兴技术项目的 MCRA 模型：倒数变权多阶段组合评估（Reciprocal Variance Weight Multistage Combination Risk Assessment，RVW－MCRA）模型，其权重向量为：

$$\mu=(\mu_1, \mu_2, \cdots, \mu_n)'=\frac{1}{\sum_{i=1}^{n} J_i}\left(\frac{1}{J_1}, \frac{1}{J_2}, \cdots, \frac{1}{J_n}\right)' \tag{6-12}$$

根据定理 6.3，其误差平方和 J^* 满足以下不等式：

$$J^*<\sum_{i=1}^{n}\mu_i J_i=\frac{1}{\sum_{i=1}^{n}\frac{1}{J_i}}\left(\frac{1}{J_1}J_1+\frac{1}{J_2}J_2+\cdots+\frac{1}{J_n}J_n\right)$$

$$=\frac{1}{\sum_{i=1}^{n}\frac{1}{J_i}}=M_c \tag{6-13}$$

式中，M_c 称为 J_1，J_2，…，J_n 的调和平均数，因此，该类新兴技术项目的多阶段组合风险评估模型（RVW-MCRA 模型）的误差平方和 J^* 小于调和平均数 M_c。特别地，如果 $J_i>0(i=1, 2, \cdots, n)$，由于调和平均数不超过算术平均数，于是有：

$$J^*<M_C\leqslant\frac{1}{n}\sum_{i=1}^{n}J_i\leqslant J_{max} \tag{6-14}$$

上述不等式正好为式（6-11）。

6.6 本章小结

根据新兴技术项目的特点，新兴技术项目的风险通常具有阶段性特征。因此，对新兴技术项目的风险评估也应该具有动态和阶段性的特点。本章针对新兴技术项目风险的动态和阶段性特征，从理论层面上构建了新兴技术项目的多阶段组合风险评估（MCRA）模型①。首先，在给定 T 个阶段中，应用 n 个评估模型对新兴技术项目的风险进行多阶段组合评估，构建了新兴技术项目的 MCRA 模型。其次，讨论了最优组合权重的确定问题。最后，分析了新兴技术项目的简单平均组合风险评估（SA-MCRA）模型和一般 MCRA 模型的误差问题，并从理论

① 根据新兴技术项目的特点，多阶段组合风险评估（MCRA）模型适用于对新兴技术项目风险的评估。

层面上给出 SA-MCRA 模型和 MCRA 模型的误差上界，该误差上界实际上给出了新兴技术项目所面临的最大风险，由此，评估者可以更清楚地掌握新兴技术项目的整体风险状况，并由此进行决策。本章的研究结论同样适用于一般的组合评估领域，如信用风险组合评估、绩效组合评估等。因此，本章的研究成果具有重要的理论推广价值。虽然本章以误差平方和来表示 MCRA 模型的误差有一定局限性，但就新兴技术项目的多阶段组合风险评估问题而言，这种误差表示方法具有较好的可操作性和有效性。

需要指出的是，就 MCRA 模型而言，其变量的边界和外生敏感程度对于其在实际应用中的适应性起着重要的作用，敏感性分析（Sensitivity Analysis）可以从多个维度来考察模型中变量的边界和敏感性，同时也能够对模型的精度和误差收敛程度进行分析。但由于对变量边界的考察，必须有足够大的新兴技术项目样本和真实的历史数据，外生变量敏感性的检验也需要同类型的新兴技术项目的样本数据作为支撑。因此，如果在能够收集到新兴技术项目相关数据的情况下，可以进行敏感性分析。

第三篇

新兴技术项目企业

第7章 我国新兴技术项目企业的主要特征

7.1 引 言

新兴技术对于中国经济发展和现代化建设有着特殊的战略意义。当前的中国市场具有制度文化方面的独特性，其规模效应、社会网络效应是一般国家难以企及的。一旦新兴技术和产品与我国市场成功对接，将会在短时间内创造出规模巨大、利润可观的新兴技术产品的市场，为新兴技术项目企业① 提供广阔的发展空间。因此，研究我国新兴技术项目企业的发展特征，构建一般意义上的新兴技术项目企业的特征模型，对评估新兴技术项目的价值和风险以及改善新兴技术项目企业的经营环境等均具有非常重要的理论价值与现实意义。

当前，我国的新兴技术产品，一些是由国内企业自主研发或者针对国内某些特殊需求市场而开发研发的产品②，更多是从国外直接引进或者通过采用国外的先进技术进行加工或仿制的产品，这些产品的技术在发达国家通常已相对较成熟，但未必是世界范围内最先进的新兴技术，这类技术比较适合当前科技相对落后的中国市场。本章对新兴技术项目的界定是在我国具有可观的市场前景和商业价值的自主创新类技术研发项目。本章的安排如下：7.2 节讨论了新兴技术项目企业的主要特征；7.3 节讨论了交叉熵测度的应用；7.4 构建了新兴技术项目企业的特征模型；7.5 节是本章小结。

---

① 新兴技术项目企业指承担新兴技术项目的研发和经营，将新兴技术项目的产品进行商业化运作的企业。

② 国内企业自主研发的新兴技术项目产品在研发和商业化过程中存在较大的不确定性。

7.2 新兴技术项目企业具有的主要特征

新兴技术项目企业具有风险企业的主要特征①，关于一般风险企业评价方面的研究文献很多，最具有代表性的包括 Poindexter（1976）、Tyebjee 和 Bruno（1984）、Siegel 和 Macmillan（1985）等学者，以及美国纽约大学企业研究中心（NYUCFES，1992）等研究机构，综合结果归纳，见表 7-1。

表 7-1 风险企业评价指标比较

Poindexter		Tyebjee 和 Bruno		Siegel 和 Macmillan		NYUCFES	
评价指标	重要性排序	评价指标	频数	评价指标	频数	评价指标	频数
管理层素质	1	管理者技能与历史	89	敬业精神	67	企业家禀赋	64
期望收益率	2	市场规模与增长	50	洞悉目标市场	67	洞悉目标市场	62
期望风险	3	回报率	46	风险反应能力	48	5~10 年回报率	50
权益比例	4	市场位置	20	市场吸引力	39	领导能力	50
管理层利害关系	5	财务历史	11	产品长期发展战略	37	风险反应能力	48
投资者保护条款	6	企业所在地	11	目标市场增长率	35	投资流动性	44
企业发展阶段	7	增长潜力	11	专利保护能力	31	市场增长前景	43
限制性问题	8	进入壁垒	11	企业家领导才能	31	企业历史记录	37
利率或红利率	9	投资规模	9	5~10 年回报率	28	企业所在地	31
现有资本	10	行业与经验	7	投资易于退出	10	财产保全措施	29
投资者的控制	11	企业阶段	4				
税收考虑	12	企业家的利害关系	4				

从表 7-1 可见，对风险企业的评价主要集中在管理和产品、服务或技术的独特性以及产品市场三个方面。因此，可以用管理能力、技术特征和市场特征来描述风险企业的主要特征。由于管理能力最终可以通过企业的产品、服务的差异化以及产品市场的占有率来体现，因此，新兴技术项目企业的主要特征也可以由其

① 周宗放，张瑛，陈林等. 新兴技术企业信用风险演化机理与评价方法研究［M］. 北京：科学出版社，2010.

所在行业的行业特征、技术特征和产品的市场特征来体现。可以认为，对新兴技术项目企业的评价是基于企业所在的行业特征、技术特征和产品市场特征。以下将通过这些特征的分析来刻画我国新兴技术项目企业的发展过程。

7.2.1　行业特征

目前，我国新兴技术主要集中在IT技术、纳米技术、生物技术、制药技术、新材料、新能源等众多领域，涉及IT、航空航天、能源、医药、农业、交通运输、文化传媒、金融、环保等众多行业。显而易见，新兴技术行业具有强烈的时代特征①、市场特征②和增长特征③。无论从发达国家或地区还是从我国或地区的经济发展经验来看，新兴技术行业不仅是一个国家或地区经济发展和市场的重要驱动力，而且正在推动全社会各行各业的技术进步。当前，我国新兴技术行业一直受到各级政府、金融机构和投资者的极大关注④。

在我国，新兴技术行业特征主要包括以下三个方面：

（1）行业的关键技术一般属于IT技术、纳米技术、生物技术、新材料、新能源等技术领域。

（2）具有创新性和独特性的产品或服务。

（3）行业内企业属于新兴技术项目企业。

7.2.2　技术特征

Handerson和Clark（1990）认为技术创新可以分成四类：渐进性创新、模块性创新、结构性创新和根本性创新。显然，这些创新应包括技术和市场两个方面，后三种创新是不连续性的创新，具有两个重要特性：一是具有明显的边际效应⑤；二是具有爆发性的市场潜力⑥。因此，不连续的技术创新也反映出新兴技术

---

①“时代特征”指新兴技术行业不仅集中在与人类生活密切相关的科技领域，而且新兴技术的知识体系、研发与组织结构、投融资管理、生产运作、经营模式和产品应用领域等都处于时代的前沿。

②“市场特征”指新兴技术有别于一般技术的市场进入模式，不是待产品研发成功后才进入市场化阶段，而是从研发初期或中期，新兴技术项目产品已悄然进入了市场化运作的轨道。因此，新兴技术项目产品是全程的市场化进入模式。

③“增长特征”指随着新兴技术对传统技术行业的不断渗透、改造，呈现新的经济增长点。

④虽然新兴技术项目企业的研发和经营风险均较大，但基于对利润的追求，一些金融机构和投资者愿意进入该领域，愿意承担相应的投资风险，这类风险通常是金融机构和投资者认为“可承受的投资风险”。

⑤即新兴技术带给潜在采用者的边际效应明显地高于渐进性创新。

⑥新兴技术的出现将凸显出一般技术的局限性，使新兴技术的市场潜力快速提升。

的技术特征的一个方面。

新兴技术项目一方面给新兴技术项目企业的研发、生产和经营带来竞争优势和更加广阔的发展机会；另一方面，新兴技术项目研发、生产和市场的不确定性又可能给新兴技术项目企业带来巨大的经营风险。综上所述，可以沿用现代实物期权的相关理论与方法，对新兴技术项目的未来价值和风险进行评价。由于新兴技术项目的特征，出资者可能采取延迟投资、追加或缩减投资、放弃和转移投资等多种行为。因此，可以用典型的序贯多阶段实物期权来评价新兴技术项目未来的价值，同时，该价值也反映出新兴技术项目企业面临的风险。

用 S 表示新兴技术项目的当前价值，r 表示无风险利率，K 表示执行价格，T 表示期权有效期，σ 表示新兴技术项目价值的波动率。根据 Black-Scholes 期权定价模型，新兴技术项目的期权价值 RO 可描述如下：

$$RO = SN(d_1) - Ke^{-rT}N(d_2),\ d_1 = \frac{\ln(S/K) + (r + \sigma^2/2)T}{\sigma\sqrt{T}},\ d_2 = d_1 - \sigma\sqrt{T} \tag{7-1}$$

由于新兴技术项目的不确定性可能导致项目的未来价值和新兴技术项目企业的经营风险发生变化，其未来价值和经营风险是递增还是递减，可以由期权的价值来衡量。因此，式（7-1）可以用来表示新兴技术项目的技术特征函数。

7.2.3 市场特征

由于新兴技术项目企业的生存方式和生命周期不同于传统企业，新兴技术项目产品的市场特征，可以通过产品采用者的空间分布及其动态变化特征来刻画。当新兴技术项目产品的销量跨过某一“临界容量”，潜在采用者愿意为之支付更高价格时，新兴技术项目产品的市场潜力将成倍增加。随着新兴技术项目产品的均摊成本快速下降，利润和市场快速扩张，逐步形成竞争性垄断地位。因此，新兴技术项目企业一般采用“市场比利润更重要”的原则，早期可能以低于成本的价格出售或赊销给潜在采用者，以求未来的市场。换言之，新兴技术项目企业通常采用盈利滞后的模式，这是反映新兴技术项目市场特征的一个重要方面。

通常新兴技术项目的产品可分为“改进型”新兴技术项目产品①、“突破型”

① “改进型”新兴技术项目产品一般指原有产品的升级换代产品，当其产品销量跨过某一临界容量时，市场呈集群性增长。

新兴技术项目产品[①] 和“早熟型”新兴技术项目产品[②] 等几类。由于新兴技术项目产品的更新周期正在快速缩短，一代产品市场可能刚刚形成规模，就已经开始分化，呈现易逝性产品的特征。因此，常常出现多代产品市场并存的局面。

综上所述，可以采用产品采用者空间分布的动态变化特征来刻画新兴技术项目产品的市场特征，并应用交叉熵测度来度量新兴技术项目产品采用者的空间分布差异。

7.3　交叉熵（Cross-Entropy）的概念及其应用

以下介绍交叉熵的概念以及交叉熵测度在度量新兴技术项目产品市场扩散能力与空间分布中的应用。关于熵的一般概念及其相关理论的介绍可参看相关文献。

7.3.1　极大熵和极小熵

Jaynes（1957）通过设置恰当的约束，对 Shannon 熵的目标最大化导出一个概率分布。这个结果就是著名的 Jaynes 的极大熵原理（Maximum Entropy Principle）：

$$\max: S(p) = -\sum_i P(x_i)\log P(x_i) \tag{7-2}$$

$$\sum_i \varphi(x_i)P(x_i) = \mu_k$$

$$\sum_i P(x_i) = 1$$

$$P(x_i) \geqslant 0$$

式中，$P(x_i)$ 是分布的概率；$\varphi(x_i)$ 是 x_i 的函数；μ_k 是常数（$k=1, 2, \cdots, n$）。

极大熵原理分别由 R. S. Ingarden（1963），E. T. Jaynes（1957），S. Kullback 和 R. A. Leibler 独立地建立，可以看成是 Laplace（1749~1827）“充足理由律”重要的发展。该定律认为，如果我们处于对随机事件一无所知的场合，可以假设它

①“突破型”新兴技术项目产品是指产品销量一旦突破某一临界点，由正反馈原理，该产品呈现爆炸性、集群性的增长。

②“早熟型”新兴技术项目产品是指对于那些技术过于超前，其生存的市场条件尚未形成或不稳定的新兴技术项目产品。通常这类产品会因为市场销量不能跨过某一临界容量而失败。

服从均匀分布。这一点也成为本章运用交叉熵测度选定基准分布的依据。

在此基础上，Kullback（1959）提出极小熵原理（也称交叉熵原理）和 Kull-back- Leibler 测度（简称 K–L 测度）。K–L 测度是纯数学概念，它定义了对两个概率分布之间距离的测度。对于两个完全相同的分布，其 K–L 测度为零。K–L 测度的表达式为：

$$CE(P\|Q)=\sum_i P_i\log\frac{P_i}{Q_i} \tag{7-3}$$

式中，$CE(P\|Q)$ 表示两个分布 P_i 和 Q_i 的交叉熵距离。

交叉熵原理可以描述如下：如果已知随机变量 x 的先验概率密度 Q（x）及若干函数 $f_m(x)$（m = 1，2，…，M）的期望：

$$\int_S P(x)f_m(x)dx=C_m\quad(m=1,2,\cdots,M)$$

则对随机变量 x 的概率密度 P(x) 的最佳估计，可表述为如下的约束优化问题：

$$\min: CE(P\|Q)=\int_S P(x)\log\frac{P(x)}{Q(x)}dx \tag{7-4}$$

$$\text{s.t.}\quad\begin{cases}\int_S P(x)f_m(x)dx=C_m\quad(m=1,2,\cdots,M)\\ \int_S P(x)=1\end{cases}$$

解为$\hat{P}(x)=\text{Arg}\min\limits_{P(x)}CE(P\|Q)$。

7.3.2 交叉熵的定义及其性质

设 $\Omega=\{0,1,2,\cdots\}$，x_i，y_i 是 Ω 上的两个概率测度。

定义 7.1：设 x_i，$y_i\geqslant0(i=1,2,\cdots,n)$，且 $1=\sum_{i=1}^{n}x_i\geqslant\sum_{i=1}^{n}y_i$，则称：

$$CE(X\|Y)=\sum_i x_i\log\frac{x_i}{y_i}\geqslant0 \tag{7-5}$$

为 X 相对于 Y 的交叉熵，其中 $X=(x_1,x_2,\cdots,x_n)^T$，$Y=(y_1,y_2,\cdots,y_n)^T$。

性质 7.1：如果函数 $CE(X\|Y)$ 为 X 和 Y 的交叉熵，则满足以下性质：

① $\sum_i x_i\log\frac{x_i}{y_i}\geqslant0$

② $\sum_i x_i \log\frac{x_i}{y_i} = 0$，当且仅当 $x_i = y_i$，$\forall i$。

由上述性质可知，当 X 和 Y 为两个离散分布时，交叉熵可以度量二者的符合程度。由此可见，交叉熵技术可以度量新兴技术项目产品扩散的空间分布差异，即在相同或相近销售量下新兴技术项目产品的不同扩散分布差异。

以下基于交叉熵原理，定义交叉熵测度如下：

$$CE(f_1 \| f_2) = \sum_i f_1(x_i)\log\frac{f_1(x_i)}{f_2(x_i)} \tag{7-6}$$

式中，$f_1(x_i)$ 表示新兴技术项目产品上市早期采用者的分布密度，$f_2(x_i)$ 为基准分布的概率密度（例如，取 $f_2(x_i)$ 为均匀分布的概率密度）。

7.3.3　交叉熵测度的应用

根据交叉熵测度的定义，式（7–6）可用于刻画新兴技术项目产品的市场特征，并作为新兴技术项目产品的市场特征函数。交叉熵值可以测度新兴技术项目产品的市场扩散能力与对应新兴技术项目的风险状态。进一步可采用交叉熵阈值（可对应新兴技术项目产品销量临界容量的测度）作为新兴技术项目产品的成败划分的临界点①。

7.4　新兴技术项目企业的特征模型

7.4.1　企业发展的相关理论

从亚当·斯密（1776）开始，古典经济学主要用分工的规模经济效益来解释企业发展问题。马歇尔（1890）通过引入外部经济、企业家生命有限性和居于垄断的企业避免竞争这三个因素，把稳定的竞争均衡条件与古典的企业发展理论协调起来。后凯恩斯主义把企业目标定义为增长最大化。在新制度经济学者看来，企业发展是企业边界扩大的过程。E. T. Penrose（1959）则强调企业能力决定了

① 何应龙. 新兴技术企业产品安全扩散与创业成长评价［M］. 武汉：武汉大学出版社，2012.

企业发展的速度、方式和界限。“发展经济”成为Penrose企业发展理论的核心概念。A. D. Chandler（1962）提出战略随外在环境变动而改变，企业管理组织结构与功能则依战略的需要而改变的“Chandler命题”，他通过大量事实表明了高效率的销售组织是保证企业顺利发展的必要性。M. E. Porter（1990）和克P. Krug-mann（1991）提出基于集群的企业成长理论，强调同一产业地理集中可以导致集群溢出（Agglomeration Spillover）效应或区位适意（Local Amenities）。D. J. Storey（1994）将左右中小企业发展的因素总结为三种：管理者素质、企业的内在素质和企业业务发展的战略。只有当它们恰当地结合在一起时，企业才能实现快速发展，当这三个因素不起作用或配合不佳时，企业发展就会较慢、停滞或衰退。关于企业发展的一般理论研究，国外已形成企业发展理论的丛林，而国内对企业发展的研究在1995~2004年形成高潮，其主要理论比较，见表7-2。

表7-2 企业外在和内在发展理论的比较

两类企业发展理论	企业外在发展理论	企业内在发展理论		
动因	规模经济 复合经济	管理与创新 企业价值最大化	发展战略 企业竞争力	环境变化

但是，对于具有不同技术特征和市场特征的新兴技术项目企业，尤其是技术和市场高度不确定性的新兴技术项目企业，这些理论方法还不能很好地描述新兴技术项目企业的发展过程。

7.4.2 新兴技术项目企业的特征模型

由于新兴技术项目企业的行业特征提供了识别新兴技术项目企业的标准，技术特征指出了新兴技术项目企业所承担的新兴技术项目可能产生的未来价值，市场特征提供了新兴技术项目产品的市场扩散能力。因此，可以用新兴技术项目企业的行业特征（EI），新兴技术项目的技术特征（RO）和新兴技术项目产品的市场特征（CE）来刻画了新兴技术项目企业的发展过程。

新兴技术项目企业为了降低技术和市场的不确定性，给企业的研发和生产提供部分较稳定的现金流，通常会在研发新兴技术项目产品的同时，经营一些市场收益较稳定的其他成熟产品。因此，新兴技术项目企业的特征除了要考虑行业特征、项目的技术特征和项目产品的市场特征三方面外，还应该考虑一部分现金流

(NPV)，这是新兴技术项目企业发展初期的一个重要特征。由此，可以构造如下刻画新兴技术项目企业特征的四维模型，见图 7–1。

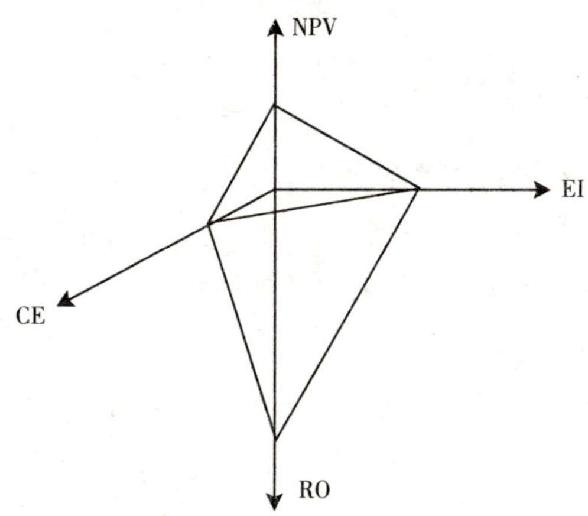

图 7–1　新兴技术项目企业的特征模型

其中 CE≥0，CI≥0，RO≥0。水平面上的横轴为 EI，表示新兴技术项目企业的行业特征。它在一定程度上反映了新兴技术项目企业的发展空间和基础性条件；水平面上的纵轴为 CE，由于项目产品的市场特征 CE 对市场采用者的变化具有敏感性，其取值不仅包括对新兴技术项目产品市场增长特征的度量（用 $CE_{新}$表示），也包括对新兴技术项目企业所经营的其他成熟产品市场状况（用 $CE_{非}$表示）的度量，因此，$CE = CE_{非} + CE_{新}$。水平面上方垂直向上为现金流 NPV 轴，垂直向下为期权 RO 轴。在期权轴 RO 正方向上 NPV 为负值，表明新兴技术项目产品商业化成功之前，项目具有正的期权价值，但由于研发的投入，新兴技术项目企业的现金流可能为负值。

根据该特征模型，水平面以下的期权价值部分是新兴技术项目的主要价值。对于一般企业而言，只有水平面以上的部分（RO = 0，$CE_{新} = 0$），即除了企业的行业特征和产品的市场特征外，一般企业的发展状况很大部分是由企业的现金流大小决定。

随着项目研发和商业化的成功，新兴技术项目企业的不断发展，NPV、CE 和 RO 将不同程度地增长，图 7–1 中四面体的体积不断增大。因此，该四面体的体积大小不仅刻画了新兴技术项目企业的发展过程，而且可以用于预测新兴技术项目的未来价值。

7.5 本章小结

由于新兴技术具有的高技术性、技术和市场的高度不确定性，新兴技术项目企业的研发和经营风险具有不同于一般企业的特征。因此，对新兴技术项目企业特征的分析是刻画新兴技术项目的价值以及新兴技术项目企业研发和经营风险动态变化过程的关键所在。

本章首先讨论了新兴技术项目企业的三大特征：行业特征、技术特征和产品的市场特征。其次，分析了该三大特征对新兴技术项目的价值和新兴技术项目企业的发展及经营风险的影响。再次，给出该三大特征的度量方法。最后，构建了新兴技术项目企业的四维特征模型，该模型直观地刻画出新兴技术项目企业的发展过程。

第 8 章 新兴技术项目企业信用风险评估的 IF-ISODATA 集成算法

8.1 引 言

新兴技术项目通常具有较大且持续的融资需求①，但由于新兴技术的行业和技术特征，新兴技术项目企业在项目合同履约、融资需求以及产品营销等方面通常具有较大的不确定性。这些不确定性导致新兴技术项目企业可能存在较大的信用风险。另外，随着经济发展方式转变，越来越多的民营企业将参与到新兴技术项目中，因此，对新兴技术项目企业的信用风险进行评估，具有越来越重要的现实意义。

本章采用改进的模糊 ISODATA 聚类算法（Improved Fuzzy Iterative Self-Organizing Data Analysis Techniques Algorithm，IF-ISODATA）并集成属性约简方法（简记 IF-ISODATA 集成算法），对新兴技术项目企业的信用风险进行评估②。首先，根据新兴技术项目和新兴技术项目企业信用风险的特征，通过设置参照样本系确定出初始聚类中心矩阵，以克服传统 ISODATA 聚类算法的不足，进而提高模糊聚类分析的可靠性。其次，给出 IF-ISODATA 集成算法评估新兴技术项目企业信用风险的步骤。最后，对国内 10 家新兴技术项目企业的信用风险进行实证测评。实例表明，本章提出的算法具有有效性和可操作性。

① 新兴技术项目不仅资金需求大，而且常常需要不断地融资和偿债以满足项目对资金的持续需求。

② 承担新兴技术项目的企业包括企业、科研院所和大专院校等，此处新兴技术项目企业主要指企业和改制后的企业型科研院所，事业型科研院所和大专院校不属于本章讨论的范围。

本章的安排如下：8.2 节讨论了新兴技术项目企业的信用风险问题；8.3 节通过设置相应的参照样本系确定初始的聚类中心矩阵，进而提出基于参照样本系的模糊聚类方法；8.4 节首先对粗糙集理论的属性约简方法和 IF-ISODATA 算法进行集成，进而采用该集成算法对新兴技术项目企业信用风险进行评估；8.5 节对国内 10 家新兴技术项目企业信用风险进行了实证测评；8.6 节是本章小结。

8.2 新兴技术项目企业的信用风险

随着经济的发展与社会的进步，信用逐渐成为现代社会经济中不可或缺的重要一环。从定义上而言，信用风险主要指由于交易对手的种种原因，客观上没有能力履行合约或者主观上不愿意履行合约而导致合约对方遭受损失的可能性。新兴技术项目企业获得新兴技术项目立项后，不仅需要新兴技术项目企业具有良好的履约能力，而且除了项目经费的拨款外，常常还需要从银行等金融机构获得进一步的融资，最终完成项目的既定目标。因此，对于新兴技术项目的管理机构而言，客观地对新兴技术项目企业的信用风险进行评估，是掌握新兴技术项目企业是否具有良好的履约能力以及银行等金融机构能否会对项目提供持续金融支持的重要依据。另外，对于新兴技术项目企业自身而言，正确认识自身的信用风险，不仅是履约和融资的必要基础，也是自身进行风险管理的重要内容。

经过多年的发展，信用风险评估模型已经日趋成熟。如前所述，常用的信用风险评估模型包括 Credit Metrics、Credit Risk^{+}、KMV 模型以及多目标决策方法、非参数统计方法、神经网络方法等。模糊聚类分析属于非参数统计方法，在评估企业的信用风险时具有良好的效果，尤其是在总体分布函数无法确切了解的情况下。应用模糊聚类方法针对研究对象进行信用风险优劣评级的过程中，一般可以将所有的指标统一默认为效益指标。如果直接套用现有的研究方法将同一新兴技术项目企业与两组（或以上）的不同信用风险等级的新兴技术项目企业进行聚类时，可能得出不同的结果。这种现象在组内对象个数较少的情形下尤为明显，从而导致现有研究方法对新兴技术项目企业信用风险的实际评估有失客观性。另外，如果新兴技术项目企业处于发展期或者初次置身于新兴技术市场，其信用风

险的评估指标数据通常不完整，同时企业的经营活动常常也具有较大的不确定性，因此，需要相应的参照样本系进行对照分析。参照样本系是指针对新兴技术项目企业信用风险评估的要求，预先设置每级信用风险的理想属性值，将其作为考察新兴技术项目企业信用风险分级的客观标准。

目前，国内外鲜见针对新兴技术项目企业信用风险评估方面的研究文献。鉴于此，本章根据新兴技术项目企业的特点，通过设置新兴技术项目企业的参照样本系，对传统的模糊聚类方法进行改进，提出IF-ISODATA集成算法，并实现对新兴技术项目企业信用风险的聚类。本章最后选择了国内10家新兴技术项目企业，应用IF-ISODATA集成算法对这些新兴技术项目企业的信用风险进行分级。实例表明，本章提出的算法可以在一定程度上缓解传统模糊聚类方法在信用风险评估中所存在的客观性不足问题。因此，具有较好的推广价值。

8.3 基于“参照样本系”的模糊聚类分析

模糊ISODATA聚类算法是一种经典的模糊聚类迭代自组织数据分析算法。该算法首先确定具体的分类数和初始模糊分类矩阵。其次，通过迭代算法求得最佳模糊分类矩阵与最佳聚类中心矩阵。最后，在此基础上对研究对象进行聚类分析。值得一提的是，初始模糊分类矩阵需要经过严格谨慎的选取过程，如若不然，则会在迭代过程中出现失真。另外，该算法不能识别各分类之间是否满足期望的分类距离，只能按预先设定的分类标准。如果新兴技术项目企业的信用风险数据不完整，则对这些新兴技术项目企业信用风险的评估，不能直接套用传统的模糊ISODATA聚类算法。为了改善上述不利情况，本章引入“参照样本系”，并将参照样本系与待评估的新兴技术项目企业样本作为一个集合来进行聚类，提出了改进模糊ISODATA聚类（IF-ISODATA）算法，具体步骤如下：

第一，建立原始特性指标矩阵。采集所有待评估的新兴技术项目企业与参照样本企业的特征属性值。例如，用u_{ij}^*表示第i个新兴技术项目企业的第j个特征属性指标（$i=1, 2, \cdots, n$；$j=1, 2, \cdots, m$），则可得到由特征属性指标构成的原始特征属性指标矩阵U^*。

第二，对原始特征属性指标矩阵 U^* 进行数据规范化处理。可以采用极差方法对 U^* 中的数据进行规范化处理，得到相应规范化后的特征属性指标矩阵 U。具体方法是：对原始特征属性指标矩阵 U^* 的第 j 列，作如下变换：

$$u_{ij}=\frac{u_{ij}^*-m_j}{M_j-m_j} \tag{8-1}$$

式中，$M_j=\max(u_{1j}^*,\ u_{2j}^*,\ \cdots,\ u_{nj}^*)$，$m_j=\min(u_{1j}^*,\ u_{2j}^*,\ \cdots,\ u_{nj}^*)$。

第三，设定初始聚类中心矩阵。依据参照样本系设定的初始聚类中心矩阵 $V^{(0)}$，进行逐步迭代，得到 $V^{(l)}$（l＝0，1，2，…，L）。

第四，针对 $V^{(l)}$，得出模糊分类矩阵$R^{(l)}$，矩阵 $R^{(l)}$ 的元素为：

$$r_{ik}^{(l)}=\left[\sum_{j=1}^{c}\left(\frac{\|u_k-V_i^{(L)}\|}{\|u_k-V_j^{(L)}\|}\right)\right]^{-2} \tag{8-2}$$

式中，c 为分类的个数，$\|\cdot\|$为 Euclid 距离，即$\|u_k-V_i\|=\left(\sum_{j=1}^{m}(u_{kj}-v_{ij})^2\right)^{1/2}$。

第五，针对 $R^{(l)}$，修正聚类中心矩阵 $V^{(l+1)}=(V_1^{(l+1)},\ V_2^{(l+1)},\ \cdots,\ V_c^{(l+1)})^T$，其中：

$$V_l^{(l+1)}=\frac{\sum_{k=1}^{n}(r_{ij}^{(l)})^2u_k}{\sum_{k=1}^{n}(r_{ij}^{(l)})^2} \tag{8-3}$$

第六，重复第二步，并将 $R^{(l)}$与 $R^{(l+1)}$进行比较，如果对于预先设定的精度 $\varepsilon>0$ 有 $\max\{r_{ik}^{(l)}-r_{ik}^{(l+1)}\}\leqslant\varepsilon$ 成立，则 $R^{(l+1)}$和 $V^{(l+1)}$即为所求的最佳模糊分类矩阵和最佳聚类中心矩阵，迭代停止；否则，令 $l=l+1$，返回到第三步，重复进行直至满足条件。

第七，模糊聚类。在求出满足要求的最佳模糊分类矩阵和最佳聚类中心矩阵之后，利用其即可进行聚类分析。

本章提出的最佳聚类中心矩阵判别原则是，如果求得的最佳聚类中心矩阵为：

$$V^*=(V_1^*,\ V_2^*,\ \cdots,\ V_c^*)^T,\quad \forall u_k\in U \tag{8-4}$$

当$\|u_k-V_i^*\|=\min\limits_{1\leqslant j\leqslant c}(\|u_k-V_j^*\|)$时，则将待评估的新兴技术项目企业 k 归于第 i 类。

8.4 IF-ISODATA 集成算法的评估步骤

在对新兴技术项目企业进行信用风险分级时，首先需要对分级指标进行筛选，在指标筛选的基础上，采用 IF-ISODATA 算法对新兴技术项目企业的信用风险进行分级。进一步，对基于粗糙集理论的属性约简方法和 IF-ISODATA 算法进行集成，构建了 IF-ISODATA 集成算法，并采用该算法对新兴技术项目企业的信用风险进行分级。具体步骤如下：

（1）建立初始评估指标集和待评估的新兴技术项目企业样本集：设 $P=(p_1, p_2, \cdots, p_m)$ 为指标集，$X=(x_1, x_2, \cdots, x_n)$ 为样本集，记 a_{ij} 为样本 i 的第 j 个评估指标的取值。

（2）将数据 a_{ij} 离散化。

（3）应用粗糙集理论中的约简方法对指标集进行属性约简。

（4）建立参照样本系，构造初始聚类中心矩阵 $V^{(0)}$。

（5）将参照样本系加入待评估的新兴技术项目企业样本集，采用上述 IF-ISODATA 集成算法对全部样本进行聚类，最后实现对新兴技术项目企业信用风险的评级。

8.5 实例分析

以下应用本章建立的 IF-ISODATA 集成算法对国内 10 家新兴技术项目企业（分别记为 A、B、C、D、E、F、G、H、I 和 J）的信用风险进行评估。

首先，建立新兴技术项目企业信用风险的评估指标体系。循序系统性、科学性、客观性以及定量和定性相结合的原则进行初始指标的选取，结合新兴技术项目企业的特点，并参考新兴技术企业信用风险评估指标体系，初选出 4 个一级指标和 15 个二级指标，见表 8-1。

表 8-1　新兴技术项目企业信用风险评估初始指标

	一级指标	二级指标
信用风险评估初始指标	财务状况指标（P_1）	项目净资产收益率（P_{11}）
		总资产报酬率（P_{12}）
		资本保值增值率（P_{13}）
		主营业务利润率（P_{14}）
	资产营运指标（P_2）	总资产周转率（P_{21}）
		流动资产周转率（P_{22}）
		存货周转率（P_{23}）
		应收账款周转率（P_{24}）
	偿债能力指标（P_3）	资产负债率（P_{31}）
		速动比率（P_{32}）
		现金流动负债比率（P_{33}）
	项目执行能力指标（P_4）	销售增长率（P_{41}）
		资本积累率（P_{42}）
		资本平均增长率（P_{43}）
		新兴技术项目的合同执行情况（P_{44}）

上述数据均来源于国内某 10 家新兴技术项目企业的相关资料，其中，新兴技术项目的合同执行情况（P_{44}），由相关专家打分得到，其余指标数据均来自该 10 家企业的年度财务报表。

其次，将评估指标数据进行离散化处理。利用 Rosetta 软件即可实现对指标数据的离散化处理。

再次，初始指标的属性约简。利用 Rosetta 软件对于 15 个初始指标进行属性约简，得出的约简结果记为 $P'=\{p_{12}, p_{14}, p_{21}, p_{24}, p_{33}, p_{41}, p_{44}\}$，通过分析得到 8 个指标是冗余属性，剔除冗余指标后得到的新兴技术项目企业信用风险特征指标，见表 8-2。

表 8-2　新兴技术项目企业信用风险特征指标

	财务效益		资产营运		偿债能力	项目执行能力	
	总资产报酬率 p_{12}	主营业务利润率 p_{14}	总资产周转率 p_{21}	应收账款周转率 p_{24}	现金流动负债比率 p_{33}	销售增长率 p_{41}	新兴技术项目的合同执行情况 p_{44}
A	0.085	0.234	0.562	2.455	0.085	0.077	1
B	0.134	0.199	0.243	0.142	0.563	0.001	1
C	0.572	0.345	1.365	2.458	0.428	0.052	0

续表

	财务效益		资产营运		偿债能力	项目执行能力	
	总资产报酬率 p_{12}	主营业务利润率 p_{14}	总资产周转率 p_{21}	应收账款周转率 p_{24}	现金流动负债比率 p_{33}	销售增长率 p_{41}	新兴技术项目的合同执行情况 p_{44}
D	0.102	0.313	0.341	2.336	0.225	0.002	1
E	0.878	0.255	0.785	0.183	0.372	0.001	2
F	0.172	0.444	0.759	2.225	0.278	0.089	2
G	0.074	0.755	0.378	3.376	2.064	0.002	1
H	0.254	0.001	0.566	0.904	0.010	0.001	0
I	0.052	0.580	0.567	2.761	0.899	0.001	0
J	0.029	-0.226	0.001	0.005	0.039	-0.870	1

最后，参照当前商业银行的 5 级信用等级标准和新兴技术行业的信用评级标准，将信用等级从Ⅰ到Ⅴ划分为 5 个等级，其中，Ⅴ对应最高的信用等级（最低的信用风险），Ⅰ对应最低的信用等级（最高的信用风险）。进一步，建立 5 级参照样本系（分别记为 K_0、L_0、M_0、N_0 和 O_0，作为 5 级信用等级的聚类中心），见表 8-3。

表 8-3　各信用等级的聚类中心

信用等级	P_{12}	P_{14}	P_{21}	P_{24}	P_{33}	P_{41}	P_{44}
Ⅰ	-0.075	-0.202	0.092	1.685	-0.004	-0.134	1.055
Ⅱ	-0.002	-0.080	0.308	2.753	0.011	-0.002	1.317
Ⅲ	0.005	0.080	0.522	3.529	0.209	0.067	2.004
Ⅳ	0.040	0.187	0.707	5.133	0.396	0.113	2.358
Ⅴ	0.105	0.358	0.803	7.121	0.661	0.298	2.887

根据最佳聚类中心矩阵判别原则，得到的分类结果，见表 8-4。

表 8-4　评级结果

信用级别	新兴技术项目企业
Ⅰ	B　G　J　K_0
Ⅱ	A　D　L_0
Ⅲ	C　E　I　H　M_0
Ⅳ	F　N_0
Ⅴ	O_0

在本例中，如果不引入参照样本系，应用传统的模糊 ISODATA 聚类算法进行信用评级，则该 10 家新兴技术项目企业将被划分到 5 个信用级别中，并且至少有一家企业会被划分到最高级别 V 上。但是，依据本章的 IF-ISODATA 集成算法，级别 V 中只有预先设置的理想参照样本 O_0 保留在其中，各级聚类中心的 7 项属性值基本接近于参照样本中与之对应的属性值，且 5 个参照样本都分别归入了其本身所属的信用级别。因此，应用本章所提出的 IF-ISODATA 集成算法可以得到更加符合新兴技术项目企业实际情况的信用分级结果。

8.6 本章小结

评估新兴技术项目企业的信用风险有多种方法[①]，鉴于篇幅有限，本章没有逐一进行介绍。本章提出的 IF-ISODATA 集成类算法克服了传统算法中由于随意选取初始模糊分类矩阵所导致的失真现象，提高了新兴技术项目企业信用风险聚类分析的可靠性。另外，通过引入参照样本，使同一新兴技术项目企业分别与不同信用风险级别的其他新兴技术项目企业进行集合聚类时，出现不同信用评级结果的情况大大减少，提高了评级的客观性。

在当前市场经济条件下，良好的信用是企业生存和发展的基本保障，也反映出企业的经营前景。根据本章对新兴技术项目企业信用风险的评估，不仅可以了解新兴技术项目企业在项目研发和实施过程中是否面临财务和履约风险，而且可以掌握新兴技术项目企业是否具有承担项目的基本履约和融资能力。因此，在新兴技术项目的立项评估中，信用差的企业将被一票否决[②]。

---

① 周宗放. 新兴技术企业信用风险演化机理与评估方法研究 [M]. 北京：科学出版社，2010.

② 对已承担新兴技术项目的企业，如果企业的信用风险加大或出现异常且企业没有相应的整改措施，则项目资金将被抽回或不再投入。

第9章　新兴技术项目产品的赊销风险管理

9.1　引　言

产品赊销是企业面对商品过剩、竞争激烈、利润微薄的一种有力的竞争手段，也是新产品市场推广常用的一种营销模式。产品赊销是一把“双刃剑”，一方面给新兴技术项目企业带来竞争的优势，另一方面也给企业带来较大的货款损失风险。赊销风险源于外部环境和内部管理两个方面，其中内部管理起决定作用。在企业内部管理机制中，市场营销、财务管理、信息管理和赊销风险管理相互交叉，缺一不可。在市场经济发达的国家中，赊销风险管理被认为是企业的生命线，是企业增强市场竞争力的一种常态。如果企业没有一套完善、有效的赊销风险管理制度，企业将失去防范赊销风险的能力，最终可能被市场无情地淘汰[①]。

随着我国市场经济和信用经济的快速发展，信用交易越来越普遍，赊销风险管理已成为我国企业经营活动和现代企业管理的重要内容。当前，我国企业间账款拖欠现象十分严重，其根本原因是企业内部的管理机制不健全，缺少有效的赊销风险管理体系[②]。

---

① 企业赊销客户的违约原因通常除了赊销客户自身的内部原因（如财务危机、道德风险等）外，有时还可能面临不可抗拒的外部因素。因此，赊销风险具有较大的不确定性。如果企业的赊销客户出现大量违约时，企业没有足够的赊销风险（坏账）准备金，就可能造成企业资金链断裂，甚至面临破产的风险。

② 企业的赊销风险管理涉及企业内部多个部门的协调配合。一个有效的企业赊销风险管理体系，应该包括赊销客户信用档案的建立、企业赊销政策的制定、企业赊销风险管理部门的组织构架以及企业赊销风险管理的流程等。

新兴技术项目产品[①]一方面给新兴技术项目企业带来了竞争的优势和更加广阔的发展机会；另一方面，由于新兴技术本身和产品市场具有的不确定性，又可能给新兴技术项目产品的生产企业带来巨大的研发、生产与经营风险。新兴技术项目产品为了快速地进入市场，赢得时间和规模效应，赊销便成为新兴技术项目企业的必然选择。应收账款的最佳持有量与赊销的信用成本是企业产品赊销风险管理中的关键内容，换言之，赊销既不能影响企业的销售，保住其市场份额和市场竞争力，也不能由于赊销过度，增加企业的信用成本及赊销风险，降低企业赊销风险资本的收益。基于此，本章结合企业赊销风险管理的实际经验，对新兴技术项目产品赊销风险管理体系中涉及的一些基本问题展开讨论[②]。9.2 节首先针对新兴技术项目产品的赊销信用成本进行讨论，通过对应收账款持有量与赊销信用成本之关系的理论分析，推导出最优应收账款持有量和最低赊销信用成本的一般解析表达式。9.3 节提出经风险调整后的赊销收益（Risk-Adjusted Return on Credit Sale，RARCS）的概念及其计算方法，进而讨论新兴技术项目企业为防备由产品赊销风险引发的非预期损失应留存的“赊销风险资本”，使新兴技术项目企业的赊销收益与其应承受的风险相匹配。进一步，在此基础上建立了经风险调整后的赊销风险资本收益（Credit Sale-Risk Return on Capital，CS-RROC）模型，并给出计算“赊销风险资本”的示例。9.4 节对在一定赊销风险资本收益下的产品组合赊销问题进行了讨论。9.5 节讨论了建立赊销客户的信用档案的基本步骤，由于赊销风险管理涉及企业的销售部门、财务部门、客户服务等多个部门，需要处理较多的数据信息并作出相应的赊销决策。9.6 节提出产品赊销风险管理组织的构建方法。9.7 节对如何制定相应的赊销政策展开讨论。9.8 节在前面讨论的基础上，提出新兴技术项目产品赊销风险的管理架构。9.9 节是本章小结。

---

① 主要指由新兴技术项目而形成的产品，本书简称为新兴技术项目产品。

② 由于本书主要针对集项目研发、生产和商业化运作为一身的新兴技术项目企业展开讨论，因此，涉及项目产品赊销的内容。

9.2　基于最佳应收账款持有量的新兴技术项目产品赊销成本分析

根据现代信用管理的相关理论，产品的赊销成本包括销售成本与赊销的信用成本，赊销的信用成本又可细分为坏账成本、机会成本、管理成本和短缺成本四类成本，四类成本之和即构成了产品赊销的信用成本。在产品赊销风险管理中，通常可以通过对产品赊销信用成本的分析，确定出最佳的应收账款持有量。

9.2.1　赊销信用成本的基本概念[①]

1. 坏账成本

坏账成本指产品赊销后无法收回的货款价值，坏账成本随应收账款持有量的增大而上升。坏账成本线的斜率与产品生产企业的信用管理水平有关，企业的信用管理水平越高，坏账成本线越平坦，见图 9-1。现代企业信用管理理论认为，坏账过高通常表明企业的信用管理水平低下，如果完全没有坏账，也反映出企业没有发挥其赊销能力。因此，坏账水平应控制在企业可承受的范围之内。

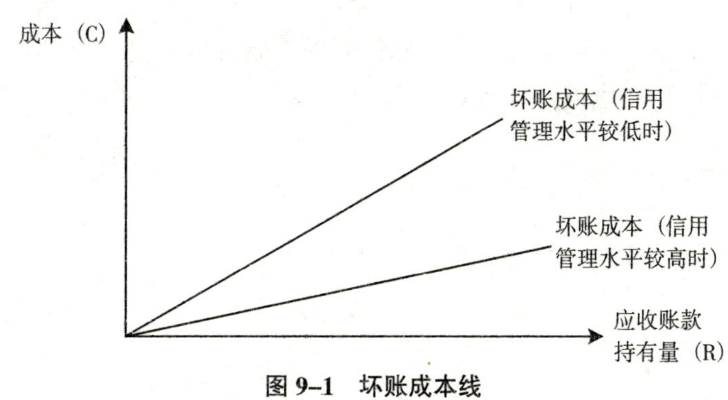

图 9-1　坏账成本线

① 蒲小雷，韩家平. 企业信用管理典范［M］. 北京：中国对外经济贸易出版社，2001.

2. 机会成本

机会成本指被错过的价值，产品的赊销和账款逾期造成机会成本，机会成本等于最大的产品赊销信用成本，见图 9–2。因此，机会成本是考察产品生产企业赊销风险管理水平的重要依据之一。

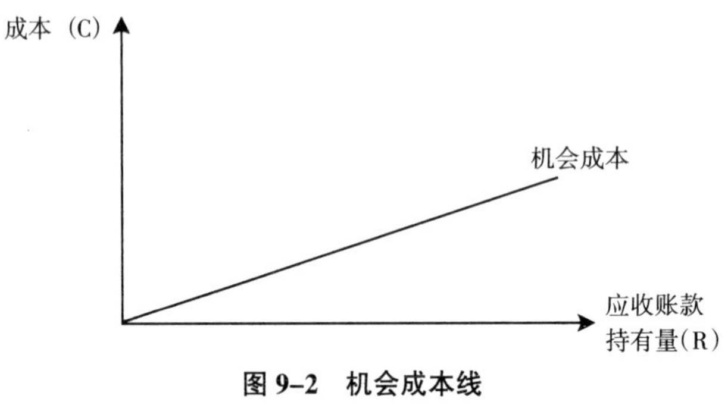

图 9–2　机会成本线

3. 管理成本

产品赊销的管理成本指从赊销客户的信用调查、信用评价、债权保障、应收账款管理等所有与信用管理有关费用的总和。包括客户信用调查费用、信用评价费用、债权保障费用、应收账款监管费用、收账费用以及场地、人员、办公费用等成本。其中收账费用除包括追收账款的邮寄、通信、差旅、佣金等费用外，还包括由产品赊销而产生了诉讼、仲裁、执行等法律费用。

管理成本线一般呈阶跃型，在一定的赊销规模内，管理成本通常保持在某一较低的稳定水平上，一旦超过产品的赊销规模，管理成本将上升到某一较高成本水平且仍保持相对的稳定，见图 9–3。

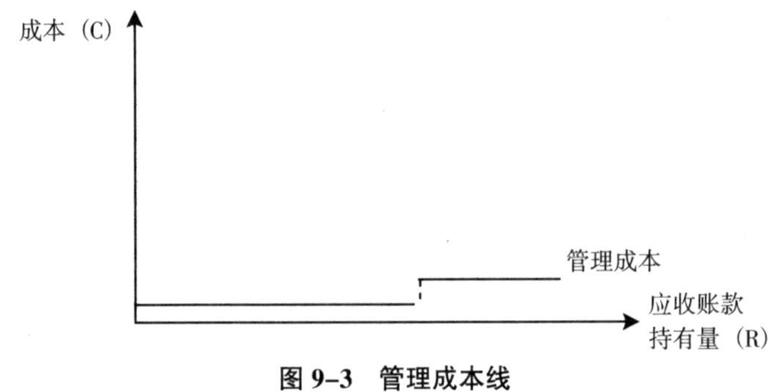

图 9–3　管理成本线

4. 短缺成本

赊销的短缺成本指没有进行最大产品销售而造成的损失。从数量上等于进行了最大销售而增加的收益。因此，产品赊销越少，短缺成本的损失通常越大。短缺成本是应收账款持有量的单调减函数，即持有量越少，短缺成本越高。短缺成本曲线的斜率通常与产品的竞争程度相关，买方市场越成熟，产品赊销不足而造成的短缺成本损失也会越大。短缺成本曲线可以表示为直线形式，见图 9-4。随着市场竞争不断加剧，短缺成本线从 L_1 向 L_3 方向发展[①]。换言之，随着市场竞争加剧，因产品赊销不足而造成的短缺成本损失越来越高昂。

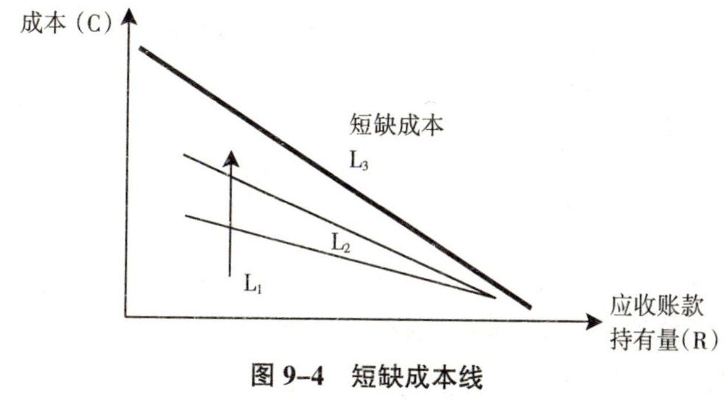

图 9-4　短缺成本线

5. 赊销的信用成本

赊销的信用成本是包含机会成本、坏账成本、管理成本和短缺成本四类成本的综合性成本指标。在应收账款持有量与成本所张成的坐标面上，产品赊销的信用成本曲线是一条抛物线，呈 U 形分布，而利润曲线在该坐标面上呈钟形分布，见图 9-5。抛物线的最低点对应最佳应收账款持有量的产品赊销信用成本。记 A 和 B 分别表示应收账款的最小和最大持有量，X^* 表示产品赊销的信用成本最低时的应收账款持有量，E 和 B 表示和 X^* 具有相同管理成本下的最小和最大应收账款的持有量。如果应收账款过少（即应收账款持有量 < A），则短缺成本高于其他三项成本；如果应收账款过多（即应收账款持有量 > B），则机会成本、坏账成本和管理成本均大于短缺成本。计算短缺成本、坏账成本、机会成本和管理成本，通常可采用边际分析法和净现值流量法。

① 短缺成本线 L_1 表示在商品稀缺情况下短缺成本与应收账款持有量之间的关系；L_2 表示在适度竞争市场上短缺成本与应收账款持有量之间的关系；L_3 表示在高度竞争市场上短缺成本与持有量之间的关系。

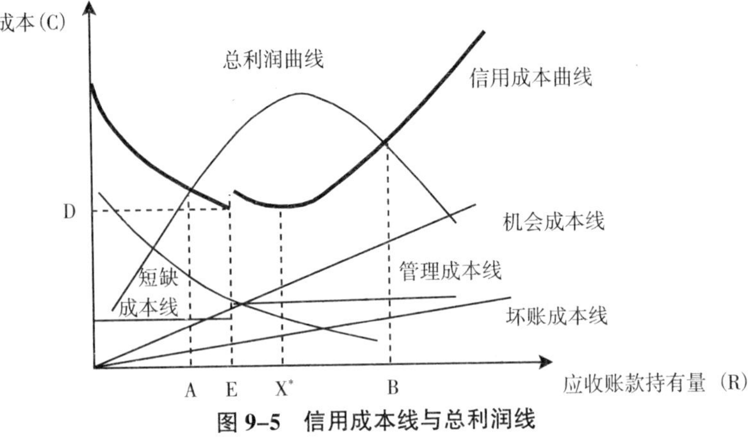

图 9-5　信用成本线与总利润线

9.2.2　产品赊销的信用成本分析

在实践中，企业通常根据历史的经验和支出的成本，考虑多种应收账款持有量的备选方案，然后从中选取成本较低的方案。为此，本章将从理论上对产品赊销的信用成本进行分析，探索最优应收账款持有量和最低赊销信用成本的一般理论表达式。不失一般性，做如下基本假设：

（1）在所考察的时期内产品赊销的信用政策不变，并且不考虑现金折扣。

（2）坏账成本、机会成本的变化较均匀。

（3）管理成本线呈阶跃型。

满足上述假设条件的产品赊销的信用成本曲线，见图 9-5。由于管理成本对一定范围内的应收账款变动具有稳定性，因此，产品赊销的信用成本曲线的最低点应落入应收账款持有量区间（A，min{B，M}）之内，其中 M 表示短缺成本为零时的应收账款持有量，M 位于 B 点的附近，可能在 B 点的左边或右边。由于产品赊销的信用成本曲线是一段抛物线，该抛物线的最低点即对应最小的产品赊销信用成本。可以用二次抛物线拟合产品赊销信用成本线：

$$Y = a + bX + cX^2 \tag{9-1}$$

式中，X 表示应收账款持有量，$X \in (E,\ \min\{B,\ M\})$，Y 表示产品赊销的信用成本，a、b、c 为回归系数。选取 N 组样本值（X_i，Y_i），根据最小二乘法即可得到确定回归系数 a、b、c：

$$\begin{cases} a = \dfrac{\sum Y_i' \sum X_i'^4 - \sum X_i'^2 Y_i' \sum X_i'^2}{N\sum X'^4 - (\sum X'^2)^2} \\ b = \dfrac{\sum X_i' Y_i'}{\sum X_i'^2} \\ c = \dfrac{N\sum X_i'^2 Y_i' - \sum X_i'^2 \sum Y_i'}{N\sum X'^4 - (\sum X'^2)^2} \end{cases} \tag{9-2}$$

由于式（9-1）是单峰函数，以下优化问题具有唯一的最优解。

$$\begin{aligned} &\min Y = a + bX + cX^2 \\ &\text{s.t.}\quad X \in (E,\ \min\{B,\ M\}) \end{aligned} \tag{9-3}$$

从式（9-3）解得满足 $X \in (E,\ \min\{B, M\})$ 的最优应收账款持有量 X^* 和最低产品赊销信用成本 Y^*：

$$\begin{cases} X^* = -\dfrac{b}{2c} + \dfrac{A + \min(B,\ M)}{2} \\ Y^* = a - \dfrac{b^2}{4c} \end{cases} \tag{9-4}$$

将该结果与 E 点比较（注：在 $X \in (A,\ E)$ 上，产品赊销信用成本曲线是单调下降的），最后，得到最优应收账款持有量和最低产品赊销信用成本的理论表达式：

$$\begin{cases} \tilde{X}^* = \min\{E,\ X^*\} \\ \tilde{Y}^* = D \text{ 或 } Y^* \end{cases} \tag{9-5}$$

9.3　经风险调整后的新兴技术项目产品赊销收益

9.3.1　经风险调整后的新兴技术项目产品赊销资本收益

产品赊销的预期损失（Credit Sale Expected Loss，CSEL）指产品赊销活动应当承担的损失，由于新兴技术项目产品的特点，产品在刚推向市场时能否被消费者接受具有很大的不确定性，面临市场的这种不确定性，新兴技术项目产品的生产企业必须留存价值与预期损失大致相当的坏账准备，以避免影响企业的正常经营。由于市场的不确定性通常会给新兴技术项目企业的产品赊销业务带来一定的损失，因此，企业可以根据这种可能的预期损失，对其产品赊销业务的绩效目标进行相应调整[①]。就目前我国新兴技术产品市场的信用状态来看，新兴技术项目企业面临的产品赊销风险极大，并且赊销损失通常会超过预先留存的坏账准备，超过部分称为赊销的非预期损失。换言之，新兴技术项目企业不仅面临较大的产品赊销预期损失，而且还面临着产品赊销的非预期损失。

假设新兴技术项目企业对其生产的某一款新兴技术项目产品进行赊销，记RE（Risk Exposure）为企业受产品赊销客户违约风险影响的资产（又称产品赊销的风险暴露）；EDF（Expected Default Frequency）为赊销客户的预期违约率；LGD（Loss Given Default）为在EDF下不能收回的货款价值（又称既定违约损失率），则该产品赊销的预期损失可表示为：

$$CSEL = RE \times LGD \times EDF \tag{9-6}$$

CSEL是计算产品赊销风险调整后收益的核心，其基本含义是产品赊销可预期的损失额度。由于本章主要讨论新兴技术项目企业在产品赊销活动中所面临的赊销风险，可假定赊销风险暴露（RE）为该产品的全部赊销额；既定违约损失（LGD）为赊销期满时损失的货款；进一步，记α为货款回收率，则既定违约损失率（LGD）为$1-\alpha$（该指标可以根据同类产品的赊销历史数据进行估计，也可援用行业的平均水平）；预期违约率（EDF）的估计可援用相应的赊销客户信用风险评价方法。

根据上述分析，新兴技术项目企业经风险调整后的产品赊销收益（Risk-Adjusted Return on Credit Sale，RARCS）的计算公式为：

$$RARCS = \text{赊销收入}^{②} - \text{赊销成本} - CSEL \tag{9-7}$$

由于产品赊销给新兴技术项目企业带来一系列应收账款，因此，赊销成本除销售成本外，还应包括产品赊销的信用成本，见图9-6。

① 如果企业的赊销客户没有违约，则坏账准备可以计为企业的收益。

② 此处的赊销收入指赊销产生的收入。

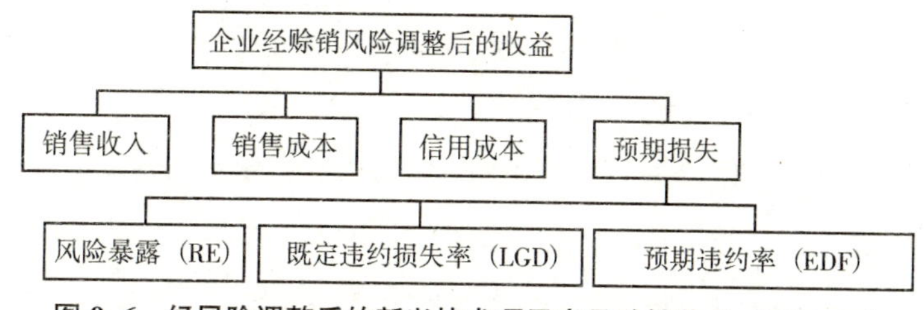

图 9-6 经风险调整后的新兴技术项目产品赊销收益（RARCS）

9.3.2 新兴技术项目产品赊销的风险资本

由于新兴技术项目产品的特征，其赊销客户的违约率和信用状态可能发生非预期的变化，因此，新兴技术项目产品的赊销价值通常也会围绕预期损失上下波动，即新兴技术项目企业面临产品赊销的非预期损失（Unexpected Loss on Credit Sale，ULCS）风险，该风险可采用当期产品赊销风险资产价值的标准差进行度量：

$$ULCS = \sqrt{var[V]} = \sqrt{E(V^2) - E^2(V)} \tag{9-8}$$

式中，V 为考察期内新兴技术项目产品的赊销价值①。又设随机损失变量 L的密度为 f(L)②，并假定导致赊销客户违约的随机因素与损失变量 L 相互独立，V_0 为新兴技术项目产品赊销的初始价值。由于：

$$\int f(L)dL = 1,\ E(L) = \int Lf(L)dL = LGD,\ E(L^2) = \int L^2 f(L)dL = \sigma_L^2 + LGD^2 \tag{9-9}$$

$$\begin{aligned} E(V) &= (1 - EDF)V_0 + EDF\int f(L)[V_0 - V_0 L]dL \\ &= (1 - EDF)V_0 + EDF[V_0 - V_0 \times LGD] \\ &= V_0 - EDF \times V_0 \times LGD \end{aligned} \tag{9-10}$$

$$\begin{aligned} E(V^2) &= (1 - EDF)V_0^2 + EDF\int f(L)[V_0 - V_0 L]^2 dL \\ &= (1 - EDF)V_0^2 + EDF\int f(L)[V_0^2 - 2V_0 V_0 L + V_0^2 L^2]dL \\ &= (1 - EDF)V_0^2 + EDF \times [V_0^2 - 2V_0V_0 \times LGD + V_0^2(\sigma_L^2 + LGD^2)] \end{aligned} \tag{9-11}$$

① 此处指赊销产品具有的价值。
② 一些研究文献假设随机损失变量服从 β 分布。

$$= V_0^2 - 2 \times EDF \times V_0 V_0 \times LGD + EDF \times V_0^2(\sigma_L^2 + LGD^2)$$

将式（9–10）和式（9–11）代入式（9–8）中，可得：

$$var[V] = E(V^2) - E^2(V) = V_0^2 \times [EDF \times \sigma_L^2 + LGD^2 \times (EDF - EDF^2)]$$
$$= V_0^2 \times [EDF \times \sigma_L^2 + LGD^2 \times \sigma_{EDF}^2]$$

由此，得到非预期损失的计算公式为：

$$ULCS = V_0 \times \sqrt{EDF \times \sigma_L^2 + LGD^2 \times \sigma_{EDF}^2} \tag{9-12}$$

式中，σ_L^2 和 σ_{EDF}^2 分别表示随机损失变量 L 和赊销客户的预期违约率（EDF）的方差。

换言之，由于非预期损失是除预期损失之外的潜在损失，新兴技术项目企业应该为不确定的潜在损失预留足够的资本，以便在损失真正发生时能够维持正常经营。该类预留的资本称新兴技术项目企业的产品“赊销风险资本”（Capital at Credit Sale Risk，CCSR），该资本在赊销客户出现较多违约时能够缓解企业面临的财务压力。产品赊销的风险资本通常采用非预期损失的倍数进行度量，即 CCSR = CM × ULCS，其中，乘数 CM 可根据行业平均水平和产品的市场接受度（情况）进行测算，亦可由下面的式（9–14）确定。

设 L 为随机损失变量，ε 为置信水平。在任意时刻 T，以概率 ε 覆盖新兴技术项目产品赊销的预期损失（CSEL）和非预期损失的赊销风险资本（CCSR）应满足：

$$prob\{L - CSEL \leqslant CCSR\} = \varepsilon \tag{9-13}$$

或 $$prob\left\{\frac{L - CSEL}{ULCS} \leqslant CM\right\} = \varepsilon \tag{9-14}$$

由上述式（9–12）和式（9–14），即可得出新兴技术项目企业为避免产品赊销的非预期损失而应当预留的赊销风险资本量，见图 9–7。

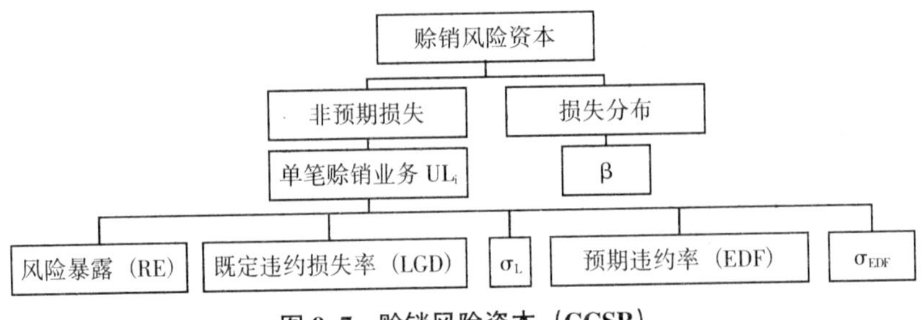

图 9–7 赊销风险资本（CCSR）

9.3.3 CS-RROC 模型

根据上述分析，进一步可得经风险调整后新兴技术项目产品赊销的风险资本收益（Credit Sale-Risk Return on Capital，CS-RROC）模型：

$$CS - RROC = \frac{RARCS}{CCSR} = \frac{赊销收入 - 赊销成本 - CSEL}{CM \times ULCS} \tag{9-15}$$

上述 CS-RROC 值可衡量新兴技术项目产品的赊销业务带来的赊销风险资本收益。由于考虑了非预期损失，使新兴技术项目企业在进行产品赊销活动时将收益与风险匹配起来，从而使产品的赊销风险管理更加完善。

9.3.4 示例

假设某新兴技术项目产品对某客户的赊销额为 10 万元，销售成本为 7 万元，该产品的赊销信用管理成本为 1 万元；EDF 为 15%，随机损失变量 L 服从 β 分布[①]且其参数分别为 1 和 8[②]。

由 β 分布公式可得：LGD = 11.11%，$\sigma_{EDF} = \sqrt{EDF - EDF^2} = 0.3571$，$\sigma_L = 0.0994$；由式（9-7），得该产品赊销的预期损失为 $CSEL = 10 \times 0.1111 \times 0.15 = 0.1666$ 万元；再由式（9-8），得该产品经风险调整后的赊销收益 $RARCS = 10 - (7 + 1) - 10 \times 0.1111 \times 0.15 = 1.83335$ 万元；再由式（9-13），知该产品赊销的非预期损失：

$$ULCS = 10 \times \sqrt{0.15 \times 0.0994^2 + 0.1111^2 \times 0.3571^2} = 0.5528 \text{ 万元}$$

取置信水平 ε = 95%，由公式（9-15）可得资本乘数：

$$CM = (0.312 - CSEL)/ULCS = 0.2629$$

进而可知，为控制该产品赊销的非预期损失，该新兴技术项目企业应留存的产品赊销风险资本 CCSR = 0.5528 × 0.2629 = 0.1453 万元。换言之，在上述假设下，该新兴技术项目企业若留存了该产品的赊销风险资本 0.1453 万元，则有

---

① β 分布的密度函数为：$f(x, \alpha, \beta) = \begin{cases} \frac{\Gamma(\alpha+\beta)}{\Gamma(\alpha)\Gamma(\beta)} x^{\alpha-1}(1-x)^{\beta-1}, & 0 < x < 1 \\ 1, & 其他 \end{cases}$，其中参数 α > 0 和 β > 0，其均值和方差分别为：$\mu = \frac{\alpha}{\alpha+\beta}$，$\sigma^2 = \frac{\alpha \times \beta}{(\alpha+\beta)^2 \times (\alpha+\beta+1)}$。

② 由于数据匮乏，本书对该两参数进行了假设。

95%的把握控制住该产品赊销所产生的非预期损失。

进一步，可计算出该赊销产品的赊销风险资本收益为：

$$CS-RROC=\frac{RARCS}{CCSR}=\frac{1.8334}{0.1453}=13$$

换言之，该产品经风险调整后的新兴技术项目产品的赊销收益是赊销风险资本的13倍，该产品的赊销效益显著。

9.4 最优产品赊销组合的构建

如果某一新兴技术项目产品的赊销规模很大，为了分散产品的赊销风险，新兴技术项目企业可以向多个客户同时赊销该产品，由此避免“鸡蛋放在一个篮子里”。基于此，新兴技术项目企业应该采用产品组合赊销的方式进行产品的赊销。以下应用马克维茨的组合优化模型确定最优的产品赊销组合方案（即确定每一客户的赊销产品比例）。

对某一新兴技术项目产品而言，假设拟赊销的客户数量为 n，r_i 表示对赊销客户 i 的赊销收益，x_i 表示产品组合赊销的权重，$cov(r_i, r_j)$ 表示客户 i 和 j 的产品赊销收益的协方差，μ 表示产品组合赊销的期望收益，$\bar{R}_i$ 表示赊销客户 i 经风险调整后的产品赊销收益 RARCS。援用马克维茨的组合优化理论，即可建立在获得期望的产品赊销收益条件下，使赊销风险最小的产品组合赊销的优化模型：

$$\min\sigma_p^2=\sum_{i=1}^{n}\sum_{j=1}^{n}x_i x_j cov(r_i, r_j)$$

$$s.t.\begin{cases}\sum_{i=1}^{n}x_i=1,\ x_i\geq 0\\ \sum_{i=1}x_i\bar{R}_i=\mu\end{cases}\tag{9-16}$$

或者在可承受的产品组合赊销风险水平下，使产品组合赊销期望收益最大的优化模型：

$$\max \sum_{i=1}^{n} x_i \overline{R_i}$$

$$\text{s.t.} \begin{cases} \sum_{i=1}^{n} x_i = 1 \\ \sigma_p^2 = \xi \end{cases} \tag{9-17}$$

式中 σ_p 为产品组合赊销的标准差（用以衡量产品组合赊销的风险），ξ 为可承受的产品组合赊销风险水平。

进一步，记 $X=(x_1, x_2, \cdots, x_n)^T$，$E=(\text{cov}(r_i, r_j))_{n\times n}$ 为协方差矩阵，$B=\begin{bmatrix}\mu \\ 1\end{bmatrix}$，$A=\begin{bmatrix}\overline{R_1} & \overline{R_2} & \cdots & \overline{R_n} \\ 1 & 1 & \cdots & 1\end{bmatrix}$，则式（9–16）可简记为矩阵形式：

$$\min \sigma_p^2 = X^T EX$$
$$\text{s.t. } AX = B \tag{9-18}$$

引入拉格朗日函数求解优化问题式（9–18），即可得到产品组合赊销的最优权重：

$$X^* = E^{-1}A^T(AE^{-1}A^T)^{-1}B \tag{9-19}$$

将式（9–19）代入式（9–18）中，即得到组合赊销对应的最小风险：

$$\sigma_p^* = \sqrt{X^{*T}EX^*} = \sqrt{B^T(AE^{-1}A^T)^{-1}B} \tag{9-20}$$

由此可知，新兴技术项目企业通过确定对每一客户赊销产品的比例，可以在期望的新兴技术项目产品组合赊销收益下，寻求最小的赊销风险，或者在可承受的新兴技术项目产品组合赊销风险水平下，寻求最大的赊销收益。援用马克维茨的相关组合理论，称满足该条件的新兴技术项目产品组合赊销为“有效”的组合赊销方案，所有有效组合赊销方案所构成的集合称为新兴技术项目产品组合赊销的有效集，有效集在（$\overline{R_i}$，σ_p）平面上的轨迹称为新兴技术项目产品组合赊销的有效边界，见图 9–8。

综上所述，新兴技术项目企业可以根据自身的风险承受能力或者对组合赊销收益的期望，在组合赊销的有效边界上选择新兴技术项目产品赊销的组合方案，并据此确定每一赊销客户的赊销比例。

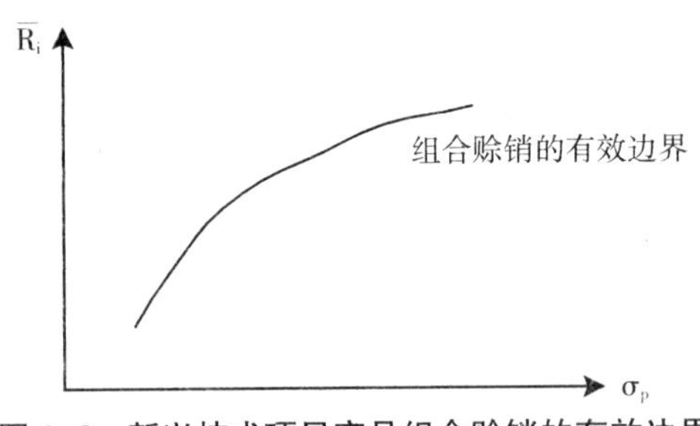

图 9-8 新兴技术项目产品组合赊销的有效边界

9.5 赊销客户的信用档案的建立

赊销客户的信用信息是产品赊销风险管理的基础和依据，产品赊销风险管理的前提是建立赊销客户的信用档案，这一点对新兴技术项目企业尤为重要。赊销客户信用档案的建立有利于新兴技术项目企业动态管理其产品赊销客户的信用状态，及时跟踪赊销客户的信用变化，进而实现对现有的项目产品赊销政策进行及时和合理的调整。

9.5.1 赊销客户的调查

赊销客户的调查是产品赊销信用管理的基础，赊销客户的信用档案是基于对产品赊销客户的资信调查。只有获得了充分的客户信息，企业才能对赊销客户做出正确的产品赊销决策。

由于赊销客户的信息调查需要耗费大量的人力物力，对于一般中小型新兴技术项目企业而言，没有必要也没有时间耗费较多的财力和物力对所有的赊销客户都进行详细调查[①]。特别是对一些小额度的赊销客户，通常只需关注其历史的信用记录。对于老赊销客户而言，由于长期的交往，建立其信用档案十分方便，但对于大额度的赊销新客户，信息调查就特别重要。

---

① 一般中小型私营企业、个体户、承包经营单位的信用状况通常不乐观，其对外提供的各种数据也不尽可靠，对这类客户中的大多数很难得到真实的调查结果。另外，如果行业的竞争较激烈，则赊销客户的信用状况可能出现较大的波动。

可以通过多种渠道对拟赊销的新客户进行调查，见图 9–9。

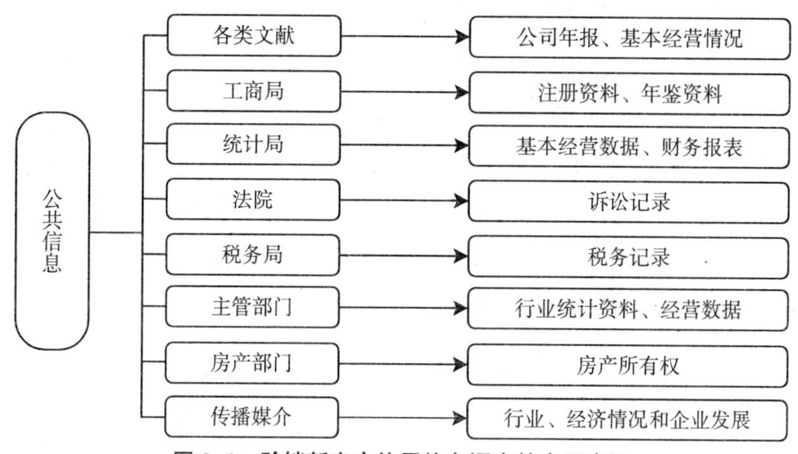

图 9–9　赊销新客户信用信息调查的主要来源

通过不同渠道和不同侧面搜集赊销新客户的信用信息并进行归档处理后，即可形成赊销新客户的信用信息档案。信用信息档案主要包括赊销客户的基本信息、信用信息、管理组织信息、市场能力及财务信息和历史记录等。

9.5.2　赊销客户的信息

1. 赊销客户的基本信息

包括赊销客户的名称、所有制性质、法人代表、地址、注册资金、经营范围和经营方式等 15 个数据项。其中比较重要的有：

（1）赊销客户的名称。

（2）赊销客户的地址。

（3）法人代表。

（4）经济性质。

（5）赊销客户的行业及经营范围[①]。

（6）赊销客户的公司成立时间[②]。

（7）赊销客户的规模。

① 不同行业的发展前景差异较大，一些处于停顿、静止状态的行业，赊销客户身处其中不可避免将受到影响。如果新兴技术行业处于发展期，则容易对赊销客户的发展前景做出判断。

② 通过成立时间，可以了解到该赊销客户是否已渡过了艰难的创业时期（一般可大致考虑为三年），赊销客户如已渡过这个阶段并生存下来，则说明其已在市场上占有一席之地，具有相应的市场竞争能力。

（8）赊销客户的注册资本。

（9）赊销客户最近的财务信息。

此外，注册机关注册号码和注册日期等相关信息组成的注册记录也是赊销客户是否合法存在和合法经营的最重要依据。

2. 赊销客户的信用信息

随着我国社会信用体系的建设和完善，可以通过多种渠道（如工商管理部门、银行等）获取赊销客户的信用信息。在银行资信调查方面，还需要调查赊销客户是否有为其他公司担保的行为、是否已将固定资产或存货等流动资产进行了抵押等。

3. 赊销客户的管理组织信息

在工商税务等部门可以方便地获得包括赊销客户的股东结构（持股比例和实收资本等）、管理组织结构（赊销客户内部的管理结构、职能部门的划分等）、附属机构及主要管理人员的背景等信息。

4. 赊销客户的市场能力及财务信息

调查的内容应包括以下两个方面：

（1）赊销客户的市场能力①调查（包括该赊销客户在行业内的竞争力和市场开拓能力，可以通过该客户经营的新兴技术项目产品的市场占有率和增长趋势来衡量）。

（2）赊销客户的财务状况调查（包括短期和长期的偿债能力、应付和应收账款以及存货情况等）。

5. 赊销的历史记录

历史赊销信息可以体现赊销客户的付款能力及付款意愿，需要从以下三个方面进行调查：

（1）订货量。

（2）回款期。

（3）赊销信用记录（指通过对赊销客户的交易（付款）行为的记录和考查，了解客户的赊销信用水平，主要依赖于企业与赊销客户的历史交易经验）。

在现实中，相当部分的赊销客户发生货款拖欠的行为不是因为其财务状况紧

---

① 此处所谓赊销客户的市场能力包括其持续经营的能力和市场开拓的能力。

张，而是由于其不守信的付款习惯，随意拖延付款[①]。统计表明，拖延付款的赊销客户大致可分成四类：

第一，无意的拖欠。该类赊销客户的资金一旦回笼即可马上付款。如果这类赊销客户未按时付款的原因确实是因为资金临时的周转问题，企业可适当调整回款期。

第二，习惯性拖欠。应关注这类赊销客户，在临近货款到期日时，企业就应该提示甚至开始采取催收行动。

第三，故意拖欠。这类客户的赊销信用差，会明显地加大企业的赊销成本，应进入企业的赊销黑名单。

第四，恶意拖欠。这类赊销客户通常无与企业继续合作的意愿，不顾及信用交易对方的利益。特别是当他们占用一部分货款后，通常会以此为条件，要求更大的赊销额度。企业可以通过开始的小额赊销业务记录筛掉他们。这类赊销客户应打入企业的赊销黑名单。

6. 建立赊销客户的信用信息档案

上述调查结果将形成赊销客户的信用信息档案，该档案可以为新兴技术项目企业进一步的赊销风险评价、赊销客户的选取以及赊销额度及期限的决策提供依据。除此以外，新兴技术项目企业应该注意更新赊销客户的信用档案以保证信息的准确性、真实性与及时性。

9.6　产品赊销风险管理的组织与流程

9.6.1　产品赊销风险管理的组织架构

产品赊销风险管理的组织机构是指与整个产品赊销流程相关的管理和组织结构。由于新兴技术项目企业面临极大的产品赊销风险，因此，在有条件的情况下，企业应当成立专门的工作小组来负责整个产品赊销流程的审定和修改，小组

① 事实上是占用了企业的资金。

负责人应由主管财务的副总来担当。同时，还必须明确产品赊销风险管理部门的构成、工作范围、权责界定以及与其他相关部门的权责界定[①]。

特别需要指出的是，产品赊销是一把“双刃剑”，销售部门为了增加其销售的业绩和抢占市场，可能盲目扩增产品赊销的规模，给财务部门带了巨大的财务压力。另外，赊销的应收账款追讨也是企业面临的棘手问题。因此，这一矛盾促使有条件的新兴技术项目企业应该建立专门的产品赊销风险管理部门[②]对产品赊销进行全方位的管理。

本节结合企业的实践，对新兴技术项目企业的产品赊销风险管理部门的组织结构进行了架构，该架构也适用于一般企业的产品赊销风险管理，见图 9-10。

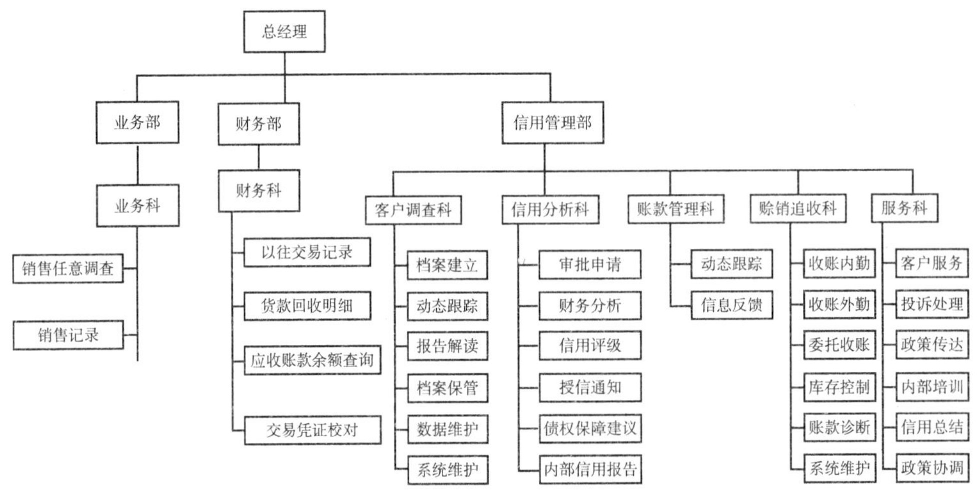

图 9-10　新兴技术项目产品赊销风险管理的组织结构

根据前面对产品赊销风险管理过程的分析，产品赊销风险的管理过程可以划分为事前控制、事中控制和事后控制三个阶段。对有条件的新兴技术项目企业，可以设置客户调查科、信用分析科作为实施事前控制的部门；实施事中控制的部门包括账款管理科、业务科；实施事后控制的部门包括赊销追收科、财务科。

---

① 应明确赊销风险管理部门的地位、与其他部门的关系以及常规和特别情况下的授权界定。

② 在一般企业中，负责赊销风险管理的部门通常称为“信用管理部”。

9.6.2　赊销风险管理的流程

以下从赊销客户调查、赊销客户的信用分析、赊销的账款管理、账款追收四个方面构建新兴技术项目产品赊销风险管理的流程。

1. 赊销客户的调查

新兴技术项目产品赊销风险管理实施的第一步就是对赊销客户进行调查，建立新老赊销客户的信用档案（详见 9.5 节）和赊销客户的信用信息数据库。对赊销客户调查所获得的原始数据是下一步赊销客户信用分析的基础资料。具体工作流程，见图 9–11。

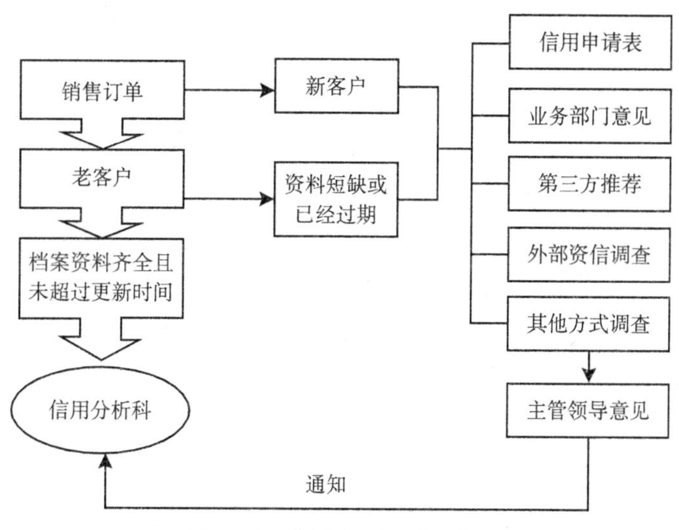

图 9–11　赊销客户的调查流程

2. 赊销客户的信用分析

根据赊销客户调查收集的原始资料，对赊销客户的信用状态进行定量分析，赊销客户信用分析的具体步骤，见图 9–12。

3. 赊销的账款管理

账款管理部门的主要职能是当一笔赊销产品的应收账款刚过偿付期时，即应该及时地向赊销客户发送一份拖欠通知单和一份原始凭证发票的副件。如果赊销客户不及时偿付拖欠的账款，可再向其发送收取利息和额外手续费的通知。如果赊销客户仍继续拖欠账款，则可削减其信用限额或拒绝提供信用，必要时请有关

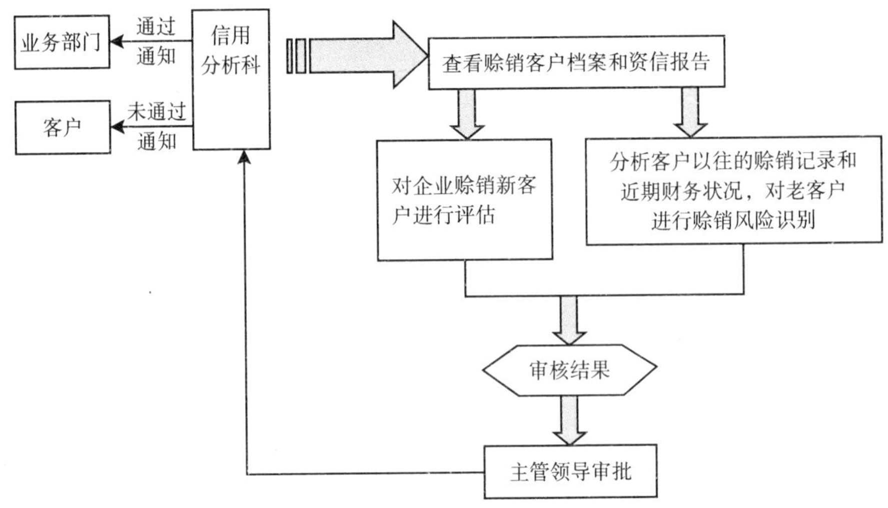

图 9-12　赊销客户信用分析的流程

部门仲裁或诉讼等。此外，针对赊销客户不同的账款拖欠行为，企业还可以通过电话、去信、去函、派人登门收取等方式循序渐进的追收账款，见图 9-13。

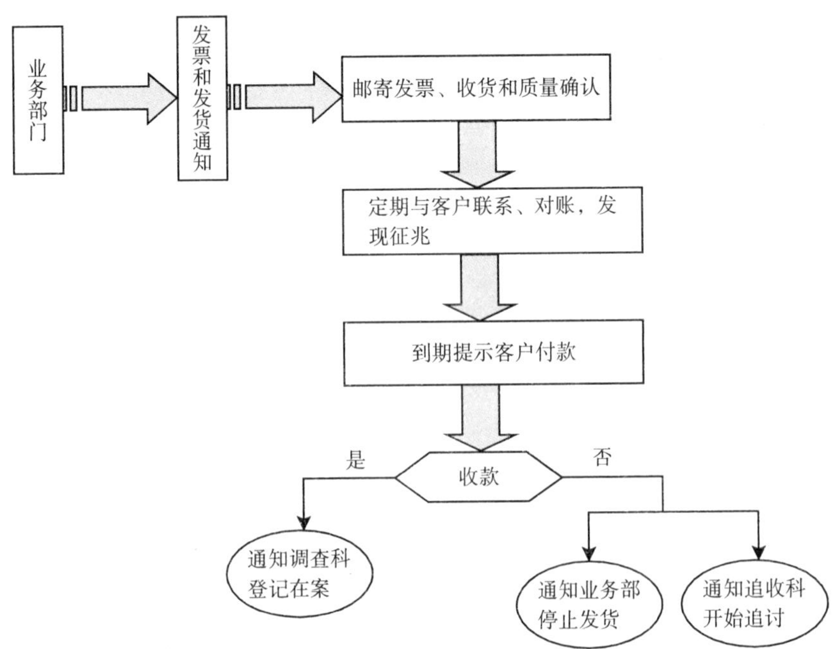

图 9-13　新兴技术项目产品赊销的账款管理流程

4. 账款追收

无论采取什么样的收账政策，都有费用发生。一般说，收账费用越大，收账措施越得力，收回的账款越多，坏账损失就越小。因此，确定收账策略时，要在收账费用和由此减少的坏账损失之间进行比较，权衡利弊。有时可计算出一个适当的临界点，作为制定收账政策的依据。当预计发生的收款费用低于临界点时，可坚持回收账款，当预计发生的费用高于临界点时，则可以将该笔账款作为坏账损失注销，同时，终止向对方提供赊销。

9.6.3　新兴技术项目产品的赊销风险管理是一项复杂的系统工程[①]

从涉及的部门来看，除了产品赊销风险管理部门以外，还与财务部门、市场部门、销售部门、生产部门甚至采购部门都有千丝万缕的联系。因而，产品赊销风险管理必须充分调动相关人员特别是赊销经理[②]的积极性。赊销经理是企业中少数工作责任大于工作职权的人员。因此，赊销经理应满足以下一些基本素质：

（1）熟练使用各种赊销技术，掌握新兴技术行业内竞争对手的情况。

（2）处理好产品赊销客户的服务工作，提高产品赊销风险管理部门的员工素质。

（3）拥有较强的账款追收能力，能够根据产品赊销客户的变化及时调整产品的赊销政策[③]。

总之，新兴技术项目产品赊销风险管理是技术和艺术的结合体。在管理过程中，信息调查人员要完成收集和录入产品赊销客户的相关信息；信息分析人员要能够运用各种分析技术和方法，掌握产品赊销客户的信用状态；赊销经理能够根据前一段赊销情况，及时采取政策措施实施企业的产品赊销战略，并对企业的产品赊销政策进行适时的调整。

最后，表 9-1 列出了新兴技术项目产品赊销风险管理人员所应该具备的基本素质。

---

① 对于很多企业来说赊销风险管理的成本很高，尤其对中小型新兴技术企业而言，严格的赊销风险管理几乎是不可能的，所以我国应该大力培育和发展第三方信用调查和评价机构，尽快构建和完善社会信用体系。

② 赊销经理指企业信用管理部经理，亦可称“信用经理”。

③ “赊销政策”又称“信用政策”。

表 9-1 新兴技术项目产品赊销风险管理人员的素质

	基本素质	优秀素质
赊销经理（信用管理部经理）	熟悉业务流程，掌握新兴技术项目产品的技术特征和市场竞争状况，具备独立判断分析能力和组织协调能力	能根据前一段赊销情况采取及时的政策措施以实施产品的赊销战略，并对产品赊销政策进行适时的调整
信息调查人员	收集产品赊销客户信息，完成信息的录入	
信息分析人员	运用各种分析技术，掌握产品赊销客户的信用状态	
账款管理人员	具有良好的沟通能力	
追账人员	具有良好的沟通能力和坚强的毅力	
赊销客户服务人员	具有良好的沟通能力	

9.7 新兴技术项目产品赊销政策的制定

赊销政策是指导产品赊销风险管理部门乃至整个产品赊销流程的纲领性文件，也是新兴技术项目企业价格战略的重要部分。图 9-14 展示了新兴技术项目产品赊销政策的构建框架和主要内容。

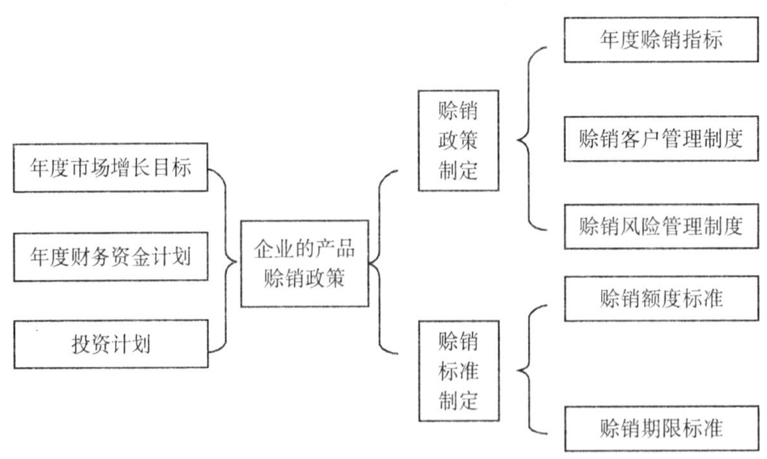

图 9-14 新兴技术项目产品赊销政策的内涵

9.7.1 新兴技术项目产品赊销政策制定的依据

1. 宏观经济因素的影响

对任何企业而言，宏观经济状况很大程度上决定了产品赊销政策的基调，赊销政策的“松”和“紧”与宏观经济状况直接联系。在宏观经济状况向好的情况下，资金获取的成本较低、融资渠道畅通，企业对现金流的依赖程度相对较低，产品赊销政策相对宽松。同时由于赊销客户获得资金的途径也较为多样化，形成呆坏账的风险也较低①；反之，当宏观经济环境不好时，伴随着高利率、高通货膨胀率以及经济增长放缓，企业的融资难度、融资成本以及对现金流的依赖度均加大，同时，应收账款的呆坏账风险也增大，产品赊销的政策必须收紧②。新兴技术项目的产品也具有类似的特征。

2. 产品的市场环境

新兴技术项目产品的市场环境对产品赊销的政策有决定性的影响。如果新兴技术项目产品是初次投入市场且产品的市场竞争力很强，则可以采用较为宽松的产品赊销政策。但如果新兴技术项目企业本身处于成长初期，且产品的市场竞争力较弱，则应该采用较为严格的产品赊销政策。另外，如果赊销客户的主营业务属于非新兴技术行业或是新进入新兴技术行业的，其资信水平③、季节性④、赊销客户的集中度⑤、逾期账款回收成本、利润率⑥ 等因素也会影响新兴技术项目产

---

① 例如，2003 年银行利率下降到历史低点，此时资金获取成本极低，固定资产投资增长比例达到 67%，此时企业应该适当放松赊销政策，迅速扩大销售规模和抢占市场份额。

② 例如，1987 年银行利率达到历史高点，当时物资短缺，通货膨胀率居高不下，此时企业纷纷紧缩产品赊销政策，普遍采取现款现货方式进行交易。当时企业经营的重心已从扩大市场份额转为降低经营风险，维护自身既得的利益。

③ 如果赊销客户的主业所处行业具有较高的资信水平或新进入新兴技术行业的赊销客户的资信水平较高，则产品赊销风险较小，可考虑较宽松的产品赊销政策。如珠宝首饰行业，全行业资信水平较高，宽松的产品赊销政策有利于其扩大市场份额又不容易产生高风险的应收账款。

④ 赊销客户主业所处的行业如果是季节性很强的行业，则销售和采购的波动性一般较大，其现金流量不稳定，这可能导致回款不及时和坏账产生，因此，应采用偏紧的产品赊销政策；反之，则应采用较宽松的产品赊销政策。

⑤ 如果赊销客户的分散度高，则适合偏紧的赊销政策，因为客户分散度高必然导致逾期应收账款的回收成本高；反之，可采用适度宽松的赊销政策。由于新兴技术行业的产品赊销客户通常集中度较高，意味着整个行业的竞争激烈，适度宽松的产品赊销政策有利于其扩大市场份额，但收款成本较大。

⑥ 如果赊销客户的主业所处的行业利润率较高，则可以采用较为宽松的产品赊销政策，因为赊销客户的现金流有保障，违约和逾期的可能性相对较小，宽松的赊销政策有利于新兴技术项目产品扩大销售规模，获取更大的市场份额。

品赊销政策的制定。

3. 市场战略和库存水平

新兴技术项目企业的市场战略通常是进攻型的，为了快速获取大量销售订单，尽快进入新的领域或区域，必然会放宽产品赊销的政策；反之，当新兴技术项目企业采用的是收缩或防守型的市场战略时，则应该收紧赊销政策，加强应收账款的催收力度。如果新兴技术项目产品的市场接受度不高或者市场竞争度较强，则该类产品通常处于买方市场；相应地，产品的存货水平通常较高。为了降低存货，提高存货周转率，企业将放宽产品赊销的政策；反之，如果新兴技术项目产品是紧俏商品，处于卖方市场，则产品的存货水平较低，为了避免供应不足，企业可以收紧产品赊销的政策，及时回笼资金用于新产品的研发或扩大生产规模。

4. 赊销客户的信用状况

包括赊销客户合法身份的确认、赊销客户定性和定量的信用评估结果、历史赊销记录等。赊销客户的信用状况是赊销客户信用等级评定和赊销额度确定的基础。赊销客户的信用状况可以较完整地描绘出新兴技术项目产品的市场状况和产品赊销客户群的主要特征，企业可以根据产品赊销客户的群体特征来制定相应的产品赊销政策①。

9.7.2 产品赊销政策的制定

如上面的分析，新兴技术项目企业应根据不同的“松紧度”来确定产品的赊销政策，赊销政策的松紧度一般可分为四种类型：宽松型、较宽松型、紧缩型和平衡型。赊销政策的制定应该兼顾内部和外部两方面的因素，内部因素除前面所述的新兴技术项目企业采用的市场战略、产品库存水平外，还包括新兴技术项目产品的生命周期、产品的垄断性、企业自身的实力和规模等。外部因素除新兴技术项目产品的特征外，还包括产品市场的竞争程度、竞争对手的产品赊销政策等。各种因素对产品赊销政策的影响程度也不尽相同。

---

① 在赊销客户信用等级较高的情况下，可以放宽赊销政策以扩大赊销规模，扩大市场份额；反之，在赊销客户信用等级较低的情况下，应压缩赊销规模，收紧赊销政策以减少应收账款，同时加快应收账款的回笼。

1. 宽松型赊销政策的主要影响因素

(1) 存货过多，产品的利润高、产品新、市场新等。

(2) 追求快速增长，扩大市场份额。

(3) 整体经济环境好，收账容易，自有资金充裕。

(4) 由于竞争激烈，企业普遍给予赊销。

(5) 主流赊销客户是高价值的核心客户群体。

2. 紧缩型赊销政策的主要影响因素

(1) 供应短缺 / 需求旺盛、微利。

(2) 追求一般性增长，维持市场份额。

(3) 内外经济环境不佳，收账困难；自有资金紧张。

(4) 新兴技术项目产品是紧俏商品。

(5) 主流赊销客户是非高价值的客户群体，为企业带来的赊销价值不高。

9.7.3 赊销的标准

赊销标准是指企业对赊销客户信用要求的最低标准。赊销标准的制定要考虑市场环境和新兴技术项目企业自身的资金状况。赊销对象一旦确定，则销售规模、应收账款规模和销售成本随之确定。

在严格的赊销标准下，企业可能将一些潜在的赊销客户排除在外，将这部分客户推到竞争对手那边；反之，在宽松的赊销标准下，虽然可以实现较高的账面销售收入，但同时带来大量的应收账款，增加赊销成本和赊销风险。由于赊销标准同时涉及收入和风险两个方面，可能影响到新兴技术项目企业的生存和持续发展，因此，企业必须在对收入和风险进行权衡的基础上慎重确定赊销标准。同时，还应该根据行业以及新兴技术项目产品的市场变化不断地修订赊销标准。当应收账款持有成本高于所获得的销售毛利时，即赊销标准的边际收益率为负，应该适当地调高赊销客户的信用标准；反之，应调低赊销客户的信用标准。换言之，赊销标准的制定和调整的目的是为了达到收益和风险的平衡。

赊销标准是赊销政策的具体化，是确定赊销客户群的主要依据。由于新兴技术项目企业的现金流总是紧张的，因此，企业开展产品赊销业务时，特别应该控制两项重要的指标：一项是赊销额度，另一项是赊销期限，两者相辅相成，共同起作用。根据实践经验，原则上，赊销客户的应收账款余额不应超过企业给予该赊销客户的赊销额度，回款的时间不能超过赊销期限。当同时满足这两项条件时，才能认为该笔应收账款是相对安全的。因此，新兴技术项目产品赊销风险管理的难点之一是如何相对准确地确定具体赊销客户的赊销额度和赊销期限，这也是一般企业赊销风险管理的难点。

1. 赊销条件

赊销条件是生产企业与赊销客户之间规定如何偿还付款的合同，主要由赊销期限和现金折扣两个要素组成。一般用 N/n 的形式表示产品的赊销条件，以表达不同的产品赊销期限和现金折扣政策。赊销条件在各行业中一般作为惯例存在，新兴技术行业也不例外。以下是几种常见的基本赊销条件：

（1）预收货款。预收货款是最安全的回款方式，广泛运用于快餐业、零售业等。就新兴技术项目企业而言，对于信用较差的赊销客户可采用这种回款方式[①]。

（2）货到付款。

（3）标准赊销条件。标准的赊销条件通常表示为 N/n，指从发票开出之日起，货款在 n 天内付清。

（4）折扣条件。折扣条件通常可以表示为 r/n。如果赊销客户在开出发票后的 n 天内付款，可以获得 r%的折扣，否则全额付款。

（5）带有下月标志的赊销条件。带有下月标志的赊销条件通常可以表示为 r%/mth，Prox/Netn。即发票开出日期在本月末之前的，应该在下月某日之前支付。例如，本月内开出的发票，在下月 m 日之前付款将得到 r%的折扣，否则全额付款，且应在下月 n 日之前付清全部货款[②]。

（6）季节性延期。季节性延期通常可以表示为 ExtraM，其中 ExtraM 的意思是从发票开出之日起 M 天后开始计算时间[③]。例如，对于与新兴技术项目产品相关的季节性用品或节日用品，货款到期日通常可以安排在赊销客户的销售旺季附近。

（7）信用证规定的付款条件。信用证规定的付款条件指采用信用证结算方式保证货款回收，但回收时间要依照信用证的相关规定。

---

① 该赊销条件实际上没有给予赊销客户任何的信用。

② 这种赊销条件有利于批量处理货款回收，减少管理费用，但回收期限较长。

③ 尽管季节性延期使赊销客户的付款时间更长，但企业因赊销客户早日做出购买决策而受益，且企业减少了存货占用的时间，降低了存货成本。

2. 赊销期限

赊销条件的构成要素之一是赊销的期限，赊销期限是企业允许赊销客户从购货到付款之间的时间。赊销期限的确定是通过对不同的销售方案进行分析比较而得出，其对应收账款的发生和管理有明显影响。如某一新兴技术项目产品要求赊销客户 30 天内付款，则赊销期为 30 天。赊销期的长短将直接影响企业的利润，赊销期过短，不足以吸引赊销客户，竞争中会使企业的整体销售额下降；反之，赊销期过长，可能增加收账费用与坏账损失。如果企业只顾及销售的增长而盲目放宽赊销期，所得收益可能被增大的赊销风险和收账费用抵消，最终利润减少。因此，确定理想的赊销期限对新兴技术项目企业来说至关重要，必须慎重对待。

较长的赊销期限，意味着给赊销客户更加优惠的赊销条件和更长的未清偿账款的平均周转天数，从而刺激赊销客户的购买行为，扩大产品的市场份额，但同时也带来更高的应收账款持有成本；反之，较短的赊销期限虽然可以减少应收账款的持有成本，但直接影响到产品的销售规模，并加大库存压力。企业的发展速度一旦跟不上产品市场的扩张速度，则产品可能过时或被同行赶超。因此，新兴技术项目企业确定合理赊销期限的实质是寻求损益平衡点。

一般采用增量分析法确定赊销期限，即分析改变现行赊销期对企业收入和成本的影响。例如，如果延长赊销期，一方面会使企业的销售额和收益增加；另一方面，应收账款的增加将造成应收账款占用资金的应计利息增加，同时收账费用和坏账损失也会增加。由于增加的费用和损失将改变产品赊销期的净损益，因此，对新兴技术项目企业而言，当净损益大于零时，可以考虑延长赊销期，否则不宜延长；反之，如果缩短赊销期限，则情况与之相反①。

由于新兴技术项目企业的资金通常较为紧缺，资本留存较少。如果没有额外的资本收入来源，则企业可以依据边际效益理论来确定赊销期限，即通过分析赊销单位变动所引起的边际利润与边际成本变化之间的关系来确定赊销期限。如果用 $\Delta\pi$ 表示赊销带来的边际利润，ΔR 表示赊销带来的边际收益，ΔC 表示赊销带来的边际成本，则有：

$$\Delta\pi = \Delta R - \Delta C \tag{9-21}$$

① 此处对赊销期限的分析方法较简略，但可以满足一般制定赊销政策的需要。如有必要，还可进行更详细的分析，如考虑赊销期内因为提前付款给予的现金折扣造成的收入和成本的变化等。

根据式（9–21），新兴技术项目产品的赊销期限必须使赊销带来的边际利润 $\Delta\pi>0$，在此基础上，再根据边际利润 $\Delta\pi$ 的变化动态地调整赊销期限。例如，如果赊销到期后，继续延长赊销，仍然能保证 $\Delta\pi>0$，则可以适当延长赊销期限；反之，应缩短赊销期限。如果赊销还未到期，但由于产品市场的变化，使得 $\Delta\pi\leqslant 0$，则应该提前中止赊销期限，向客户追账。

3. 现金折扣

现金折扣是为了鼓励赊销客户尽快还款而给予赊销客户价款上的优惠。现金折扣通常与赊销期限结合使用，纳入延期付款时间的安排中。由于现金折扣可以起到促使赊销客户提前还款的作用，因此，现金折扣通常会给企业带来一定的收益，但增加了价格折扣所造成损失的成本。现金折扣的计算公式如下：

现金折扣的成本 = 折扣百分比/(1 – 折扣百分比) × 360/(赊销期 – 折扣期)

由上述公式可以看出，现金折扣的实际成本随折扣的增加而变大，随赊销期限的临近而变小。对新兴技术项目产品的生产企业而言，有时为了促使赊销客户能够提前还款，在一定的赊销期限内可以给予赊销客户一定的现金折扣。延期和现金折扣的确定方法是通过比较多种延期和折扣的方案所获得的收益增量以及成本变化，确定出最佳的延期和折扣方案。

4. 赊销额度

赊销额度是企业给予赊销客户的最高赊销限额。老客户的赊销限额可根据以往赊销记录和近期财务状况及信用等级来确定，新客户的赊销额度则应该依据抵押品和客户的财务状况而定。例如，可以根据客户流动资产或有形资产净值的一定比例来确定。

对新兴技术项目企业而言，特别需要定期和不定期审查其赊销客户的赊销限额，对于付款记录良好或信用等级提高，可提高其产品赊销的限额，以鼓励其扩大对产品的订货量；反之，对于付款出现问题或者信用等级下降的赊销客户，应降低其产品赊销的限额或中止其继续享用现行的赊销条件。

一般来讲，确定客户赊销额度的职能属于企业信用管理部的信用经理或专业信用分析人员，没有信用管理职能的中小型新兴技术项目企业可以由销售管理经理代管，但相关人员应掌握确定赊销额度的方法和经验。

赊销额度的确定主要有三种方法：信用等级法、营运资产法和销售量法。

（1）信用等级法。信用等级法是以赊销客户的信用评价等级为基础，以赊销

客户的信用评级结果①来制定赊销客户的赊销标准②。国际上较为通常的做法是利用信用等级评估表来确定赊销客户的信用等级，见表 9-2。

表 9-2　赊销客户信用等级评估③

信用等级	释义	说　明
AAA	信用优秀	具有极强的偿债能力，债权人没有风险
AA	信用优良	具有很强的偿债能力，债权人基本没有风险
A	信用较好	债务人偿债能力较强，经赊销政策保护，债权人风险较低
BBB	信用一般	盈利水平一般，短期债务支付能力和长期债务偿还能力一般；经营处于良性循环状态；但未来经营与发展易受内外部不确定因素的影响
BB	信用欠佳	盈利水平略低；短期债务支付能力和长期债务偿还能力尚可；经营处于正常状态
B	信用较差	盈利水平相对较差；短期债务支付能力和长期债务偿还能力不足，有一定风险
CCC	信用很差	盈利水平较差；短期债务支付能力和长期债务偿还能力不足，有较大风险
CC	信用极差	盈利水平很差，甚至出现亏损；短期债务支付能力和长期债务偿还能力严重不足
C	没有信用	经常出现亏损；短期债务支付困难，长期债务偿还能力极差；企业经营状况一直不好，基本处于恶性循环状态
D	没有信用	信用的最低级别；毫无经营能力、资不抵债、亏损非常严重，属于破产企业

在实际操作中，新兴技术项目企业可以简化授信过程或者根据企业自身收集的赊销历史数据对赊销份额进行估计。如某新兴技术项目产品的赊销客户信用等级与其付款概率之间的对应关系：

1）A 级赊销客户：付款概率 90%以上，可提供 90%及以上的赊销。

2）B 级赊销客户：付款概率 70%以上，赊销比例不高于 70%。

3）C 级赊销客户：付款概率仅为 50%，一般不提供赊销。

4）D 级赊销客户：不提供赊销。

（2）营运资产法。营运资产法是以产品赊销客户的最大负债能力为最大限额，并在此基础上进行修订的一类计算方法，其基本内容是考察赊销客户的偿债能力。例如，可以采用第 8 章所述的模糊聚类算法，将赊销客户分为 5 个赊销风险等级，按照不同的风险等级可以制定相应的赊销额度，见表 9-3。

本书根据产品赊销风险管理的实践，将营运资产和赊销风险评价值加以综合

---

① 信用评级方法可参照第 8 章的方法，由赊销风险管理部门进行自主评级，也可以直接援用外部信用评级。

② 通常根据赊销客户的信用等级并结合企业的自身状况，确定产品的赊销额度。

③ 刘国强. 企业赊销客户选择与赊销风险管理研究［D］. 电子科技大学，2009.

表 9-3　赊销客户的赊销风险等级对应的赊销额度

赊销风险等级	含义	赊销额度
Ⅰ	客户信用很好	给予全额赊销
Ⅱ	客户信用较好	给予部分赊销
Ⅲ	客户信用一般	给予有条件的赊销
Ⅳ	客户信用稍差	给予少量赊销
Ⅴ	客户信用较差	不赊销

考虑，由此计算赊销客户的产品赊销限额，计算公式如下：

赊销额度 = 营运资产 × 企业赊销风险修正系数　　　　(9-22)

其中，计算赊销额度的关键是确定产品赊销风险的修正系数。这是一个经验性数值，由赊销风险管理方面的专家在大量经验基础上得出。不同赊销风险等级的赊销客户的赊销风险修正系数，见表 9-4。

表 9-4　赊销风险修正系数

赊销风险等级	修正系数
Ⅰ	100%
Ⅱ	80%
Ⅲ	50%
Ⅳ	10%
Ⅴ	0

表 9-4 表明，属于Ⅰ级赊销风险的赊销客户，可以给予产品赊销比例的 100%；对Ⅱ级赊销风险的赊销客户，应给予产品赊销比例的 80%，以此类推。

（3）销售量法。销售量法是根据赊销客户以往的订货量和订货周期来确定赊销额度的一类方法。该方法首先要确定赊销客户的赊销限额（赊销额度的上限），赊销限额的计算公式是：

赊销限额 = 季度订货量 × 赊销期限/90　　　　(9-23)

在此基础上，根据赊销客户的赊销风险等级对赊销额度进行修正，修正系数同表 9-4。赊销额度的计算公式如下：

赊销额度 = 赊销限额 × 企业赊销风险修正系数　　　　(9-24)

9.8　新兴技术项目产品赊销风险管理的架构

要保证赊销政策的有效实施和产品赊销风险管理组织机构之间的协同运作，还必须搭建规范的产品赊销风险管理的架构，该架构覆盖了产品赊销所涉及的各个环节。根据产品赊销风险管理的实践经验，建议新兴技术项目产品的赊销风险管理按照以下管理架构实施，见图 9-15。

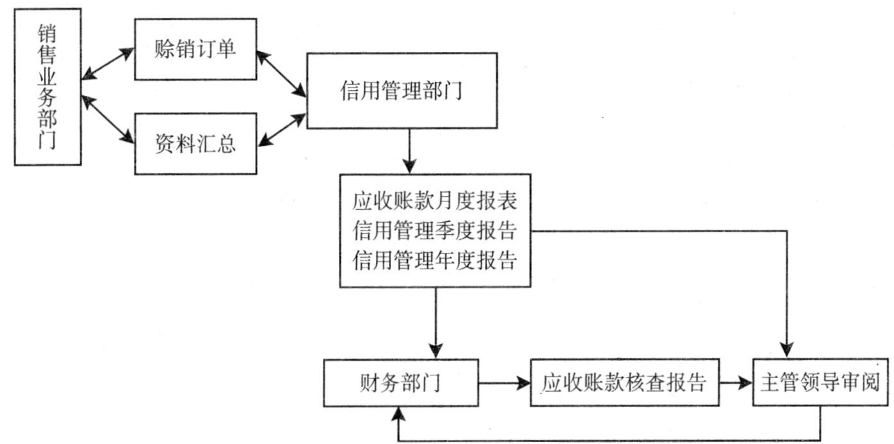

图 9-15　新兴技术项目产品的赊销风险管理架构

9.9　本章小结

随着市场经济的不断深入发展，产品赊销已成为市场经济发展的必然产物。本章的内容进一步丰富和完善了新兴技术项目企业的产品赊销风险管理理论，主要结果归纳如下：

（1）在对新兴技术项目企业的应收账款持有量与赊销信用成本的关系进行深入探讨的基础上，从理论上给出了最优应收账款持有量和最低赊销信用成本的一般解析表达式。

(2) 提出经风险调整后的产品赊销收益 (RARCS) 的概念及其计算方法，并讨论了新兴技术项目企业为防备由赊销风险引发的非预期损失应留存的赊销风险资本 (CCSR)，建立了经风险调整后的赊销风险资本收益 (CS-RROC) 模型，使新兴技术项目企业的赊销收益与其应承受的风险相匹配，同时通过算例给出 CC-SR 和 CS-RROC 的计算过程。由于考虑了赊销的非预期损失，不仅使新兴技术项目企业在进行赊销活动时将赊销收益与赊销风险匹配起来，而且可以通过 CS-RROC 模型，衡量新兴技术项目企业为每笔产品赊销业务的潜在损失而预留的赊销风险资本的收益情况。

(3) 应用 RARCS 和马克维茨的组合理论，建立了确定产品组合赊销最优比例的优化模型。该模型为新兴技术项目企业根据自身风险承受的能力和对产品赊销收益的期望以及如何选择最优的产品赊销组合方案提供了理论支撑。

(4) 探讨了新兴技术项目产品的赊销风险管理体系的架构。首先，讨论了赊销客户信用档案的建立；其次，介绍了产品赊销风险管理的组织结构以及赊销风险管理人员需要具备的各项素质；再次，阐释了赊销政策的内涵、类型和影响因素，重点介绍了赊销标准的主要组成部分；最后，构架了新兴技术项目产品赊销风险的管理架构。

由于市场竞争或消费者对新兴技术项目产品的认可存在滞后性，新兴技术项目企业不得不接受以信用作为付款承诺的结算方式，即产品的赊销。与此同时，产品赊销的风险管理已成为影响和制约新兴技术项目企业发展的“瓶颈”问题。

由于每个新兴技术项目企业自身的组织结构、管理文化和战略发展的差异，因此，本章所述的产品赊销风险管理的实践未必完全适合每一款新兴技术项目产品。但其中的主要思路覆盖了一般产品赊销风险管理的主要环节和关键之处，新兴技术项目企业可根据自身情况制定相应的赊销风险管理制度。

本章是在笔者对一般企业赊销风险管理研究的基础上①，针对新兴技术项目企业展开的讨论，讨论结果不仅适用于新兴技术项目企业，也适用于一般企业的产品赊销管理。由于新兴技术项目产品面对市场的赊销是新兴技术项目企业的普

① 周宗放，刘国强，肖珉. 企业赊销风险评价与管理 [M]. 北京：经济科学出版社，2011.

遍选择，因此，本章的讨论对新兴技术项目企业而言，具有更重要的现实意义。本章不仅讨论了新兴技术项目企业如何控制赊销成本和“赊销风险资本”的确定方法，而且对新兴技术项目企业的赊销风险评价、赊销客户的甄选、赊销信用政策的制定以及赊销风险管理的绩效考核等均有一定的参考意义。

第 10 章　新兴技术项目产品的服务代理商选择

10.1　引　言

进入 21 世纪，以生产为重心的传统经营观点正在发生改变，服务越来越受到厂商的重视。一些著名厂商认为，21 世纪将是服务的时代，并纷纷调整厂商的发展战略。目前，服务创造价值的经营理念已经在我国许多行业或厂商得到了体现。另外，服务是有成本的，只有当服务的成本小于服务所创造的价值时[①]，厂商才会从所提供的服务中获得收益。

在现代科学技术迅猛发展的时代，新兴技术项目产品面临变化多端的市场环境，对新兴技术项目企业的决策能力、应变能力、创新能力都提出了更高的要求。一方面，新兴技术项目产品推向市场之后，由于技术不完善或者产品使用不当，都可能导致产品的效能不稳定或者发生故障；另一方面，新兴技术项目企业都希望能够将自身有限的精力和资源投入新兴技术的研发和生产上，进一步巩固和发展自身的核心业务。因此，良好的售后服务对促进新兴技术项目企业的可持续发展具有重要的作用。如果服务代理商选择不当，不仅可能导致新兴技术项目失败，而且会给新兴技术项目企业带来极大的损失甚至遭受毁灭性的灾难。由于不同的服务代理商在本质上有很大差别，因此，新兴技术项目企业必然面临如何从众多备选的服务代理商中进行选择的问题。

---

① 服务所创造的价值不仅反映在服务收费上，而且反映在产品的销售、市场竞争力的提升等诸多方面。

服务代理商的选择问题又是（售后）服务能否满足用户需要的关键所在。本章结合作者的前期研究成果[①]，针对新兴技术项目企业，尤其是大型新兴技术元器件和装备生产企业的服务代理商选择问题进行讨论[②]，从服务代理的网点布局和评价两个方面提出了服务代理商的选择方法。本章 10.2 节是对相关基础理论知识的介绍。10.3 节讨论了服务代理网点布局和选址问题，并根据某大型新兴技术装备生产企业的抽样调查数据，利用层次分析法对影响服务代理网点布局的因素赋予权重，并用模糊综合评价方法对多个备选服务代理商进行选择，最终实现该企业服务代理的网点布局。10.4 节首先讨论了服务代理商的定量化评价问题，并基于粗糙集的相关理论构建了“重要”服务代理商评价的定量化指标体系，由此采用模糊综合评价方法实现对服务代理商的定量化评价；其次，讨论了服务代理商的定性化评价问题，提出了基于定性化评价的模糊多属性评价方法；最后，结合定量化和定性化的评价结果，采用模糊 Borda 法对服务代理商进行综合评价。10.5 节是本章小结。

10.2 服务代理商的基本概念

10.2.1 服务代理商的概念与分类

服务代理制是售后服务的一种组织形式，它是指厂商（委托人）委托独立的第三方企业（服务代理商）履行厂商售后服务职责的一种制度安排。代理关系一般是一种长期稳定的合同关系，服务代理商与厂商签订合同，在指定的区域代理厂商的售后服务，不得对与其所代理的服务产品有竞争关系的其他产品进行销售或服务，无权独立制定服务的政策（如产品与服务的价格、折扣等），也不拥有所服务产品的所有权。服务代理商一般由生产厂商（委托人）按服务利润额的百分比支付佣金来运作和获取利润。服务代理制的类型一般有以下三种形式：

---

① 周宗放，任家富. 服务代理商选择与备件备品库存优化研究［M］. 北京：经济科学出版社，2011.

② 由于本书主要针对集项目研发、生产和商业化运作为一身的新兴技术项目企业展开讨论，因此，涉及项目产品售后服务的内容。

第一，根据服务代理权限的大小，可分为独家代理、一般代理和总代理，其中：

独家代理指在约定地区和一定时期内，享有某些指定产品或装备的售后服务专营权。在协议有效期内，厂商的售后服务在该地区只能通过该“独家代理商”提供。

一般代理指在约定地区和一定时期内，不享有对某些指定产品或装备售后服务的专营权。委托人可以在同一市场上同时建立多家代理关系，也可超越代理人直接进行售后服务。

总代理指委托人在指定地区的全权代表，不仅享有指定产品或装备的售后服务专营权，还可以代理委托人从事签约续约、维修维护、备品备件采购等商务活动，而且有权代表委托人从事一些非商业活动。

第二，根据代理的对象不同，可分为产品或装备的维修维护代理、产品或装备的销售代理和备品备件的采购代理等，其中：

维修维护代理指专门对某些产品、装备或互补产品、装备的维修维护代理。代理商可以是单个生产厂商的某一种产品或装备的服务代理商，也可以是同时代理两个或若干个生产厂商同类产品或装备的服务代理商，如汽车生产厂商、家用电器、电脑、玩具等生产厂商的服务代理商。该类服务代理商通常是某一方面的技术专家，在该产品领域具有专门和娴熟的技术，并了解产品或装备的生产流程和产品或装备的特点。

销售代理指代理人根据合同销售某一生产厂商的所有产品或装备，同时提供产品或装备的售后服务。销售代理常常起到生产厂商销售和售后服务部门的补充作用，因此对产品或装备、备品备件的价格以及交易条件等都有一定的影响。

备品备件的采购代理指代理人与委托人有长期合作关系，代其对备品备件进行采购，并为委托人负责备品备件的收货、验货以及储运等商务活动。备品备件的采购代理在很大程度上起到生产厂商供应、库存及物流部门的补充作用，对备品备件的购买价格和交易条件等有一定的影响力。

第三，根据服务代理商的代理范围，可分为指定区域或产品的服务代理和跨区域或多种产品的服务代理，其中：

指定区域或产品的服务代理商通常是一般的服务代理商，负责指定区域内指定产品或装备的售后服务，不能对指定产品或装备以外的其他产品或装备进行售后服务活动，也不能跨区域进行售后服务活动。这类服务代理商一般是经济实力一般，但专业性较强的第三方厂商。

跨区域或多种产品的服务代理指服务代理商可以跨区域对多种产品进行售后服务活动。该类服务代理商一般是具有较强经济实力和技术力量的第三方厂商，是对指定区域售后服务代理的补充。

10.2.2 现代服务代理的基本职能

根据服务代理商的分类，可知现代服务代理商不仅是代理生产厂商的售后服务活动，有的还需要提供备品备件的供应、产品或装备的销售以及信息反馈等服务。现代服务代理商的基本职能包括以下几个方面：

1. 售后服务的代理职能

按照生产厂商售后服务的相关政策和区域范围，履行用户的售后服务职能。该职能包括许多具体的工作，如接受和处理用户的产品维护维修需求、产品或装备的展示、谈判、培训、协助交款及提供财务支持等。

2. 售后服务和备件备品供应职能

这是前述职能的衍生职能，是完成好前述职能的基本保证。对于大部分电子产品或装备而言，服务代理成功的关键因素就是对用户提供良好的售后服务。因此，服务代理商的服务是否到位十分重要。同时，与售后服务相关的备件备品的供应既是用户满意的重要因素，也是生产厂商的重要利润来源。

3. 信息反馈职能

这是服务代理商比较薄弱的职能。生产厂商采取服务代理制，实际上与用户之间产生了一个隔离层，对用户信息的把握通常依赖于服务代理商。如果代理商只站在自己的角度收集和处理信息，则可能导致信息反馈的滞后，或者不去主动收集信息而只是做简单的维护维修工作，这样的服务代理商是不合格的。因此，一个合格的服务代理商应当将市场和用户的动态信息及时地反馈给生产厂商，以便制造商能对市场变化和用户需求的变化作出及时的响应。随着网络化、通信技术和运输方式的快速发展，产品或装备的销售范围已走出产区走向全国乃至世界。因此，服务代理商及时的信息反馈，将有助于生产厂商开发新的市场、发掘新的用户、把握用户新的需求。换言之，及时的信息反馈已成为现代服务代理的重要内容之一。

4. 用户管理职能

由于服务代理商主要依靠相关技术人员对产品或装备的故障进行维护维修，因此，许多服务代理商都没有建立完善的用户管理体系，甚至基本的用户档案和交易记录都不完整。如果用户的服务需求与信息的反馈不能及时传递给生产厂商，则生产厂商将无法及时地了解最终用户的真正需要，出现“服务空隙”。

对新兴技术项目企业来说，在选择服务代理商时，代理商是否能够很好地履行这些职责则是能否被选中的重要依据，服务好且有信誉的服务代理商无疑会给企业创造出更大的利润和发展空间。

10.3　服务代理网点布局和选址方法

10.3.1　服务代理网点布局的原则

10.3.1.1　服务代理商的定位

1. 以售后服务定位的服务代理商

以售后服务定位的服务代理商的主要目标是为新兴技术项目产品的用户提供高质量、高效率的售后服务。显然，一个在地理位置上接近用户的服务代理商，可以满足用户“适时”服务的需求。

2. 以“售后服务 + 销售”定位的服务代理商

以“售后服务 + 销售”定位的服务代理商集售后服务与销售为一体，既提供新兴技术项目产品的售前、售中和售后服务，同时又代理生产厂商进行产品的销售，起到厂商销售和售后服务的补充作用。这类服务代理商将为厂商扩大产品销路、开发更多客户发挥重要作用。目前，这种定位的服务代理商是服务代理形式和内涵深入发展的必然趋势，也是许多企业的服务代理制度积极转型的方向。

10.3.1.2　服务代理网点布局的基本原则

1. 柔性原则

服务代理网点布局时，应该考虑到一些因素的变化，如用户数量、用户需求、售后服务的成本以及备品备件的价格、交通状况等都是一些动态变化的因素。因此，在服务代理商选择时应该从发展的眼光来考虑服务代理的网点布局，换言之，网点布局应符合一定的柔性原则，以便快速地适应环境的变化。否则，一旦完成布局可能产生无法有效地满足用户需求或者出现资源大量闲置的现象。

2. 竞争性原则

市场经济最本质的特征就是竞争，所以在考虑服务代理网点布局时，应该包含市场化的因素。厂商要取得市场竞争的优势，必须充分认识到自身的竞争优势和劣势以及所选择的服务代理商是否能够占有较大的目标市场份额。

3. 经济性原则

经济性原则是服务代理网点布局最重要的原则之一。合理的服务代理网点布局能够使厂商的经济利益和用户的满意度尽可能最大化，尽可能地提升服务效益并降低服务成本。

4. 统筹性原则

服务代理的网点布局应该具有战略眼光，既要顾及局部，更要考虑全局。遵循局部服从全局，眼前利益服从长远利益的统筹性原则。不仅要考虑目前的实际需要，还要考虑到今后的发展可能。因此，服务代理的网点布局要密切结合用户的分布和发展状况，使服务代理商在数量和层次上形成合理的网络布局。

5. 适应性原则

服务代理的网点布局应该与厂商的发展战略、经济目标以及产品结构的调整相适应；与我国物流资源分布和需求相适应；与用户需求相适应。

10.3.2 影响服务代理网点布局的主要因素

1. 交通因素

服务代理商的功能、服务代理的网点应尽可能地选择靠近交通枢纽，使服务网络与交通运输枢纽网络相匹配。对于大型新兴技术装备的生产厂商而言，由于其产品价值通常较高、运输耗损可能较大，因此，交通条件是其考虑网点布局的重要因素。当用户向服务代理商提出服务需求时，为了保证高效、及时的服务，将用户由于产品或装备的故障而导致的停产、减产降低到最低水平，交通便利问题便成为服务代理网点布局时必须考虑的关键因素。如果新兴技术项目产品用户所处的区域能够基本确定，则在服务网点布局时，应特别关注用户集中的地区。

2. 成本因素

服务代理的网点布局必须考虑经济成本，经济成本包括服务费用、运输费用、包装费用以及保险费用等。对厂商和用户来说，服务代理商与他们之间的空间距离、交通便利程度、产品或装备和备品备件的运输手段和运输方式等都将直接影响到经济成本。因此，服务代理网点的合理布局，应满足服务代理商和用户之间的空间距离尽可能短、交通尽可能方便等基础性条件，以降低服务的成本①、提高服务的响应度与用户的满意度。另外，对于贵重的元器件或技术装备而言，良好的包装和运输保险也非常必要，以避免服务代理商承担过大的经济风险②。

3. 服务质量

新兴技术项目产品的售后服务宗旨通常是让用户满意。对新兴技术项目产品或装备而言，用户对维修服务、备品备件供应、租赁及二手装备等后市场③ 服务均有强烈的需求④。因此，评价服务代理商的服务水平应该从两个方面来考虑，即服务人员的素质和服务的响应时间。优秀的服务人员不仅要精通技术，而且要有良好的沟通能力。服务的响应时间是另一个评价服务质量非常重要的因素，这与服务代理网点布局的交通因素密切相关。

4. 服务代理商的服务信用

对于着眼于长远利益的生产企业，更愿意和已建立了信赖关系、值得长期给予支持、能够长久依靠的服务代理商合作。这种合作关系可以在市场发生变化或其中一方遇到困难时，能够共同承担责任、抵御风险。因此，服务代理商的服务信用是选择服务代理商的另一个关键因素。除了应该评价服务代理商自身的信用风险外⑤，服务代理商的服务信用还应该包括以下三个方面：为用户提供真实和质量可靠的服务、回款的速度以及对生产厂商的忠诚度。特别需要指出的是，服

---

① 服务成本除一般的服务费用外，还包括产品和备品备件的运输费用以及运输途中出现的可预期和不可预期的损失。从服务风险的角度来看，服务成本还应包括因为用户满意度降低而增加的服务费开支。

② 为降低和转移运输风险，大件新兴技术设备或贵重的新兴技术项目产品的运输可借助第三方物流厂商。

③ 后市场的概念指产品销售后，围绕着产品使用过程中的各种服务，最早是美国汽车公司提出的。从更广泛意义来看，后市场除了指产品销售后出现的衍生业务市场，还包括产品在生产和销售前后所衍生出的相关业务市场。

④ 目前，一些服务代理商已经开始从“售后服务代理”向“售后服务＋销售代理”转变。为了提高市场占有率，将高质量的售后服务辅以销售手段的现代服务代理模式已势在必行。

⑤ 评估方法可参考第 8 章的内容。

务代理商执行服务功能时，必须按照既定的服务价格向用户提供高质量的服务，不得使用质量不可靠的伪劣备件备品、不得向用户收取额外的费用。及时将相关款项返回生产厂商，也是服务代理商是否有信誉的另一个重要标志，如果服务代理商故意拖延回款时间，这类服务代理商是没有信誉的。如果服务代理商同时代理多个品牌产品的服务，而且这些产品是互相竞争的，这类服务代理商也是没有信誉的[①]。因此，在服务代理网点布局时，应避免服务代理商处于强大竞争对手的产品覆盖地区。

10.3.3 网点布局的常用选址方法

从前面的分析可以发现，服务代理商的选址是服务代理网点布局的关键。因此，无论从交通便利、成本和服务效应来看，服务代理商的选址问题是服务代理网点合理布局的基础问题。以下借鉴一些常用的选址方法，在考虑多方面因素的基础上，定性与定量分析相结合，讨论服务代理网点布局的选址方法。目前，选址方法大致可归纳为定性分析和定量分析方法。

10.3.3.1 定性分析方法

定性分析是指凭借个人或集体的经验和判断而做出决策的过程，执行步骤一般为：

（1）根据经验给出选址的相应评价指标。

（2）对备选的售后服务代理商，利用评价指标进行优劣性判断。

（3）根据判断结果进行决策。常用的方法有头脑风暴法、专家调查法和PERT法等。

这类方法的优点是重历史经验，简单易行；缺点是可能犯经验主义和主观主义错误，特别是当备选服务代理商较多时，决策结果通常缺乏合理的解释。

10.3.3.2 优化方法

选址问题的定量分析方法主要源于优化理论和方法。该类方法认为服务代理网点的布局问题可以归结为在地图平面上进行选址。代表性方法有重心法、最短路径法和最小成本法等。该类方法主要用于新建服务代理网点，而不限于对特定备选的服务代理商进行选择。因此，这类方法灵活性较大，是当前选址问题的主

---

① 与服务代理商的忠诚度相关。

流方法。但如果新建服务代理网点的最佳位置正好位于河流、建筑物、文化古迹或其他无法实现的地点时，则选址模型需要增加一些相应的约束条件。一般的选址问题的优化模型如下：

$$\min \sum_{i=1}^{m} C_i w_i \sqrt{(x_1 - a_i)^2 + (x_2 - b_i)^2}$$

$$\text{s.t.} \sqrt{(x_1 - a_0^j)^2 + (x_2 - b_0^j)^2} \geq r_0^j \quad (j = 1, 2, \cdots, m) \tag{10-1}$$

式中，(a_i, b_i) $(i = 1, 2, \cdots, n)$ 表示 n 个用户在地图平面上所处的位置，(x_1, x_2) 为决策变量，表示拟新建的服务代理网点的地理位置，C_i 和 w_i 分别表示新建服务代理网点与第 i 个用户之间的空间距离所产生的距离成本和第 i 个用户的重要程度①，且 $\sum_{i=1}^{n} w_i = 1$，$w_i > 0$ $(i = 1, 2, \cdots, n)$，约束条件表示不能在以 (a_0^j, b_0^j) 为中心，r_0^j 为半径的圆内某些区域内新建服务代理网点。由于新建服务代理网点涉及生产企业的投资，因此，对于中小型新兴技术项目企业而言，显然是不合适的，一个解决的办法是在拟新建的服务代理网点附近去寻找合适的服务代理商。

另一种常见的情况是服务代理商仅从一些有限的已知备选服务代理商中进行选择，即最合适的选址是按照预定的目标在这些服务代理商中进行优选。这类代表性的选址方法有：整数或混合整数规划法、鲍姆尔—沃尔夫（Baumol-Wolfe）法、库恩—汉姆布利尔（Huehn-Hambureer）法、逐次逼近方法等。如果基础数据完备，该类方法可以选择出较符合实际情况的服务代理商，从而实现服务代理的网点布局。

10.3.3.3　层次分析法

层次分析法（Analytic Hierarchy Process，AHP）是美国匹兹堡大学数学运筹学家 Satty 教授在 20 世纪 70 年代提出的一种简便、灵活而又实用的多准则决策方法。其特点是首先根据问题的性质和要达到的目标分解出问题的组成因素，并按因素间的相互关系将其层次化，构成层次性结构模型，并按层进行分析。其次，通过两两比较的方式确定层次中各个因素的相对重要性。最后，获得最低层因素对于最高层（总目标）的重要性权值。该方法可以在分析服务代理网点布局

---

① 在用户群中，用户对企业以及对社会经济的贡献程度通常不一样。特别是对于大型新兴技术设备生产企业而言，由于其服务代理商的能力和资源一般是有限的，因此应该有所区别。

影响因素的基础上，对各影响因素的重要性赋予权重。

1. 层次分析法的实现步骤

运用层次分析法可以确定各因素的相对重要性并赋予相应权重，主要实现步骤如下：

（1）构造判断矩阵。所谓判断矩阵是指位于同一层次的 n 个指标 A_i（i = 1，2，…，n）的相对重要性的判断值，并将比较结果按重要程度以 1~9 级进行量化标度。1~9 数字的表达意义，见表 10-1。

表 10-1　两两指标相对重要程度赋值

标度	意义	说明
1	A_i 和 A_j 同等重要	A_i 和 A_j 同一层次的两个要素；按同一准则进行判断
3	A_i 比 A_j 稍重要	
5	A_i 比 A_j 重要	
7	A_i 比 A_j 重要得多	
9	A_i 比 A_j 绝对重要	
2、4、6、8 为上述判断的中值		

将对同一层的指标进行两两比较，按其相对重要程度，用两两指标相对重要程度赋值，并形成判断矩阵。重要性赋值采用专家咨询方法，综合专家意见，得出判断矩阵。例如，通过上述赋值方法可以得出指标 A_3 的二级指标（A_{31}，A_{32}，A_{33}，A_{34}，A_{35}）的判断矩阵，见表 10-2。

表 10-2　指标 A_3 的二级指标判断矩阵

A_3	A_{31}	A_{32}	A_{33}	A_{34}	A_{35}
A_{31}	$A_{31}A_{31}$	$A_{31}A_{32}$	$A_{31}A_{33}$	$A_{31}A_{34}$	$A_{31}A_{35}$
A_{32}	$A_{32}A_{31}$	$A_{32}A_{32}$	$A_{32}A_{33}$	$A_{32}A_{34}$	$A_{32}A_{35}$
A_{33}	$A_{33}A_{31}$	$A_{33}A_{32}$	$A_{33}A_{33}$	$A_{33}A_{34}$	$A_{33}A_{35}$
A_{34}	$A_{34}A_{31}$	$A_{34}A_{32}$	$A_{34}A_{33}$	$A_{34}A_{34}$	$A_{34}A_{35}$
A_{35}	$A_{35}A_{31}$	$A_{35}A_{32}$	$A_{35}A_{33}$	$A_{35}A_{34}$	$A_{35}A_{35}$

（2）计算单一准则下各个指标的相对重要性。这一步主要根据判断矩阵，计算对于目标而言各个指标的相对重要性次序的权值。指标权重：

$$w_i = \frac{v_i}{\sum v_i} \tag{10-2}$$

式中：

$$v_i = \left(\prod_j A_{ij}\right)^{\frac{1}{n}} \tag{10-3}$$

v_i 为指标的相对重要性值，w_i 为指标的权重，由此得出指标的权重向量 $w = (w_1, w_2, \cdots, w_n)$。

（3）一致性检验。由于客观事物的复杂性和人的主观认识的偏好差异，判断矩阵很难有严格的一致性，但应要求有大致的一致性。为此，需要进行一致性检验。关于一致性检验，主要涉及三类指标，即一致性指标（C.I.）、平均随机一致性指标（R.I.）和一致性比率（C.R.）。

首先，求出判断矩阵的最大特征根：

$$\lambda_{max} = \frac{1}{n}\sum_i\left(\frac{(AW)_i}{w_i}\right) \tag{10-4}$$

其次，计算一致性指标：

$$C.I. = \frac{\lambda_{max} - n}{n - 1} \tag{10-5}$$

最后，计算一致性比率：

$$C.R. = \frac{C.I.}{R.I.} \tag{10-6}$$

式中，R.I.为平均随机一致性指标，其取值见表 10-3。

表 10-3　R.I. 的值

阶数	3	4	5	6	7	8	9
R. I.	0.58	0.90	1.12	1.24	1.32	1.41	1.45

当一致性比率 $C.R. < 0.1$ 时，认为判断矩阵的一致性是可以接受的。

（4）层次分析法的特点：

1）采取逐层分解方法，将具有层次结构问题的综合评价问题转换为多个单准则评价问题，并在多个单准则评价的基础上进行综合评价。

2）可以有效地解决定性因素的处理及可比性问题，Satty 教授建议：以“重要性”（表现为权值）比较作为统一的处理格式。例如，将比较结果按重要程度以 1~9 级进行标度。

3）检验与调整比较链上的传递性，即检验一致性的可接受程度。

4）对汇集全部比较信息的矩阵集，援用线性代数的相关理论与方法加以处理，挖掘出更深层次的实质性综合信息作为决策的支持。

10.3.3.4 模糊综合评价方法

模糊综合评价方法是针对复杂的模糊问题进行综合评价的一种方法，这种方法主要针对多方面、多因素的评价问题，既可避免人为的主观片面性，又能对专家意见给予足够的重视。服务代理商的选址问题，可以运用模糊综合评价方法对影响服务代理商选址的各种因素进行评价，该方法既有定性分析又有定量的计算，涉及评价的诸多因素，因此，可以为决策者提供较充分的决策信息和依据。模糊综合评价法的实现步骤如下：

1. 选出评价对象

设 $U=\{u_1, u_2, \cdots, u_m\}$ 表示被评价对象的 m 种因素（即评价因素集）。一般情况下，在一个指标体系下通常不仅涉及一级目标，而且涉及多级目标。服务代理网点选择的评价体系就是一个二级目标的体系。

2. 确定评价的等级

评语集 $V=\{v_1, v_2, \cdots, v_n\}$ 是刻画每一个因素所处的 n 种状态。这里 n 为评语的个数，评语可直接刻画为评价的等级，本章采用 1~5 级进行量化标度，邀请相关专家对各个评价对象进行等级评价。

3. 确定各因素的权重

评价因素集中的各个评价对象在评价指标中有不同的地位和作用，即各个评价对象在综合评价中所占比重不同。拟引入 U 上的一个模糊子集 A，称权重或权重分配集：$A=\{a_1, a_2, \cdots, a_m\}$，其中 $a_i>0$，且 $\sum a_i=1$，其反映了对诸因素的一种权衡，权数乃是表征因素相对重要性大小的度量值。因此，在评价问题中，赋权数极其重要。

4. 建立模糊评价矩阵

首先，对评价因素集中的每一因素 u_i（$i=1, 2, \cdots, m$）做单因素评判；其次，从因素 u_i 着眼，确定被评价对象对抉择等级 v_j（$j=1, 2, \cdots, n$）的隶属度，记为 r_{ij}，由此得出第 i 个因素的单因素评价集：$r_i=\{r_{i1}, r_{i2}, \cdots, r_{in}\}$；最后，逐个对各因素进行评价，最终就构成总的评价矩阵 R。换言之，对每一个被评价对象都可以确定出从 U 到 V 的一个模糊关系矩阵 R：

$$R=(r_{ij})_{m\times n}=\begin{pmatrix} r_{11} & r_{12} & \cdots & r_{1n} \\ r_{21} & r_{22} & \cdots & r_{2n} \\ \vdots & \vdots & \vdots & \vdots \\ r_{m1} & r_{m2} & \cdots & r_{mn} \end{pmatrix} \tag{10-7}$$

5. 根据权重计算各评价对象的分值

将权重值与模糊判断矩阵相乘，得出的结果就是被评价对象的评价结果。从总体上来看，对各模糊子集的等级隶属程度，即模糊综合评价结果向量，通常可以采用最大隶属度法则对其进行处理，得到最终评价结果。最大隶属度法则比较简单，只要在推理结论的模糊集合中取隶属度最大的那个元素作为输出值即可。

10.3.4　算例分析

以下根据某大型新兴技术装备的生产企业 Q 公司的实际抽样数据，对其服务代理的网点布局进行分析。首先，通过定性的分析对其主要用户的范围进行定位，进而界定出服务代理商的备选网点；其次，在分析服务代理网点布局影响因素的基础上，利用层次分析法对各因素赋予权重；最后，通过模糊综合评价方法对备选服务代理商进行选择，完成该企业对服务代理的网点布局。

10.3.4.1　定性分析

Q 公司的 100 家主要用户群分布，见表 10-4。由于部分的地区已存在类似装备的生产企业，而且这些企业生产的装备已经覆盖了这些地区，因此 Q 公司未将主要精力用于开发这些地区的客户，也不考虑在这些地区布局服务代理网点。另外，M 省、O 省、G 省和 R 省的需求量相对有限，目前暂不需要布局服务代理网点，这些地区由 Q 公司直接开展相关服务业务。Q 公司的主要用户集中在西南

表 10-4　Q 公司 100 家主要用户所在的区域①

华北(18)	A 省(7)	B 省(6)	C 省(5)		
华东(30)	D 省(8)	E 省(6)	F 省(6)	G 省(5)	H 省(5)
中南(31)	I 省(8)	J 省(5)	K 省(6)	L 省(13)	M 省(1)
西南(13)	N 省(11)	O 省(1)	G 省(1)		
西北(8)	S 省(7)	R 省(1)			

① 表中数据为 Q 企业的模拟数据。

地区、中南地区、华北地区和华东地区（部分省）这四大区域，通过交通便利程度的比较分析，Q公司将设置服务代理网点的省份布局在A省（服务华北地区）、D省和F省（服务华东地区）、I省和L省（服务中南地区）、N省（服务西南地区）、S省（服务西北地区），共7个省，并且在这些省份中有多家备选的服务代理商。

10.3.4.2 层次分析法与模糊综合评价方法的综合应用

为简化计算过程，以下仅就Q公司用户较集中的某一个省份进行分析。假设该省中有三个备选的服务代理商，分别记为X、Y和Z，Q公司拟从该三个备选的服务代理商中选择其一作为该省的服务代理商。根据10.3.2节中所述服务代理网点布局的影响因素，以下仅从服务成本、服务质量[①]和服务信用三个方面，对该三个备选的服务代理商进行评价。评价层为两层，见图10-1。

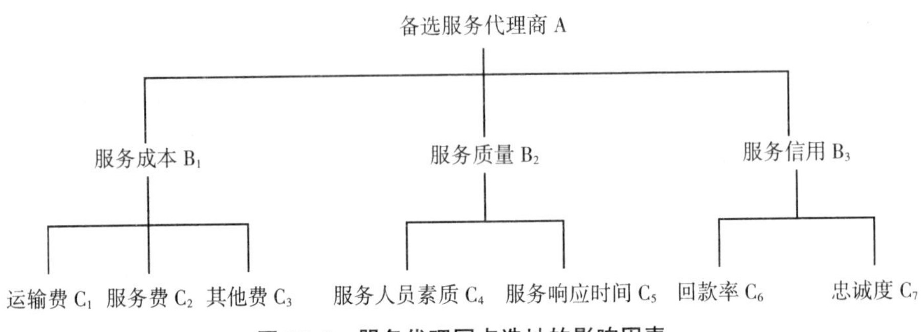

图10-1 服务代理网点选址的影响因素

不失一般性，以下将评价等级从低到高分为5级：I、II、III、IV、V；其中，各等级含义如下：

服务成本 = {Ⅰ，Ⅱ，Ⅲ，Ⅳ，Ⅴ} = {很高，较高，中，较低，很低}

服务质量 = {Ⅰ，Ⅱ，Ⅲ，Ⅳ，Ⅴ} = {很差，较差，中，较好，很好}

服务信用 = {Ⅰ，Ⅱ，Ⅲ，Ⅳ，Ⅴ} = {很差，较差，中，较好，很好}

以下采用层次分析法确定各因素的权重：

1. 构造判断矩阵

邀请相关专家为各评价对象进行打分，并采用1~9级进行量化标度，从1~9代表该因素的重要程度依次递增。分别得出四个判断矩阵如下。

---

① 交通便利程度可以在服务响应时间中体现，故此处未专门将交通便利作为单独的评价指标。

表 10-5　第一层 A 指标的标度

A	B_1	B_2	B_3
B_1	1	1/4	1/3
B_2	4	1	2
B_3	3	1/2	1

表 10-6　第二层 B_1 指标的标度

B_1	C_1	C_2	C_3
C_1	1	7	3
C_2	1/7	1	1/4
C_3	1/3	4	1

表 10-7　第二层 B_2 指标的标度

B_2	C_4	C_5
C_4	1	1/5
C_5	5	1

表 10-8　第二层 B_3 指标的标度

B_3	C_6	C_7
C_6	1	7/2
C_7	2/7	1

这些判断矩阵中的元素表示相对重要性程度，如在第一层标度构成的判断矩阵 A 中，第一行第一列的元素 1 表示因素 B_1 与其自身相比，重要程度相同。第一行第二列的元素 1/4 表示因素 B_1 与 B_2 相比，因素 B_1 对于 A 的重要程度占 1，因素 B_2 占 4，即成本因素的重要性占 1，服务质量的重要性占 4，其他层判断矩阵的意义依此类推。

2. 计算各个指标的权重并进行一致性检验

以判断矩阵 A 为例，由表 10-5 得到：

$\alpha_1 = \sqrt[3]{1 \times \frac{1}{4} \times \frac{1}{3}} = 0.4368$；$\alpha_2 = \sqrt[3]{4 \times 1 \times 2} = 2$；$\alpha_3 = \sqrt[3]{3 \times \frac{1}{2} \times 1} = 1.1447$

$\alpha = \alpha_1 + \alpha_2 + \alpha_3 = 3.5815$

故：$w_1 = \alpha_1/\alpha = 0.122$；$w_2 = \alpha_2/\alpha = 0.5584$；$w_3 = \alpha_3/\alpha = 0.3196$，由此得：

$$Aw=\begin{pmatrix}1 & 1/4 & 1/3\\ 4 & 1 & 2\\ 3 & 1/2 & 1\end{pmatrix}\begin{pmatrix}0.122\\ 0.5584\\ 0.3196\end{pmatrix}=\begin{pmatrix}0.3681\\ 1.6856\\ 0.9648\end{pmatrix}$$

$$\lambda_{max}=\frac{1}{3}\left(\frac{0.3681}{0.122}+\frac{1.6856}{0.5584}+\frac{0.9648}{0.3196}\right)=3.0183$$

$$C.\ I.=\frac{\lambda_{max}-n}{n-1}=\frac{3.0183-3}{3-1}=\frac{0.0183}{2}=0.00915$$

将表 10-9 中平均随机一致性指标代入式（10-6），计算 C. R. 值，判断是否通过一致性检验。

表 10-9 平均随机一致性指标 R.I.值

n	1	2	3	4	5	6	7	8	9
R. I.	0	0	0.58	0.9	1.12	1.24	1.32	1.41	1.45

由于 $C.\ R.=\frac{C.\ I.}{R.\ I.}=\frac{0.00915}{0.58}=0.0158<0.1$，通过一致性检验。

同理对矩阵 B_1、B_2 和 B_3 都进行类似计算，计算结果，见表 10-10。

表 10-10 各因素权重

一级指标	一级权重 w	二级指标	二级权重（相对）	二级权重（绝对）
服务成本 B_1	0.1220	运输费 C_1	0.6586	0.0803
		包装费 C_2	0.0786	0.0096
		保险费 C_3	0.2628	0.0321
服务质量 B_2	0.5584	服务人员素质 C_4	0.1667	0.0931
		服务响应时间 C_5	0.8333	0.4653
服务信用 B_3	0.3196	回款率 C_6	0.7778	0.2486
		忠诚度 C_7	0.2222	0.0710

其中：$w=(w_1\ \ w_2\ \ w_3)=(0.1220\ \ 0.5584\ \ 0.3196)$；$\beta=(\beta_1\ \ \beta_2\ \ \beta_3)=(0.6586\ \ 0.0786\ \ 0.2628)$；$\chi=(\chi_1\ \ \chi_2)=(0.1667\ \ 0.8333)$；$\delta=(\delta_1\ \ \delta_2)=(0.7778\ \ 0.2222)$。

3. 建立模糊判断矩阵并计算各备选服务代理商的分值

选择多位有经验的相关专家组成评审组，对备选服务代理商 X、Y、Z 进行评价，分别得到矩阵 R_i。

下面以备选服务代理商 X 为例，计算其评价值：

$$R_{X1}=\begin{pmatrix}0.6 & 0.3 & 0.1 & 0 & 0\\ 0.2 & 0.7 & 0.1 & 0 & 0\\ 0.3 & 0.5 & 0.1 & 0.1 & 0\end{pmatrix}$$

$$B_{X1}=\beta\cdot R_{X1}=(0.6586\quad 0.0786\quad 0.2628)\begin{pmatrix}0.6 & 0.3 & 0.1 & 0 & 0\\ 0.2 & 0.7 & 0.1 & 0 & 0\\ 0.3 & 0.5 & 0.1 & 0.1 & 0\end{pmatrix}$$

$$=(0.0489\quad 0.384\quad 0.1\quad 0.0263\quad 0)$$

$$R_{X2}=\begin{pmatrix}0.1 & 0.1 & 0.1 & 0.2 & 0.5\\ 0 & 0.1 & 0.2 & 0.5 & 0.2\end{pmatrix}$$

$$B_{X2}=\chi\cdot R_{X2}=(0.1667\quad 0.8333)\begin{pmatrix}0.1 & 0.1 & 0.1 & 0.2 & 0.5\\ 0 & 0.1 & 0.2 & 0.5 & 0.2\end{pmatrix}$$

$$=(0.0167\quad 0.1\quad 0.1833\quad 0.450\quad 0.25)$$

$$R_{X3}=\begin{pmatrix}0 & 0.1 & 0.1 & 0.6 & 0.2\\ 0.1 & 0.2 & 0.1 & 0.5 & 0.1\end{pmatrix}$$

$$B_{X3}=\delta\cdot R_{X3}=(0.7778\quad 0.2222)\begin{pmatrix}0 & 0.1 & 0.1 & 0.6 & 0.2\\ 0.1 & 0.2 & 0.1 & 0.5 & 0.1\end{pmatrix}$$

$$=(0.0222\quad 0.1222\quad 0.1\quad 0.5778\quad 0.1778)$$

$$B_X=\begin{pmatrix}B_{X1}\\ B_{X2}\\ B_{X3}\end{pmatrix}\begin{pmatrix}0.4897 & 0.384 & 0.1 & 0.0263 & 0\\ 0.0167 & 0.1 & 0.1833 & 0.45 & 0.25\\ 0.0222 & 0.1222 & 0.1 & 0.5778 & 0.1778\end{pmatrix}$$

$$wB_X=\begin{pmatrix}0.122\\ 0.5584\\ 0.3196\end{pmatrix}\begin{pmatrix}0.4897 & 0.384 & 0.1 & 0.0263 & 0\\ 0.0167 & 0.1 & 0.1833 & 0.45 & 0.25\\ 0.0222 & 0.1222 & 0.1 & 0.5778 & 0.1778\end{pmatrix}$$

$$=(0.0761\quad 0.1417\quad 0.1465\quad 0.4392\quad 0.1964)$$

根据最大隶属度法则，服务代理商 X 属于等级 IV，较适合选为服务代理商。类似地，服务代理商 Y 有：

$$wB_Y=(0.1429\quad 0.1225\quad 0.151\quad 0.3378\quad 0.2458)$$

也属于等级 IV，亦适合选为服务代理商。服务代理商 Z 有：

$$wB_Z=(0.3998\quad 0.3831\quad 0.1264\quad 0.0785\quad 0.0122)$$

不适合选为服务代理商。

最后，通过对服务代理商 X 和 Y 的其他条件[①] 进行比较后，最终选择 Y 为该省的服务代理商。

类似地，Q 公司通过该方法对其他省份的备选服务代理商进行优选，最终实现 Q 公司的服务代理网点的布局。

10.4 “重要”服务代理商的评价

一些学者从不同角度探讨了第三方企业的评价问题，例如：

（1）在对神龙汽车有限公司和 20 家汽车零部件供应商进行调查的基础上，认为供应商的评价应该包括质量、交货期、批量柔性、交货期与价格的权衡、价格与批量的权衡、多样性等多个方面的评价，而不仅依据价格。

（2）根据美国哈佛大学商学院罗伯特·卡普莱教授提出的“全方位绩效看板”，将物流厂商绩效评价指标体系分为四个方面：内部绩效、服务满意度、财务盈利和发展潜力。

（3）建立了 15 个分类指标的评价指标体系，其中每个指标又划分为 5 个等级，依据服务代理商的绩效水平确定其所处等级。

（4）从投入产出效率、设备利用效率、质量保证效率、市场竞争效率四个方面入手构建了运作效率评价指标体系。

（5）从市场实力、技术实力、组织协调能力、管理水平四个方面构建第三方企业竞争力评价的指标体系。

（6）从服务成本、服务质量和服务信用三个角度对一般基于售后服务的新兴技术项目产品的代理商进行了评价和选择。

目前，关于服务代理商综合实力评价方面的文献还十分鲜见。如果某些新兴技术项目产品（或装备）的技术复杂性程度或者元器件较昂贵，则整个产品（或装备）的价值会很高，相应的服务代理费用也会较高。因此，对某些技术含量高且贵重的新兴技术项目产品（如用于国防建设、航空航天的新兴技术装备或元器

① 更细致的评价方法参见后面章节的阐述。

件等）或者跨区域或多种产品（或装备）的服务代理商而言，不仅要求服务代理商具有相应的资质，而且应该有较强的经营效益和财务能力。另外，如果需要在网点布局中对基本条件相当的服务代理商做进一步比较时，都会涉及对服务代理商经营业绩（经营效益和财务能力）的评价。这类服务代理商的经营性和财务性指标一般较为完备[①]，新兴技术项目企业愿意与这类服务代理商建立合作关系。以下简称这类服务代理商为新兴技术项目企业的“重要”服务代理商。

10.4.1　“重要”服务代理商的定量化评价

基于此，以下将在构建“重要”服务代理商定量化评价指标体系的基础上，讨论“重要”服务代理商的定量化评价方法。

10.4.1.1　定量化评价指标的选取原则

指标体系实质上是一个信息集成系统，其反映了某一社会经济现象基本情况的一系列有内在联系的指标组成的集合，并且从多个视角和层次反映社会经济现象的数量表现与数量关系。

本节在遵循指标选取的科学性、系统性、客观性、功能性、独立性及可操作性等原则，构建了“重要”服务代理商的定量化评价指标体系[②]。首先，根据对服务代理商业绩的影响因素，对定量化评价指标进行初选。其次，由于在初选的评价指标中，指标并非同等重要，甚至其中一些指标可能是冗余的，因此，本节进一步运用粗糙集属性约简中的相对重要性算法对初始指标进行约简，剔除冗余指标。最后，在指标约简的基础上得到更加科学合理的服务代理商定量化评价指标体系。

服务代理商定量化评价指标体系的构建应遵循以下基本原则：

1. 科学性原则

评价指标体系首先要建立在科学性的基础上，应能真实地、客观地反映服务代理商的经营业绩（经营效益和财务能力）。这就要求指标体系必须经过科学的筛选，防止指标简单的堆砌。

2. 系统性原则

评价指标体系应当能够较完整地、全面地反映服务代理商的经营业绩，所选

---

① 经营效益和财务能力可以在较大程度上反映服务代理商的综合实力。
② 定量化评价指标主要源于反映服务代理商的经营效益和财务状况的定量化指标。

择的指标之间应该具有功能互补性和内在的联系。

3. 客观性原则

评价指标体系要尽可能以客观的数据资料为依据，以原始数据的内在信息规律为依据，能够较客观地反映服务代理商的真实状况。同时，应尽量减少主观的评价过程，降低人为因素对评价结果的影响。

4. 功能性原则

评价服务代理商经营效益和财务能力的指标很多，应该重点选择具有较大影响、指标功能性较强且具有足够代表性的综合指标和专业指标，能够较准确、简洁地反映应该涵盖的主要内容。

5. 独立性原则

评价指标之间必须具有良好的协调性，要尽量减少指标在概念上的重叠性和统计上的相关性，更不能出现严重的包容关系或重复关系，以确保各评价指标的相对独立性。

6. 可操作性原则

由于评价数据通常是不完备的，一些具有评价功能的指标数据可能无法获得，因此，在指标体系设计上，应尽量采用已有的经济统计数据，避免数据的随意推断和假设。

10.4.1.2 基于粗糙集的定量化评价指标的选择

1. 粗糙集理论的基本概念

粗糙集（Rough Set，RS）理论[①]是由波兰学者 Pawlak Z. 在 1982 年提出的。RS 理论的应用领域非常广泛，从最初计算机科学领域的机器学习、模式识别、专家系统和图像处理等，发展到目前的工程技术领域的故障诊断、控制策略，经济和商业领域的市场分析、股票数据分析以及生物医学领域的医疗诊断、DNA 数据分析、全球气候分析、决策支持和预测建模等。基于 RS 理论的属性约简算法不需提供问题所需处理的数据集合之外的任何先验信息，仅根据观测数据删除冗余信息，通过分析知识的不完整程度，生成分类或决策规则，并利用分类规则对指标进行精简，因此，该方法是一种处理不确定和模糊数据的有效工具。

① RS 理论，是继概率论、模糊集、证据理论之后的又一个处理不确定性的数学工具，是当前人工智能理论及其应用领域中的研究热点之一。

2. 定量化评价指标的初选

由于新兴技术项目企业对其“重要”服务代理商都会有经营业绩（主要包含经营效益和财务能力）的要求。以下将针对“重要”服务代理商评价的特点，遵循指标选取的科学性、系统性、客观性、功能性、独立性及可操作性原则，初选出评价“重要”服务代理商经营业绩的定量化指标①，从而提出初始的评价指标，见表 10-11。

表 10-11　“重要”服务代理商经营业绩的初始评价指标

一级指标	二级指标	指标说明
偿债能力 X_1	流动比率 X_{11}	流动资产/流动负债
	速动比率 X_{12}	(流动资产－存货)/流动负债
	资产负债率 X_{13}	总负债/总资产
	利息保障倍数 X_{14}	税前利润/利息费用
获利能力 X_2	资产收益率（净利润）X_{21}	净利润/总资产
	销售净利率 X_{22}	净利润/销售收入
	股本报酬率 X_{23}	收益/股本
经营效率 X_3	存货周转率 X_{31}	销售收入/平均存货
	流动资产周转率 X_{32}	销售收入/流动资产
	总资产周转率 X_{33}	销售收入/总资产
发展潜力 X_4	净利润增长率 X_{41}	利润增量/年度利润
	销售增长率 X_{42}	收入增量/年度收入
	净资产增长率 X_{43}	净资产增量/净资产数

3. 评价指标的筛选及权重计算

（1）指标的原始数据及其离散化。

以下以某新兴技术项目产品的 15 家“重要”服务代理商（用 a，b，c，…，m，n，o 字母表示）为实证样本，用该 15 家“重要”服务代理商某一年经营性和财务性指标的模拟数据作为评价指标的原始数据，见表 10-12。

由于 RS 理论的属性约简算法只能对数据库中的离散属性进行处理，而绝大多数现实的数据库兼具离散属性和连续属性，所以在运用属性约简算法之前②，必须先将连续属性离散成有限个语义符号。

连续属性的离散化方法很多，不同的离散化方法会产生不同的离散化结果，

① 此处用经营性指标和财务性指标作为经营业绩的评价指标。经营业绩的评价主要用于对“重要”服务代理商的评价，对于一般性服务代理商，可以从技术、服务、信用、合作关系与协调能力等方面进行评价。

② 基于 RS 理论的属性约简算法介绍见附录。

表 10-12 “重要”服务代理商的初始评价指标原始数据

服务代理商＼指标	X_{11}	X_{12}	X_{13}	X_{14}	X_{21}	X_{22}	X_{23}	X_{31}	X_{32}
a	0.803	1.09	0.753	32.96	0.173	0.034	1.27	6.63	1.17
b	0.731	0.976	0.590	2.70	0.069	0.074	0.118	4.90	0.742
c	0.572	1.07	0.638	11.55	0.088	0.055	0.203	2.957	0.818
d	0.886	1.52	0.568	10.84	0.087	0.034	0.528	5.386	1.16
e	1.89	2.29	0.320	0.076	0.014	0.285	0.058	7.234	0.434
f	0.962	1.15	0.711	5.09	0.370	0.181	62.71	5.74	0.385
g	1.54	2.20	0.557	12.59	0.219	0.113	0.994	3.60	0.747
h	0.691	0.824	0.869	99.90	-0.369	0.010	-0.228	6.249	0.009
i	0.179	0.656	0.513	3.18	-0.038	0.016	-0.062	3.93	0.676
j	1.50	1.56	0.350	0.295	0.327	0.161	0.668	38.01	1.14
k	0.142	0.218	0.941	3.16	-1.210	-0.196	-0.505	6.093	0.841
l	0.887	1.56	0.374	3.30	0.021	0.019	0.056	3.84	1.17
m	0.529	1.08	0.619	2.16	-0.205	-0.264	-0.465	1.95	0.110
n	0.485	0.607	0.553	2.85	0.028	0.675	0.017	2.57	0.256
o	0.498	0.627	0.989	8.92	-1.780	-0.163	-1.03	5.74	0.634

服务代理商＼指标	X_{33}	X_{41}	X_{42}	X_{43}
a	1.39	-0.341	0.107	0.145
b	0.433	-0.016	0.068	-0.06
c	0.591	3.47	0.027	0.108
d	0.718	-0.555	-0.029	-0.148
e	0.29	0.531	0.025	-0.064
f	0.288	0.426	0.547	0.375
g	0.567	-0.232	0.503	0.225
h	0.009	0.011	-0.139	-0.305
i	0.229	0.013	0.154	-0.037
j	0.320	4.44	0.959	0.435
k	0.182	2.92	-0.035	-0.778
l	0.405	0.869	0.038	-0.335
m	0.069	2.27	-0.014	-0.186
n	0.053	-0.907	-0.397	-0.430
o	0.366	-0.277	0.450	-0.942

但是任何一种离散化方法都应该尽可能满足以下两点原则。

1）属性离散化以后的空间维数应该尽量小，也就是经过离散化以后的每一

个属性都应该包含尽量少的属性值的种类。

2）属性值被离散化以后丢失的信息应该尽量少。

常用的离散化方法包括等距离法、等频率法、最小信息熵法、层次聚类法、遗传算法及 SOM 网络法等。以下采用等距离法将表 10–12 中的数据进行离散化，其中，决策属性 D 表示该 15 家“重要”服务代理商的经营业绩。数据离散化结果，见表 10–13。

表 10–13　评价指标数据的离散化

指标 服务代理商	X_{11}	X_{12}	X_{13}	X_{14}	X_{21}	X_{22}	X_{23}	X_{31}	X_{32}
a	1	1	2	2	2	1	2	2	2
b	1	1	1	1	1	1	1	1	1
c	1	1	1	2	1	1	1	0	1
d	0	1	1	2	1	1	2	1	2
e	2	2	0	0	1	2	1	2	0
f	1	1	2	1	2	2	2	1	0
g	2	2	1	2	2	2	2	0	1
h	1	1	2	2	0	1	0	2	0
i	0	0	1	1	0	1	0	0	1
j	2	2	0	0	2	2	2	2	2
k	0	0	2	1	0	0	0	2	0
l	1	2	0	1	1	0	1	0	2
m	0	1	1	0	0	0	0	0	0
n	0	0	1	0	1	2	1	0	0
o	0	0	2	2	0	0	0	1	1

指标 服务代理商	X_{33}	X_{41}	X_{42}	X_{43}	D
a	2	0	1	1	2
b	1	0	1	0	2
c	2	2	1	1	2
d	2	0	0	0	2
e	1	1	1	0	2
f	1	1	2	2	1
g	2	0	2	1	1
h	0	1	0	0	1
i	1	1	1	0	1
j	1	2	2	2	1
k	0	2	0	0	0
l	1	1	1	0	0
m	0	2	0	0	0
n	0	0	0	0	0
o	1	0	2	0	0

(2)评价指标的重要性程度。

1)偿债能力 X_1。

设 $U=\{a, b, c, d, e, f, g, h, i, j, k, l, m, n, o\}$代表该15家“重要”服务代理商:

$U/D=\{\{a, b, c, d, e\}, \{f, g, h, i, j\}, \{k, l, m, n, o\}\}$

$U/X_1=\{\{a, h\}, \{b\}, \{c\}, \{d\}, \{e, j\}, \{f\}, \{g\}, \{i\}, \{k\}, \{l\}, \{m\}, \{n\}, \{o\}\}$

$POS_{X_1}(D)=U-\{a, e, h, j\}$

X_1 重要性程度:

$$\mu_1=|POS_{X_1}(D)|/|U|=\frac{11}{15}$$

$U/\{x_{12}, x_{13}, x_{14}\}=\{\{a, h\}, \{b\}, \{c, d\}, \{e, j\}, \{f\}, \{g\}, \{i\}, \{k\}, \{l\}, \{m\}, \{n\}, \{o\}\}$

$POS_{\{x_{12}, x_{13}, x_{14}\}}(D)=U-\{a, e, h, j\}$

X_{11} 重要性程度:

$$\mu_{11}=1-|POS_{\{x_{12}, x_{13}, x_{14}\}}(D)|/\|POS_{X_1}(D)\|=1-\frac{11}{11}=0$$

$U/\{x_{11}, x_{13}, x_{14}\}=\{\{a, h\}, \{b\}, \{c, d\}, \{e, j\}, \{f\}, \{g\}, \{i\}, \{k\}, \{l\}, \{m\}, \{n\}, \{o\}\}$

$POS_{\{x_{11}, x_{13}, x_{14}\}}(D)=U-\{a, e, h, j\}$

X_{12} 重要性程度:

$$\mu_{12}=1-|POS_{\{x_{11}, x_{13}, x_{14}\}}(D)|/\|POS_{X_1}(D)\|=1-\frac{11}{11}=0$$

$U/\{x_{11}, x_{12}, x_{14}\}=\{\{a, c, h\}, \{b, f\}, \{d\}, \{e, j\}, \{g\}, \{i, k\}, \{l\}, \{m\}, \{n\}, \{o\}\}$

$POS_{\{x_{11}, x_{12}, x_{14}\}}(D)=\{d, g, l, m, n, o\}$

X_{13} 重要性程度:

$$\mu_{13}=1-|POS_{\{x_{11}, x_{12}, x_{14}\}}(D)|/\|POS_{X_1}(D)\|=1-\frac{6}{11}=\frac{5}{11}$$

$U/\{x_{11}, x_{12}, x_{13}\}=\{\{a, f, h\}, \{b, c\}, \{d, m\}, \{e, j\}, \{g\}, \{n, i\}, \{o, k\}, \{l\}\}$

$POS_{\{x_{11}, x_{12}, x_{13}\}}(D) = \{b, c, g, k, l, o\}$

X_{14} 重要性程度:

$$\mu_{14} = 1 - \left|POS_{\{x_{11}, x_{12}, x_{13}\}}(D)\right| / \|POS_{X_1}(D)\| = 1 - \frac{6}{11} = \frac{5}{11}$$

2）获利能力 X_2。

$U/D = \{\{a, b, c, d, e\}, \{f, g, h, i, j\}, \{k, l, m, n, o\}\}$

$U/X_2 = \{\{a\}, \{b, c\}, \{d\}, \{e, n\}, \{f, g, j\}, \{h, i\}, \{k, m, o\}, \{l\}\}$

$POS_{X2} = (D) = U - \{e, n\}$

X_2 重要性程度:

$$\mu_2 = \left|POS_{X_2}(D)\right| / |U| = \frac{13}{15}$$

$U/\{x_{22}, x_{23}\} = \{\{a, d\}, \{b, c\}, \{e, n\}, \{f, g, j\}, \{h, i\}, \{k, m, o\}, \{l\}\}$

$POS_{\{x_{12}, x_{23}\}}(D) = U - \{e, n\}$

X_{21} 重要性程度:

$$\mu_{21} = 1 - \left|POS_{\{x_{22}, x_{23}\}}(D)\right| / \|POS_{X_2}(D)\| = 1 - \frac{13}{13} = 0$$

$U/\{x_{21}, x_{23}\} = \{\{a, f, g, j\}, \{b, c, e, l, n\}, \{d\}, \{h, i, k, m, o\}\}$

$POS_{\{x_{21}, x_{23}\}}(D) = \{d\}$

X_{22} 重要性程度:

$$\mu_{22} = 1 - \left|POS_{\{x_{21}, x_{23}\}}(D)\right| / \|POS_{X_2}(D)\| = 1 - \frac{1}{13} = \frac{12}{13}$$

$U/\{x_{21}, x_{22}\} = \{\{a\}, \{b, c, d\}, \{e, n\}, \{f, g, j\}, \{h, i\}, \{k, m, o\}, \{l\}\}$

$POS_{\{x_{21}, x_{22}\}}(D) = U - \{e, n\}$

X_{23} 重要性程度:

$$\mu_{23} = 1 - \left|POS_{\{x_{21}, x_{22}\}}(D)\right| / \|POS_{X_2}(D)\| = 1 - \frac{13}{13} = 0$$

3）经营效率 X_3。

$U/D = \{\{a, b, c, d, e\}, \{f, g, h, i, j\}, \{k, l, m, n, o\}\}$

$U/X_3 = \{\{a\}, \{b, o\}, \{c, g\}, \{d\}, \{e\}, \{f\}, \{h, k\}, \{i\}, \{j\}, \{l\}, \{m, n\}\}$

$POS_{X_3}(D) = U - \{b, o, c, g, h, k\}$

X_3 重要性程度：

$\mu_3 = |POS_{X_3}(D)|/|U| = \frac{9}{15}$

$U/\{x_{32}, x_{33}\} = \{\{a, d\}, \{b, i, o\}, \{c, g\}, \{e, f\}, \{h, k, m, n\}, \{j, l\}\}$

$POS_{\{x_{32}, x_{33}\}}(D) = \{a, d\}$

X_{31} 重要性程度：

$\mu_{31} = 1 - |POS_{\{x_{32}, x_{33}\}}(D)| / \|POS_{X_3}(D)\| = 1 - \frac{2}{9} = \frac{7}{9}$

$U/D = \{\{a, b, c, d, e\}, \{f, g, h, i, j\}, \{k, l, m, n, o\}\}$

$U/\{x_{31}, x_{33}\} = \{\{a\}, \{b, f, o\}, \{c, g\}, \{d\}, \{e, j\}, \{h, k\}, \{i, l\}, \{m, n\}\}$

$POS_{\{x_{31}, x_{33}\}}(D) = \{a, d, m, n\}$

X_{32} 重要性程度：

$\mu_{32} = 1 - |POS_{\{x_{31}, x_{33}\}}(D)| / \|POS_{X_3}(D)\| = 1 - \frac{4}{9} = \frac{5}{9}$

$U/\{x_{31}, x_{32}\} = \{\{a, j\}, \{b, o\}, \{c, g, i\}, \{d\}, \{e, h, k\}, \{f\}, \{m, n\}, \{l\}\}$

$POS_{\{x_{31}, x_{32}\}}(D) = \{d, f, m, n, l\}$

X_{33} 重要性程度：

$\mu_{33} = 1 - |POS_{\{x_{31}, x_{32}\}}(D)| / \|POS_{X_3}(D)\| = 1 - \frac{5}{9} = \frac{4}{9}$

4）发展潜力 X_4。

$U/D = \{\{a, b, c, d, e\}, \{f, g, h, i, j\}, \{k, l, m, n, o\}\}$

$U/X_4 = \{\{a\}, \{b\}, \{c\}, \{d, n\}, \{e, i, l\}, \{f\}, \{g\}, \{h\}, \{j\}, \{k, m\}, \{o\}\}$

$POS_{X_4}(D) = U - \{d, n, e, i, l\}$

X_4 重要性程度：

$\mu_4 = |POS_{X_4}(D)|/|U| = \frac{10}{15}$

$U/\{x_{42}, x_{43}\} = \{\{a, c\}, \{b, e, i, l\}, \{d, h, k, m, n\}, \{f, j\}, \{g\}, \{o\}\}$

$POS_{\{x_{42}, x_{43}\}}(D) = \{d, c, f, j, g, o\}$

X_{41} 重要性程度：

$\mu_{41} = 1 - |POS_{\{x_{42}, x_{43}\}}(D)| / \|POS_{X_4}(D)\| = 1 - \frac{6}{10} = \frac{4}{10}$

$U/\{x_{41}, x_{43}\}=\{\{a, g\}, \{b, d, n, o\}, \{c\}, \{e, h, i, l\}, \{f\}, \{j\}, \{k, m\}\}$

$POS_{\{x_{41}, x_{43}\}}(D)=\{c, f, j, k, m\}$

X_{42} 重要性程度：

$$\mu_{42}=1-\left|POS_{\{x_{41}, x_{43}\}}(D)\right| / \|POS_{X_4}(D)\|=1-\frac{5}{10}=\frac{5}{10}$$

$U/\{x_{41}, x_{42}\}=\{\{a, b\}, \{c\}, \{d, n\}, \{e, i, l\}, \{f\}, \{g, o\}, \{h\}, \{j\}, \{k, m\}\}$

$POS_{\{x_{41}, x_{42}\}}(D)=\{a, b, c, f, h, j, k, m\}$

X_{43} 重要性程度：

$$\mu_{43}=1-\left|POS_{\{x_{41}, x_{42}\}}(D)\right| / \|POS_{X_4}(D)\|=1-\frac{8}{10}=\frac{2}{10}$$

（3）评价指标的筛选及权重计算。

根据前面计算的评价指标重要性程度，得到以下定量化评价指标的重要性程度，见表 10-14。

表 10-14 “重要”服务代理商定量化评价指标的重要性程度

一级指标	二级指标	重要性程度
偿债能力 X_1	流动比率 X_{11}	0
	速动比率 X_{12}	0
	资产负债率 X_{13}	5/11
	利息保障倍数 X_{14}	5/11
获利能力 X_2	资产收益率（净利润）X_{21}	0
	销售净利率 X_{22}	12/13
	股本报酬率 X_{23}	0
经营效率 X_3	存货周转率 X_{31}	7/9
	流动资产周转率 X_{32}	5/9
	总资产周转率 X_{33}	4/9
发展潜力 X_4	净利润增长率 X_{41}	4/10
	销售增长率 X_{42}	5/10
	净资产增长率 X_{43}	2/10

根据表 10-14，筛除重要性程度较低的指标：流动比率、速动比率、资产收益率、股本报酬率及净资产增长率。

进一步，利用加权归一化方法计算筛选后的评价指标权重值，加权归一化公式为：

$$w_i = \frac{\mu_j \mu_{ij}}{\sum_{i,\ j} \mu_j \mu_{ij}}（i=1,\ 2,\ \cdots,\ k,\ j=1,\ 2,\ \cdots,\ n） \tag{10-8}$$

其中，w_i 表示第 i 个指标归一化以后的权重，μ_{ij} 表示第 i 个指标所属的第 j 个二级指标的重要性程度，u_{ii} 表示第 i 个指标的重要性程度。利用以上公式得到：

$$w_1 = \left(\frac{11}{15} \times \frac{5}{11}\right) \Big/ \left[\left(\frac{11}{15} \times \frac{5}{11}\right) + \cdots + \left(\frac{10}{15} \times \frac{5}{10}\right)\right] = 0.106$$

$$\vdots$$

$$w_8 = \left(\frac{10}{15} \times \frac{5}{10}\right) \Big/ \left[\left(\frac{11}{15} \times \frac{5}{11}\right) + \cdots + \left(\frac{10}{15} \times \frac{5}{10}\right)\right] = 0.106$$

（4）“重要”服务代理商定量化评价指标体系的构建。

通过以上的计算结果，即构建出“重要”服务代理商的定量化评价指标体系，见表 10-15。

表 10-15 “重要”服务代理商定量化评价指标体系

一级指标	二级指标	指标权重
偿债能力 X_1	资产负债率 X_{13}（逆向）	0.106
	利息保障倍数 X_{14}（正向）	0.106
获利能力 X_2	销售净利率 X_{22}（正向）	0.256
经营效率 X_3	存货周转率 X_{31}（正向）	0.150
	流动资产周转率 X_{32}（正向）	0.106
	总资产周转率 X_{33}（正向）	0.085
发展潜力 X_4	净利润增长率 X_{41}（正向）	0.085
	销售增长率 X_{42}（正向）	0.106

注：表中正向指标指效益型指标，越大越好；逆向指标指成本型指标，越小越好。

10.4.1.3 基于定量化指标的模糊综合评价

服务代理商的选择是涉及多种因素的综合评价问题，由于服务代理商的经营业绩往往受到各种不确定性因素的影响，因此，评价过程和结果往往具有一定的模糊性。另外，在评价过程中，如果受到评价者的感性认识影响过大或者评价方法的选择不够科学合理，都可能导致劣质的服务代理商进入企业的服务代理商库，甚至同其建立战略合作伙伴关系。基于此，本节进一步采用模糊综合评价方法对“重要”服务代理商进行定量化评价。

根据“重要”服务代理商的特点和主要影响因素，基于定量化指标的模糊综合评价过程如下：

1. 确定“重要”服务代理商的等级

以下将“重要”服务代理商分为 5 个等级，见表 10–16。

表 10–16 “重要”服务代理商等级

等　级	等级含义
Ⅰ	经营业绩很好
Ⅱ	经营业绩较好
Ⅲ	经营业绩一般
Ⅳ	经营业绩较差
Ⅴ	经营业绩差

2. 评价指标原始数据的归一化处理

以 10.4.1.2 中 15 个“重要”服务代理商作为待评价样本，结合表 10–11 和表 10–15，得到“重要”服务代理商的定量化评价指标的原始数据，见表 10–17。

表 10–17 “重要”服务代理商定量化评价指标的原始数据

指标 服务代理商	X_{13}	X_{14}	X_{22}	X_{31}	X_{32}	X_{33}	X_{41}	X_{42}
a	0.753	32.96	0.034	6.63	1.17	1.39	–0.341	0.107
b	0.590	2.70	0.074	4.90	0.742	0.433	–0.016	0.068
c	0.638	11.55	0.055	2.957	0.818	0.591	3.47	0.027
d	0.568	10.84	0.034	5.386	1.16	0.718	–0.555	–0.029
e	0.320	0.076	0.285	7.234	0.434	0.29	0.531	0.025
f	0.711	5.09	0.181	5.74	0.385	0.288	0.426	0.547
g	0.557	12.59	0.113	3.60	0.747	0.567	–0.232	0.503
h	0.869	99.9	0.010	6.249	0.009	0.009	0.011	–0.139
i	0.513	3.18	0.016	3.93	0.676	0.229	0.013	0.154
j	0.350	0.295	0.161	38.01	1.14	0.320	4.44	0.959
k	0.941	3.16	–0.196	6.093	0.841	0.182	2.92	–0.035
l	0.374	3.30	0.019	3.84	1.17	0.405	0.869	0.038
m	0.619	2.16	–0.264	1.95	0.110	0.069	2.27	–0.014
n	0.553	2.85	0.675	2.57	0.256	0.053	–0.907	–0.397
o	0.989	8.92	–0.163	5.74	0.634	0.366	–0.277	0.450

为了消除各指标的量纲和统一各指标的变化范围和方向，需要对指标的原始数据进行归一化处理。其中，对正向型指标和逆向型指标[①]，可以采用以下公式

① 分别对应指标数据越大越好和越小越好。

对原始数据进行归一化处理：

当指标类型为正向型（或效益型）时，取：

$$r'_{ij} = \frac{r_{ij} - \min_i\{r_{ij}\}}{\max_i\{r_{ij}\} - \min_i\{r_{ij}\}}, \quad r'_{ij} \in [0,\ 1] \tag{10-9}$$

当指标类型为逆向型（成本型）时，取：

$$r'_{ij} = \frac{\max_i\{r_{ij}\} - r_{ij}}{\max_i\{r_{ij}\} - \min_i\{r_{ij}\}}, \quad r'_{ij} \in [0,\ 1] \tag{10-10}$$

式中，$\max_i(r_{ij})$ 和 $\min_i(r_{ij})$ 分别表示第 j 个指标的最大值和最小值。

利用上述公式对原始指标数据归一化处理后的结果，见表 10-18。

表 10-18 归一化以后的指标数据

指标 服务代理商	X_{13}	X_{14}	X_{22}	X_{31}	X_{32}	X_{33}	X_{41}	X_{42}
a	0.353	0.329	0.317	0.129	1	1	0.105	0.371
b	0.596	0.026	0.359	0.081	0.631	0.307	0.166	0.342
c	0.525	0.115	0.339	0.027	0.696	0.421	0.818	0.312
d	0.629	0.108	0.317	0.095	0.991	0.513	0.065	0.271
e	1	0	0.584	0.146	0.366	0.203	0.268	0.311
f	0.416	0.050	0.473	0.105	0.323	0.202	0.249	0.696
g	0.646	0.125	0.401	0.045	0.635	0.404	0.126	0.663
h	0.179	1	0.291	0.119	0	0	0.171	0.190
i	0.712	0.031	0.298	0.054	0.574	0.159	0.172	0.406
j	0.955	0.002	0.452	1	0.974	0.225	1	1
k	0.072	0.031	0.072	0.115	0.716	0.125	0.715	0.266
l	0.919	0.032	0.301	0.052	1	0.286	0.332	0.320
m	0.553	0.021	0	0	0.086	0.043	0.594	0.282
n	0.652	0.028	1	0.017	0.212	0.031	0	0
o	0	0.086	0.107	0.105	0.538	0.258	0.117	0.624

3. 确定指标的隶属函数

为讨论方便，不妨设每一评价指标属于 5 个等级的隶属函数为模糊正态分布：

$$\mu v_i(x) = e^{-(x-c_i)^2} \quad (i = 1,\ 2,\ \cdots,\ 5) \tag{10-11}$$

式中，x 为指标值，$\mu v_i(x)$ 为 x 对 v_i 等级的隶属度，c_i 为对 v_i 等级的隶属度 $\mu v_i(u) = 1$ 时的常数。每个等级的指标隶属函数，见表 10-19。

表 10-19　每个等级的隶属函数

等　级	等级含义	隶属函数
I I	很好	$\mu v(x)=e^{-(x-1)^2}$
Ⅱ	较好	$\mu v(x)=e^{-(x-0.8)^2}$
Ⅲ	一般	$\mu v(x)=e^{-(x-0.6)^2}$
Ⅳ	较差	$\mu v(x)=e^{-(x-0.4)^2}$
V	差	$\mu v(x)=e^{-(x-0.2)^2}$

4. 计算加权隶属度，确定“重要”服务代理商的等级

首先，由表 10-19 中的隶属函数计算出每个“重要”服务代理商的每一指标所对应的不同等级的隶属度。其次，根据表 10-15 中的指标权重，计算得到每个“重要”服务代理商对应不同等级的加权隶属度。最后，根据最大隶属度法则，确定“重要”服务代理商的等级。计算结果，见表 10-20。

表 10-20　加权隶属度及等级表

服务代理商 \ 等级	I	Ⅱ	Ⅲ	Ⅳ	V	等级结果
a	0.668643	0.794197	0.884546	0.921937	0.897458	IV
b	0.621531	0.772595	0.891866	0.956186	0.951802	IV
c	0.862299	0.901099	0.802313	0.746289	0.723816	II
d	0.637706	0.772725	0.875953	0.927739	0.916862	IV
e	0.664282	0.794688	0.908869	0.828725	0.805631	III
f	0.736601	0.885917	0.801003	0.859187	0.848163	II
g	0.668469	0.807688	0.907803	0.949365	0.923932	IV
h	0.551921	0.696836	0.824382	0.911333	0.939183	V
i	0.604322	0.753955	0.875141	0.944834	0.948511	V
j	0.877895	0.874627	0.828077	0.820269	0.725099	I
k	0.540525	0.688819	0.820277	0.911701	0.944535	V
l	0.643165	0.768151	0.862172	0.807727	0.794696	III
m	0.492183	0.645696	0.789349	0.898606	0.951949	V
n	0.668643	0.712107	0.792993	0.849177	0.831472	IV
o	0.621531	0.928329	0.827973	0.925387	0.961169	V

从表 10-20 可以看出，在该 15 家“重要”服务代理商中，服务代理商 j 的经营业绩很好，服务代理商 c，f 较好，服务代理商 e，l 一般，服务代理商 a，b，d，g，n 较差，服务代理商 h，i，k，m，o 差。

$$j>f>c>e>l>\cdots>0 \tag{10-12}$$

以上评价结果在一定程度上为选择“重要”服务代理商提供了有效的决策依据。

10.4.2 “重要”服务代理商的定性化评价

以上基于定量化评价指标体系，对“重要”服务代理商进行了定量化评价。如果定量化评价结果已达到了要求，则还应该考虑结合一些主要的定性化评价指标对“重要”服务代理商进行再评价。主要的定性化评价指标应包括服务质量、技术水平、用户满意度、合作关系和协调组织能力五个方面。以下采用模糊多属性决策方法对“重要”服务代理商进行定性化评价。

10.4.2.1 模糊多属性决策理论

记“重要”服务代理商 X_i 在评价属性 G_j 下的属性值为区间模糊数 $[x^L_{ij}, x^R_{ij}]$，评价属性 G_j 的权重不能完全确定，则区间模糊决策矩阵 X 为：

$$X=\begin{bmatrix} [x^L_{11}, x^R_{i11}] & [x^L_{12}, x^R_{12}] & \cdots & [x^L_{1n}, x^R_{1n}] \\ [x^L_{21}, x^R_{21}] & [x^L_{22}, x^R_{22}] & \cdots & [x^L_{2n}, x^R_{2n}] \\ \vdots & \vdots & \vdots & \vdots \\ [x^L_{m1}, x^R_{m1}] & [x^L_{m2}, x^R_{m2}] & \cdots & [x^L_{mn}, x^R_{mn}] \end{bmatrix} \tag{10-13}$$

根据灰色关联分析的思想，下面给出属性权重信息不完全下的区间模糊数多属性决策过程：

1. 对决策矩阵进行规范化处理

记规范化后的矩阵为：

$$Y=([y^L_{ij}, y^R_{ij}])_{m\times n} \tag{10-14}$$

其中，类似 10.4.1 中的归一化处理方法，当属性指标为效益型时：

$$\begin{cases} y^L_{ij}=\dfrac{x^L_{ij}}{\sqrt{\sum\limits_{i=1}^{m}(x^R_{ij})^2}} \\ y^R_{ij}=\dfrac{x^R_{ij}}{\sqrt{\sum\limits_{i=1}^{m}(x^L_{ij})^2}} \end{cases} \tag{10-15}$$

当属性值指标为成本型时：

$$
\begin{cases}
y_{ij}^{L} = \dfrac{\dfrac{1}{x_{ij}^{R}}}{\sqrt{\sum\limits_{i=1}^{m}\left(\dfrac{1}{x_{ij}^{L}}\right)^{2}}} \\
y_{ij}^{R} = \dfrac{\dfrac{1}{x_{ij}^{L}}}{\sqrt{\sum\limits_{i=1}^{m}\left(\dfrac{1}{x_{ij}^{R}}\right)^{2}}}
\end{cases}
\tag{10-16}
$$

2. 确定正负理想点

正理想点：

$$e = [e_j^L,\ e_j^R] = [\max_i y_{ij}^L,\ \max_i y_{ij}^R]$$

负理想点：

$$f = [f_j^L,\ f_j^R] = [\min_i y_{ij}^L,\ \min_i y_{ij}^R]$$

3. 计算属性值的区间模糊数到正理想点的灰色关联系数

各“重要”服务代理商属性值的区间模糊数到正理想点的灰色关联系数为：

$$\rho_{ij} = \frac{\min\limits_{1\leqslant i\leqslant m}\min\limits_{1\leqslant j\leqslant n}\left|[e_j^L,\ e_j^R]-[y_{ij}^L,\ y_{ij}^R]\right| + \gamma\max\limits_{1\leqslant i\leqslant m}\max\limits_{1\leqslant j\leqslant n}\left|[e_j^L,\ e_j^R]-[y_{ij}^L,\ y_{ij}^R]\right|}{\left|[e_j^L,\ e_j^R]-[y_{ij}^L,\ y_{ij}^R]\right| + \gamma\max\limits_{1\leqslant i\leqslant m}\max\limits_{1\leqslant j\leqslant n}\left|[e_j^L,\ e_j^R]-[y_{ij}^L,\ y_{ij}^R]\right|} \tag{10-17}$$

各“重要”服务代理商属性值的区间模糊数到负理想点的灰色关联系数为：

$$\theta_{ij} = \frac{\min\limits_{1\leqslant i\leqslant m}\min\limits_{1\leqslant j\leqslant n}\left|[y_{ij}^L,\ y_{ij}^R]-[f_j^L,\ f_i^R]\right| + \gamma\max\limits_{1\leqslant i\leqslant m}\max\limits_{1\leqslant j\leqslant n}\left|[y_{ij}^L,\ y_{ij}^R]-[f_j^L,\ f_j^R]\right|}{\left|[y_{ij}^L,\ y_{ij}^R]-[f_j^L,\ f_j^R]\right| + \gamma\max\limits_{1\leqslant i\leqslant m}\max\limits_{1\leqslant j\leqslant n}\left|[y_{ij}^L,\ y_{ij}^R]-[f_j^L,\ f_j^R]\right|} \tag{10-18}$$

其中，区间数的距离计算公式为：

$$\left|[e_j^L,\ e_j^R]-[y_{ij}^L,\ y_{ij}^R]\right| = \sqrt{(e_j^L-y_{ij}^L)^2+(e_j^R-y_{ij}^R)^2}$$

$$\left|[y_{ij}^L,\ y_{ij}^R]-[f_j^L,\ f_j^R]\right| = \sqrt{(y_{ij}^L-f_j^L)^2+(y_{ij}^R-f_j^R)^2}$$

$(i=1,\ 2,\ \cdots,\ m,\ j=1,\ 2,\ \cdots,\ n)$

式（10-18）中 γ 为分辨系数，$\gamma\in[0,\ 1]$，一般取 $\gamma=0.5$。

4. 计算正负理想点的关联度

$$\rho_i=\sum_{j=1}^{n}\rho_{ij}w_j,\ \theta_i=\sum_{j=1}^{n}\theta_{ij}w_j\ (i=1,\ 2,\ \cdots,\ m)$$

由于"重要"服务代理商的各指标属性权重 w_j 是未知的，为此要得到 ρ_i，θ_i，需要解如下多目标最优化模型：

$$\begin{cases}\max\rho_i=\sum_{j=1}^{n}\rho_{ij}w_j\ (i=1,\ 2,\ \cdots,\ m)\\ \min\theta_i=\sum_{j=1}^{n}\theta_{ij}w_j\ (i=1,\ 2,\ \cdots,\ m)\\ \text{s.t.}\ \ w_j\in w,\ j=1,\ 2,\ \cdots,\ n,\ w_j\geqslant 0,\ \sum_{j=1}^{n}w_j=1\end{cases}\tag{10-19}$$

如果各个方案是公平竞争的，不存在任何偏好关系，则可将上面的多目标优化问题转化为如下单目标最优化问题[①]：

$$\begin{cases}\min(\theta_i-\rho_i)=\sum_{j=1}^{n}(\theta_{ij}-\rho_{ij})w_j\ (i=1,\ 2,\ \cdots,\ m)\\ \text{s.t.}\ \ w_j\in w\ (j=1,\ 2,\ \cdots,\ n),\ w_j\geqslant 0,\ \sum_{j=1}^{n}w_j=1\end{cases}\tag{10-20}$$

由此解出权向量 w。

5. 评价结果

$$\sigma_i=\frac{\rho_i}{\rho_i+\theta_i}\tag{10-21}$$

按 σ_i 的大小顺序排列，其值越大，服务代理商越优。

10.4.2.2 算例分析

记服务质量（G_1）、技术水平（G_2）、用户满意度（G_3）、合作关系（G_4）、协调组织能力（G_5）五个属性作为"重要"服务代理商的定性化评价属性，对前面由模糊综合评价法评选出的前 5 个服务代理商 j、c、f、e、l 进行定性化评价。权重信息不完全性假设为：

$w_1-w_2\leqslant 0.2$，$0.1\leqslant w_3-w_2\leqslant 0.3$，$w_2-w_4\leqslant 0.1$，$w_4-w_5\leqslant 0.3$

通过相关的行业专家打分，得到如下的模糊决策矩阵 X 为：

① 如果存在偏好关系，则只需进行加权处理即可。

$$X=\begin{bmatrix} [7.0,\ 8.0] & [8.0,\ 9.0] & [8.5,\ 9.0] & [8.7,\ 9.0] & [8.0,\ 8.5] \\ [7.5,\ 8.0] & [8.1,\ 8.8] & [8.0,\ 8.8] & [8.8,\ 9.3] & [7.8,\ 8.0] \\ [8.0,\ 8.4] & [7.5,\ 8.0] & [8.6,\ 9.2] & [8.5,\ 9.1] & [8.0,\ 8.6] \\ [7.0,\ 7.6] & [8.0,\ 8.2] & [7.6,\ 8.6] & [8.0,\ 8.9] & [8.2,\ 8.4] \\ [7.8,\ 8.2] & [7.6,\ 8.3] & [8.0,\ 8.3] & [8.2,\ 9.0] & [7.9,\ 8.5] \end{bmatrix}$$

规范化的模糊决策矩阵为：

$$X=\begin{bmatrix} [0.496,\ 0.615] & [0.537,\ 0.662] & [0.545,\ 0.621] & [0.551,\ 0.601] & [0.552,\ 0.621] \\ [0.532,\ 0.615] & [0.544,\ 0.647] & [0.513,\ 0.607] & [0.557,\ 0.620] & [0.538,\ 0.583] \\ [0.567,\ 0.646] & [0.503,\ 0.588] & [0.551,\ 0.634] & [0.538,\ 0.607] & [0.552,\ 0.628] \\ [0.496,\ 0.594] & [0.537,\ 0.602] & [0.485,\ 0.594] & [0.488,\ 0.592] & [0.567,\ 0.611] \\ [0.553,\ 0.631] & [0.510,\ 0.609] & [0.513,\ 0.573] & [0.504,\ 0.601] & [0.545,\ 0.621] \end{bmatrix}$$

1. 确定正负理想点

e = ([0.567, 0.646], [0.544, 0.647], [0.551, 0.634], [0.557, 0.620], [0.567, 0.628])

f = ([0.496, 0.594], [0.503, 0.588], [0.485, 0.573], [0.488, 0.592], [0.538, 0.583])

2. 计算各“重要”服务代理商的模糊数灰色关联系数

$$\rho_{ij}=\begin{bmatrix} 0.4581 & 1.000 & 0.8420 & 0.6978 & 0.8096 \\ 0.5164 & 0.9018 & 0.5874 & 0.8125 & 0.4798 \\ 0.9856 & 0.4474 & 0.9035 & 0.6150 & 0.8967 \\ 0.3835 & 0.6482 & 0.4041 & 0.4115 & 0.8768 \\ 0.8984 & 0.5723 & 0.4898 & 0.5289 & 0.8436 \end{bmatrix}$$

$$\theta_{ij}=\begin{bmatrix} 0.8412 & 0.5098 & 0.5880 & 0.7078 & 0.5603 \\ 0.7827 & 0.4865 & 0.7835 & 0.6321 & 0.8143 \\ 0.4387 & 0.9056 & 0.5982 & 0.8016 & 0.5463 \\ 0.9235 & 0.7482 & 0.9241 & 0.9568 & 0.5988 \\ 0.5276 & 0.8423 & 0.9098 & 0.8982 & 0.7036 \end{bmatrix}$$

3. 求解如下单目标最优化问题

$$\begin{cases} \max\ \rho_i = 0.2717w_1 - 0.0773w_2 + 0.5768w_3 + 0.9308w_4 - 0.6805w_5 \\ w_1 - w_2 \leqslant 0.2 \\ 0.1 \leqslant w_3 - w_2 \leqslant 0.3 \\ w_2 - w_4 \leqslant 0.1 \\ w_4 - w_5 \leqslant 0.3 \\ \text{s.t.}\ \ w_j \in w\ \ (j = 1,\ 2,\ \cdots,\ n),\ w_j \geqslant 0,\ \sum_{j=1}^{n} w_j = 1 \end{cases}$$

解得权重向量：$e = (0.2854,\ 0.2046,\ 0.2532,\ 0.1542,\ 0.1026)$

4. 各服务代理商对正负理想点的关联度

$\rho_1 = 0.7339$，$\rho_2 = 0.6546$，$\rho_3 = 0.7884$，$\rho_4 = 0.4975$，$\rho_3 = 0.6646$

$\theta_1 = 0.6599$，$\theta_2 = 0.6995$，$\theta_3 = 0.6417$，$\theta_4 = 0.8596$，$\theta_3 = 0.7640$

5. 各方案对正理想点的相对关联度

$\sigma_1 = 0.5265$，$\sigma_2 = 0.4834$，$\sigma_3 = 0.5513$，$\sigma_4 = 0.3666$，$\sigma_5 = 0.4652$

可见在这 5 个“重要”服务代理商中，排序的结果是：

$$f > j > c > l > e \tag{10-22}$$

换言之，服务代理商 f 的定性评价结果最好，j 次之，…，e 最差。

10.4.3 基于模糊 Borda 法的综合评价

在前面定量和定性化评价的基础上，利用模糊 Borda 法综合定量与定性化的评价结果，最终实现对“重要”服务代理商的优选①。

10.4.3.1 模糊 Borda 法原理

模糊 Borda 法由 C. De Borda 提出，最初用于选举问题的组合评价，意在通过集合 m 位评价者对 n 个被评价对象的评价得到 Borda 分值，进而，以 Borda 分值大小为依据对被评价对象进行排序。有部分学者认为，通过 Borda 法得出的序关系其本身是定性的结果，不能体现定性化与定量化结合的综合评价。为了解决该问题，本节将 10.4.1 中的定量结论与 10.4.2 中的定性结论加以综合，在 Borda 法基础上进行了一些改进，称为模糊 Borda 法。

模糊 Borda 法的主要计算步骤如下：

① 此处提出的评价方法不仅适用于“重要”服务代理商，而且也可以拓展到规模较大的服务代理商。

（1）计算隶属度。

$$\mu_{ik}=\frac{x_{ik}-\min\{x_{ik}\}}{\max\{x_{ik}\}-\min\{x_{ik}\}}\times0.9+0.1 \tag{10-23}$$

式中，x_{ik} 是 x_i 方案在第 k 种方法下的得分，i = 1，2，…，n；k = 1，2，…，p，μ_{ik} 是 x_i 方案在第 k 种方法下属于“优”的隶属度。

（2）计算模糊频率。

$$W_{ki}=\frac{\mu_{ik}}{R_i} \tag{10-24}$$

式中，$R_i=\sum_k f_{ki}$，W_{ki} 反映了得分差异因素。

（3）将被评价对象所排位次转化成位次得分。

为拉开得分差距，将被评价对象所排位次转换成位次得分：

$$Q_{ki}=\frac{1}{2}(n-h)(n-h+1) \tag{10-25}$$

式中，Q_{ki} 代表 x_i 在第 k 种方法下的优序关系中排在第 h 位的得分。

（4）计算模糊 Borda 数。

$$FB_i=\sum_k W_{ki}Q_{ki} \tag{10-26}$$

10.4.3.2　算例分析

根据本章 10.4.1 中的定量化评价结论，选取在 5 家评价较好的服务代理商 j、c、f、e、l，并结合 10.4.2 中的定性化分析结论进行计算。

首先，对于 10.4.1 中定量化分析的结论（见表 10–20）进行单值化处理。由于在分类中，第 I 等级到第 V 等级分别代表综合实力很好到很差，因此分别对第 I 等级到第 V 等级进行从大到小递减赋权，分别设为 0.3，0.25，0.2，0.15，0.1。

基于定量化指标的模糊综合评价法和基于定性化指标的模糊多属性决策得到的评价值，见表 10–21。

表 10–21　两种方法的评价值

服务代理商	模糊综合评价法	模糊多属性决策
j	0.8431910	0.5513
c	0.8287520	0.5265
f	0.8168355	0.4834
e	0.7846020	0.4652
l	0.7580500	0.3666

其次，利用上表中的数据，应用式（10–23）可以计算出各个服务代理商在模糊综合评价法以及模糊多属性决策下的隶属度，得到的结果见表 10–22。

表 10–22　服务代理商隶属度

服务代理商	μ_1	μ_2
j	1.0000	1.0000
c	0.8474	0.8792
f	0.7214	0.6691
e	0.3806	0.5805
l	0.1000	0.1000

再次，根据表 10–22，利用式（10–24）计算出各服务代理商的模糊频率，见表 10–23。

表 10–23　服务代理商模糊频率

服务代理商	W_1	W_2
J	0.5000	0.5000
C	0.4908	0.5092
F	0.5188	0.4812
E	0.3960	0.6040
L	0.5000	0.5000

再其次，通过式（10–25）将各服务代理商在模糊综合评价法及模糊多属性决策两种方法中的排名分别转换成得分，见表 10–24。

表 10–24　服务代理商得分

服务代理商	Q_1	Q_2
j	10	6
f	6	10
c	3	3
e	1	0
l	0	1

最后，根据式（10–26）计算出各个服务代理商的 Borda 数，并根据其 Borda 数的大小进行排序，最终结果见表 10–25。

由此，可以得到基于模糊 Borda 法的服务代理商的综合排序结果：

$$j>f>c>l>e \tag{10–27}$$

表 10-25　模糊 Borda 数

服务代理商	FB_i	排序
j	8	1
f	7.9248	2
c	3	3
l	0.5	4
e	0.3960	5

由前面的结果可知，服务代理商 j 最好，服务代理商 f，c 次之，服务代理商 l，e 再次之，与基于定量化的模糊评价的排序结果基本一致（见式（10-12））。进一步，由于基于定性分析的服务代理商排序结果为 f>j>c>l>e（见式（10-22）），即服务代理商 f 获得了最好的定性评价结果。因此，企业可根据具体情况考虑是否调整服务代理商 f 和 j 的排序（注：此例中，服务代理商 f 和 j 的模糊 Borda 数差别很小，而服务代理商 j 的定量化评价结果为 I 级，f 与 c 的同为 II 级，l 与 e 同为 III 级，见表 10-20）。

10.5　本章小结

首先，本章对新兴技术项目产品的服务代理网点布局问题展开讨论。从服务代理商选址的方法、服务代理网点布局的影响因素以及服务代理网点布局的原则等多个方面进行了分析。进一步，以某大型新兴技术装备的生产厂商为例，对其服务代理网点的布局进行了讨论，并利用 AHP 法计算出权重，由此选择出备选的服务代理商，最终实现服务代理网点的布局。

其次，本章针对“重要”服务代理商的特点，遵循科学性、系统性、客观性、功能性、独立性及可操作性等原则，从定量化方面选取了反映“重要”服务代理商经营业绩的初始评价指标；进一步，利用粗糙集属性约简中的相对重要性算法对初始指标进行约简，剔除冗余指标，从而得到筛选后的“重要”服务代理商的定量化评价指标体系。由于粗糙集属性约简算法在不影响评价结果的前提下有效地剔除了冗余指标，减少了后续计算量，从而评价指标体系更加科学、合理。

最后，本章以模糊评价理论和多属性决策理论为基础，讨论了如何处理服务代理商评价过程中的不确定性和模糊性问题，并运用模糊综合评价方法和多属性决策方法，分别从定量化和定性化角度对“重要”服务代理商进行评价。在此基础上，运用模糊 Borda 法综合定量化和定性化的评价结果，最终实现“重要”服务代理商的优劣排序。

在给出的算例中，本章所提出的三种评价方法对“重要”服务代理商的评价结果均具有较好的一致性[①]。由于模糊 Borda 法综合了定量和定性的因素，因此，基于模糊 Borda 法的排序结果体现了“重要”服务代理商的最终评价结果。本章提出的方法具有简单、合理且可操作性，可以方便地实现对新兴技术项目产品的服务代理商进行评价和选择。

① 在许多情况下，三种方法的评价结果可能会出现差异，但由于模糊综合评价方法和模糊多属性决策方法分别是从定量化或定性化的角度进行评价的，而模糊 Borda 法综合了定量和定性的评价结果，因此，模糊 Borda 法得到的评价结果更具有合理性。

第四篇

新兴技术项目的综合管理

第 11 章　新兴技术项目资产管理制度的探讨

11.1　引　言

当新兴技术项目完成之后，新兴技术项目企业[①] 依托新兴技术项目将形成一批固定资产，如果新兴技术项目是由国家财政投入，则这些资产应该属于国有资产，国有资产的管理问题可以参照一般国有资产的管理办法进行管理。但迄今为止，由国家财政资金资助的新兴技术项目形成的国有资产[②] 的管理问题仍然没有有效的解决办法。由此可知，新兴技术项目资产的管理问题不仅是新兴技术项目管理的重要内容和新兴技术项目综合管理体系（见第 12 章）中的重要组成部分，而且已成为当前新兴技术项目管理中亟待解决的突出问题。目前，该方面的研究几乎是空白的。

本章主要针对由国家财政资金资助的新兴技术项目的资产管理问题展开讨论。新兴技术项目对资金的需求通常巨大，“九五”以来，我国对新兴技术项目的投资力度不断加大，新兴技术项目的资产也在快速增加。如果项目主要由国家财政投资，则项目完成验收后所形成的资产，从严格意义上讲是属于国有资产。然而，对这类资产的管理无论是管理部门还是管理办法目前都处于缺位状态[③]。

① 此处谈及的新兴技术项目企业包括已经转型的企业化科研单位，但不包括事业单位编制的科研院所。

② 以下简称由国家财政资金支持的新兴技术项目所形成的资产为新兴技术项目资产。

③ 从管理部门来看，项目的投资主体为国家，委托的管理部门都不具备资产管理的职能，而国资委虽有资产管理职能，但较少介入新兴技术项目领域。在新兴技术项目立项和项目验收前的管理阶段一般不涉及该问题，但验收后的资产由谁代为行使出资人职能，确保国有资产的保值增值，目前仍然没有明确的界定。

本章的安排如下：11.2 节针对新兴技术项目“资产转固”后形成的资产的管理问题展开讨论；11.3 节根据对一些新兴技术项目企业的实地调查结果，针对新兴技术项目“资产转固”后资产管理缺失的现状进行分析；11.4 节借鉴委托代理的相关理论，从国有资产管理的视角，针对新兴技术项目资产的管理问题提出相应的对策建议；11.5 节提出了新兴技术项目资产的管理登记制度，这些制度也是新兴技术项目闭环管理的重要内容；11.6 节是本章小结。

11.2 由国家财政资助的新兴技术项目资产管理存在的问题

本节将针对由国家财政资金资助的新兴技术项目形成的国有资产管理问题展开讨论。

伴随经济体制改革和政治体制改革深入开展和我国综合实力的日益强盛，国有资产的管理问题面临新形势的挑战。由于新兴技术项目的特点，出资者对新兴技术项目的监管比较薄弱，导致新兴技术项目的管理出现了一些新的问题：一些由国家财政资金资助的新兴技术项目形成的国有资产用途非国有化，并且未向相关主管部门报告；一些新兴技术项目企业的国有资产（尤其是土地、装备和技术成果）大量流失、挖潜改造或扩大资产用途；政府对国有资产占有者的管理手段减弱等。因此，无论从理论上还是从实践上，需要从国家的高度、从全局上统筹考虑应对措施，解决新兴技术项目的资产管理问题。为此，本章首先找出存在的主要问题，从现象剖析原因。

11.2.1 新兴技术项目资产管理存在的主要问题

11.2.1.1 新兴技术项目的资产家底不清

第一，目前，新兴技术项目资产大都尚未纳入国有资产的统计口径，也包括各类新兴技术项目的专项资金投入。

第二，由国家财政资金资助的新兴技术项目资金主要用于新兴技术项目企业的科研和后续生产，但是，当新兴技术转化为生产力后才能体现它的价值。因

此，一部分新兴技术项目投入的资金改变了原有的用途，这部分资金所形成的资产大都未按照国有资产进行管理。

第三，新兴技术项目形成的无形资产，尤其是重要的技术资产，包括专利、非专利技术等，还有品牌和企业商誉等，都未纳入国有资产的统计口径和会计核算。此外，大量国有划拨土地所包含的增长价值也未统计入内。

第四，由于种种原因，新兴技术项目企业形成的大量不良资产虚增了资产量，扭曲了统计数据。

目前，需要明确由国家财政资金资助的新兴技术项目资产的统计原则，这样才能进行合理的统计。由于当前新兴技术项目资产的“总量”存在模糊不清的状况，导致那些用于评估新兴技术项目投资效益的数据都可能失去其原有的意义，同时还伴随着很多其他的问题。需要说明的一点是，造成新兴技术项目资产家底不清还有一些其他客观原因，如电子行业的管理机构调整变化十分频繁，调整变化打乱了原来的统计口径。

11.2.1.2 新兴技术项目资产损失的行为

由国家财政资金资助的新兴技术项目所形成的资产损失，是当前国有资产管理中出现的新情况[①]。目前，还没有对新兴技术项目资产损失的违法行为主体进行处罚的相关法律依据。根据相关的调查，新兴技术项目资产损失的行为可以大致归纳为以下 10 个方面：

第一，一些新兴技术项目企业或科研单位不遵守规章制度，未经相关部门批准，改制时将新兴技术项目资产（包括流动资产、固定资产、无形资产和土地使用权等）作为一般经营性资产处置，削弱了国家对这部分国有资产的控制力。

第二，未经批准，擅自处置新兴技术项目资产，如投资、转让、租赁、担保等。

第三，未经批准，擅自长期改变新兴技术项目资产的原来用途，无偿或低价使用相关资产，从事与新兴技术项目无关的生产活动。

第四，一些新兴技术项目资产虽然登记为国有资产，但实际上已转作私用。

第五，提取的新兴技术项目资产装备设施折旧费，未全部用于购建新兴技术

---

① 国有资产流失是指因国有资产的经营者、占有者、出资者或管理者，出于主观意愿或由于过失，违反法律、法规或规定，实施了危害国有资产安全的行为，而给国有资产造成的毁损或灭失。这一概念同样可以延伸至新兴技术项目资产。

项目科研生产任务所需要的固定资产。

第六，完成新兴技术项目的合同后，大额剩余财产不入账。

第七，未建立严格的国有资产管理制度或有关人员未严格执行，使新兴技术项目资产受到损失。

第八，技术人员调离新兴技术项目企业或科研单位的科研生产岗位时，未严格执行技术交接手续，携走属于单位的技术资料。

第九，安排新兴技术项目研发和生产时的科学决策失误，造成资产投资浪费。

第十，虚报资产投资总额，新兴技术项目实施时擅自改变投资项目的内容或私自改变资金用途，损害了国家利益。

上述这些造成新兴技术项目资产损失的行为，有些可能并未直接导致国有资产的损失，但造成了财政支出的漏洞——国家财政专项支出减少，使得需要再次利用这些资产时，国家财政不得不重复投资，同时也延误了新兴技术项目的进度。

11.2.1.3 新兴技术项目投资效率不高

第一，重复建设屡禁不止。改革开放以来，国家对国有资产的“总量”一直处于模糊的状态，这无疑给一些新兴技术项目企业留了空子，虽然都以科研名义搞项目，实际上是为了争夺国有资产来建设自己的单位、私用项目资产，这种现象频频出现。近年来，由于国家对新兴技术项目投资的额度骤增，一些新兴技术项目企业争投资、争引进、争项目的现象愈演愈烈。加之，负责新兴技术项目的管理部门与负责国有资产投资的管理部门沟通不够，负责新兴技术项目立项的部门将一些项目投向了一些不符合新兴技术科研和生产能力结构调整方向的项目。因此，在这种家底不清、需求急迫、没有时间做过细调研工作的情况下，难免造成新兴技术项目投资安排中的失误。如不及时改善新兴技术项目的管理和评估制度，势必造成了边立项、边调整的重复局面。

第二，以行政管理为主的合同管理无力。一些新兴技术项目企业以“保证质量”为由，迫使国家增加对项目的投资。一些新兴技术项目企业为了消耗项目的剩余资金，明明已经完成并达到项目要求，但迟迟不申请竣工验收。对这些做法，政府如果继续采用以行政管理为主的手法，可能无计可施，只能默认这些新兴技术项目的低效率投资。

11.2.1.4　新兴技术项目资产的产权管理薄弱

新兴技术项目资产产权管理薄弱表现为一些新兴技术项目资产的产权主体不明晰和产权管理机构不明确。很多新兴技术项目企业占有国有资产却不干实事，导致了国有资产的浪费，随之而来的是产权主体虚位现象的出现，引起了社会各界的舆论，其实质是究竟谁来代表国家行使所有权。由于各方面的利益主体太多，目前还难以形成统一的认识并实施有效的管理。新兴技术项目资产的产权主体不明表现在以下两个方面：

第一，政府管理责任存在空白和重叠。从政府机构看，除国有资产管理委员会外，与新兴技术项目资产管理相关的部门还涉及多个部委。粗看似乎有资金管理、行业管理、宏观调控、微观指导、审计监督和人事管理的完整结构。但近几年的实践表明，多头管理使政府的管理责任存在空白和重叠现象，导致新兴技术项目资产的产权主体不明。

第二，项目经费的行政管理职能薄弱。新兴技术项目经费的行政管理部门主要是从宏观上对项目经费的管理进行总量平衡，难以知晓项目经费的真实需求情况和效果，难以知晓项目基本建设或技改投资的必要性与效果。因此，基本无法顾及带有局部性的新兴技术项目资产面临的管理问题。

11.2.2　新兴技术项目资产损失的经济分析

从经济规律上看，新兴技术项目资产损失的原因有以下两个方面：

第一，出资者利益与经营者利益不完全一致。新兴技术项目资产一旦成为法人财产，尤其变为经营者控制的资产后，经营者作为一个经济人，在经营这些资产的过程中仅仅追求自己的目标，并未把出资者的目标作为自己的目标，名义上的国有资产其实已经是为经营者服务的资产，成为经营者追求自身利益的工具。如果国家因为这些资产的损失而重新投资建设，对国家势必造成更大的损失。

第二，经营者与出资者的利益不完全一致。从经营者的角度来看，管理国有资产的部门要求国有资产的保值增值，而新兴技术项目的管理部门更看重“具有战略性的技术目标”，但战略性技术目标通常不太讲经济效率，两个目标要在同一个经营者身上实现，可能形成矛盾。保值增值目标与企业追求的目标一致，而战略性技术目标与企业当前的经营目标可能不完全相符。因此，在管理不到位的情况下，企业经营者很容易利用新兴技术项目资产去进行与项目目标不相符的生产经营活动。换言之，混同管理的结果可能导致新兴技术项目资产的损失，最终也导致国有资产的损失。

11.3 一般新兴技术项目资产管理存在的问题

由国家财政资金资助的新兴技术项目资产目前还存在比较严重的管理问题，一般非国家财政资金资助的新兴技术项目资产的管理仍然存在一些较为严重的问题。根据相关的调查，发现存在的一些主要问题有以下几个方面：

第一，一些新兴技术项目企业虚报利润。例如，某新兴技术项目产品的实际利润高达30%，却只报5%的利润，损害了投资者和股东的利益。这种情况发生在高新技术类项目企业中较多，在一般传统类企业中较少发生。

第二，一些新兴技术项目企业在项目决算后，遗留在企业中的无主资产（在项目形成的资产中可能占较大比例）逐年积累将形成一笔可观的账外资产。

第三，新兴技术项目立项或研发过程出现失误，据相关资料统计（不含基础性和通用性的新兴技术项目），由于立项不科学或研发出现失误，造成研究成果未被采用的情况不在少数，最终将损害投资者、债权人和股东的利益。

第四，一些新兴技术项目完成后，迟迟不申请竣工验收，意在消耗剩余的项目资金，最终损害了投资者和股东的利益。

第五，新兴技术项目企业依托新兴技术项目开展的各类投资和经营性活动所获得的收益大多没有按照国有资产管理办法进行登记和使用。

11.4 对策和政策建议

就由国家财政资金资助的新兴技术项目而言，家底不清、损失严重和重复建设，不仅使国家大量资金付之东流，最终可能使新兴技术丧失了发展的机遇。一些涉密的新兴技术项目还因为新兴技术项目资产的流失造成失密，使国家安全受

到直接危害。另外，项目的预决算和统计结果存在大量水分，不仅影响国家财政对总量平衡的判断，还影响国家的科技投入和新兴技术发展的决策。由于新兴技术项目资产的产权管理薄弱、资产占有和使用的企业不能很好地进行协调和发挥作用，不仅造成新兴技术项目资产管理效率低下，而且也造成了大量国有资产损失。这些问题不但妨碍了新兴技术的发展，也在相当大的程度上直接腐化了社会风气，败坏了党风民风。新兴技术项目资产管理的问题已经到了不可不治理的程度。

本节所提出的对策建议是：就由国家财政资金资助的新兴技术项目而言，借鉴委托代理的相关理论，在利益主体多元化的前提下，提出解决产权主体虚位问题的思路，即明确新兴技术项目资产的所有权人，根据事先拟定的原则（谁投资谁承担风险）协调不同利益主体的权利和义务，尽量规避各种不确定风险。因此，新兴技术项目资产的授权代理人必须有能力履行保护国有资产的义务。

11.4.1　代理人负有对新兴技术项目资产的保全义务

对由国家财政资金资助的新兴技术项目而言，根据委托代理的相关理论和新兴技术项目资产管理中出现的情况，代理人的新兴技术项目资产保全义务可细化为如下条款：

第一，代理人必须时刻监督经营者，确保新兴技术项目资产不会被作为担保或者抵押资产使用。

第二，对涉密的新兴技术项目而言，代理人应确保经营者必须遵守保密条例，不得泄露任何与新兴技术项目资产相关的保密信息。对于那些在国外上市的公司，在项目的投资额、投资项目名称等信息的披露都应该慎重，这些信息的泄露可能会给国家安全带来威胁。

第三，代理人应确保经营者履行保持技术性能指标的义务，使新兴技术项目的技术先进性得到维持。

第四，当新兴技术项目企业的原控股股东意识到股权比例将要发生变化时，须及时向代理人反映情况，以使代理人有充足的时间采取相关措施来防止股权比例变化，确保控股地位。

第五，新兴技术项目企业在项目研发和经营过程中可能出现突发情况，如果影响到新兴技术项目资产安全时，代理人应及时行使股东权力，向企业索取剩余财产，避免剩余的国有资产受到影响，确保新兴技术项目资产不受威胁。

第六，代理人须确保新兴技术项目资产的性质和指定用途不变，即不会随着新兴技术企业的经营活动而变化。如果有特殊情况必须改变才能解决问题时，须经委托人书面批准，不能私自改变。

第七，如果新兴技术项目企业在经营过程中资金匮乏时，转而利用了新兴技术项目资产从事他用（如企业自身相关活动），事后应及时加以同等价值的补偿。

第八，在新兴技术项目企业的经营活动中，代理人应确保经营者按照项目资产折旧提取的相关规定执行。

第九，股东有权利按控股比例分享由经营新兴技术项目资产和处置新兴技术项目资产所得的收益。

以上九项条款应当作企业的重大事项在新兴技术项目企业公司章程中进行表述，当发生突发情况时，代理人可以使用该条款，以确保新兴技术项目资产不受损害。

11.4.2 委托代理方式

对于由国家财政资金资助的新兴技术项目而言，根据委托代理的相关理论，对新兴技术项目完成验收后所形成的国有资产，可以采用以下四种委托代理方式：

第一，增资方式。将新兴技术项目形成的资产暂记为公司资本公积，适时转增为国有法人股本，作为国家资本金。代理人依照法定程序进入公司股东会或董事会后，既享有股东权利，又有相应履责义务，即对国有资产进行监管，确保其安全和完整。新兴技术项目企业是新兴技术项目第一责任人，建立新兴技术项目的法人责任制[①]。如果新兴技术项目主要由非财政性拨款，相关政府部门可以根据“谁投资谁承担风险”的原则来制定对应的规章制度和管理细则，并实施监督。新兴技术项目企业应该按《投资法》和相关规章制度，全面履行对新兴技术项目的管理人职责。

第二，融资租赁方式。承租人和新兴技术项目企业按租赁合同约定行使各自的权利和义务，承租人每年从新兴技术项目资产中提取折旧，并支付租金给企业。新兴技术项目资产折旧完后，资产的所有权人就是承租人，不再是新兴技术

① 这种方式不同于对国债技改项目的管理方式，代理人不对投资决策负责，不是项目的第一责任人。

项目企业。这种融资租赁方式有很多好处，特别适合在新兴技术发展速度较快的资产管理者使用，既顾及了技术进步，又给新兴技术项目资产预留了发挥空间。一方面，在保证国有资产安全性和完整性的同时，新兴技术项目资产的作用得到了体现；另一方面，代理人有充足的资金回流，可以解决由于资金匮乏引起的很多问题，对新兴技术项目资产的占有者来说，这是一种很好的方式。

第三，经营租赁方式。承租人按租赁合同约定，在规定的某一时刻支付租金给新兴技术项目资产的所有权（代理人），支付完成后，承租人有权使用新兴技术项目资产。出租人收取承租人支付的租金，同时进行新兴技术项目资产的折旧。合同到期后，新兴技术项目资产的所有者收回资产。如果新兴技术项目资产的所有者（出租人）对承租人有任何合理的要求都应该表现在合同上，以免后期遇到问题时，没有解决依据。当然，如果承租人违反了合同上的明文规定，出租人可采取相关法律措施进行制裁。

第四，负债方式。政府指定运营公司作为债权人（长期债），以债权人身份对新兴技术项目资产实施监督。由于公司章程中已制定了国有资产保全义务的相应条款，运营公司被阻挡在侵犯国有资产的可能之外。

根据新兴技术项目投资主体不同，由国家财政投资的新兴技术项目的委托人是国家，代理人可能有两个，即新兴技术项目企业的上级主管单位和政府委托的运营公司。四种委托代理方式都以不同形式处理了代理人和新兴技术项目企业的关系。无论哪种方式，企业的经营者和代理人都承担了新兴技术项目资产的保全义务，同时享受控制新兴技术项目资产的权利，但也承担了管理失职或被免职的风险。

11.5　建立新兴技术项目资产管理的登记制度

对于由国家财政资金资助的新兴技术项目而言，新兴技术项目的主管部门在履行管理职能时，应该针对新兴技术项目的科研、生产和资产管理能力指标进行量化，并建立相应的量化标准。由此可以对新兴技术的发展方向和新兴技术项目企业进行相应的宏观或微观的控制。例如，根据新兴技术项目企业的实际科研能力和资产管理水平，确定新兴技术项目立项的分布情况、新兴技术的发展规划和新兴技术投资方向的调整与总量控制，甚至可以作为新兴技术项目的效绩评估、新兴技术项目企业的队伍建设和培养、领导任免的依据等。其他方面，如签约项目审查、基建项目审查、技术发展和改进审查、占有和使用新兴技术项目资产的核定、管理权限以及处置等，都可参考该新兴技术项目企业的研发能力和资产管理的相关指标数据。除了考察新兴技术项目企业的研发能力之外，针对目前新兴技术项目资产管理面临的突出问题，更为紧迫的是建立新兴技术项目资产管理的登记制度。

11.5.1 新兴技术项目资产登记制度的意义

1. 实施登记制度是实施各项措施的前提

无论是对新兴技术的发展战略和规划，还是对国家财政投资的固定资产管理和技术资产管理等，都要以了解历年新兴技术项目资产管理的基本状况为前提。

2. 实施登记制度可以为制定相应的政策法规提供基础信息

新兴技术项目主管部门不仅需要了解新兴技术项目企业的资产管理状况，还需要掌握国内整个新兴技术项目的资产管理水平，并以此对新兴技术项目企业进行相应的宏观或微观控制。同时，也是制定新兴技术发展和项目投资规划相关政策法规的基础信息。

3. 掌握信息，就掌握了主动权

信息不对称的状况是客观存在的。一些新兴技术项目企业利用信息不对称出售劣质产品，谋取私利，造成新兴技术项目资产受损。如果新兴技术项目的主管部门能够掌握新兴技术项目的资产信息，即可减少信息不对称的程度，从而减少新兴技术项目资产受到损害的程度。这不仅是新兴技术项目主管部门能否取得管理主动权的重要举措，从战略意义来看，也是新兴技术项目主管部门调整其管理职能的重要依据。

11.5.2 新兴技术项目资产的登记制度

1. 登记目的

(1) 落实新兴技术项目的监督职能，为有效控制新兴技术项目资产的处置提

供基础信息。

（2）解决新兴技术项目资产存在的问题，如总量不清、管理制度不规范、项目资产和收益挪为他用等。

（3）为新兴技术项目资产总量的统计与控制、投资方向提供相关信息。

（4）为相关部门考核新兴技术项目企业（或科研单位）的资产管理绩效提供参考依据。

2. 登记主体

新兴技术项目资产的所有者中，大多是国有企业或国有控股企业。对已获得新兴技术项目科研生产许可证或准备参加相关科研生产活动的非国有企业，可以不参与登记。如果这些非国有企业参与了登记，应与国有企业区别对待，一旦出现产权界定问题，应该严格按照国有资产产权界定的相关法律法规执行。

3. 初始登记

在新兴技术项目资产初始登记之前，需要先对项目资产进行总量盘点、指定用途的界定和价值评估。价值评估时，需要将应收账款及其账龄表、材料与半成品存放时间表等在表外列出，使相关人员估价时能清晰地看到。初始登记时间应与新兴技术项目资产的年检时间一致。初始登记内容包括资产年度报告登记制度规定的所有内容，另外还需要注意以下几点：

（1）企业还在使用，但是相关部门拨款已核销的剩余新兴技术项目资产。

（2）新兴技术项目的关键技术指标。

（3）新兴技术项目的相关知识产权。

（4）根据以往新兴技术项目的完成情况，包括成功的经验或教训，为以后新兴技术项目的研发和实施提供借鉴，其中一些重要的量化指标，如技术指标、计划进度与实际进度的偏差、成本预算等都可以作为参考依据。

（5）新兴技术项目资产经营性活动所获得的收益应该按照国有资产管理办法进行如实登记。

由于新兴技术项目资产的所有者不同，所有者使用资产的情况也大相径庭，登记表格也可能不一样。进行登记时，应该根据实际情况选择使用表格，这种方式既节省了登记人员的时间，又有利于信息的收集。

4. 变更登记

（1）数量变更登记。初始登记后，经过一系列经营活动，原新兴技术项目资产的总量已发生变动，占有该资产的单位应在资产量变动后的一段时间内申请变更。另外，造成这种变更的单位也应向相关主管部门报告。

（2）主体变更登记。新兴技术项目资产的所有者通常不是一成不变的，会随着很多活动而转移，如企业合并或分化、企业吞并、与外单位合作等都可能造成资产所有权发生变更。这些情况出现时，原资产所有者需要在所有权变更后向登记机关申请变更，以同步新兴技术项目的资产所有权属。

（3）位置变更登记。新兴技术项目资产的所有者在使用资产的过程中，如果需要调整大型固定资产的位置且调整时间超过一年，则所有者在位置变化后需要及时向相关部门申请位置变更，否则视为无效变更。

（4）用途变更登记。新兴技术项目资产的所有者在使用资产的过程中，如果需要将资产用途转变为一般性资产，且转变的时间长于一年，则需要向相关部门提出申请，经过批准后才能在用途转变后进行变更，否则视为无效变更。

5. 登记的核查

核查包括抽查核查、重点核查和针对核查三类。新兴技术项目企业所登记的数据，都是单方面的数据，需要主管部门核实其有效性与真实性，以确保数据的可靠。主管部门一般将该任务授权给无关联关系的第三方机构进行，自身进行后台监督管理。审计时，需重点核实新兴技术项目资产在转换过程中的合法性和可靠性；质量认证时，需重点检验新兴技术项目资产的质量是否符合要求；计量检验时，需重点检验新兴技术项目资产的数量是否与登记情况相符；资产评估时，需重点评估新兴技术项目资产的实际价值，并与登记的数值进行比较。

6. 登记的备案、监督与组织领导

在后期的监督管理中，为节省资源，登记备案、监督这两项任务可委托第三方中介机构进行。相关部门对新兴技术项目资产进行核查，并填报标准核查单，最后将核查结果报告交由相关主管部门存档，以备后期查证。为确保登记的真实性和可靠性，在核查过程中，如果核查结果与单位填报的情况有少许出入但不影响根本时，可以根据《统计法》，对相关承担单位进行教育，并结合实际情况进行调整，同时将调整后的情况上报相关主管部门。如果填报过程中存在人为责任且后果较严重时，应由主管部门对相关责任人给予不同程度的处罚，情节严重的可以追究其刑事责任。中介机构在登记备案和监管过程中不可违规操作，一经发现，将严惩不贷。

11.5.3　新兴技术项目资产管理登记的内容

1. 新兴技术项目企业的基本信息

（1）注册信息：占有、使用新兴技术项目装备设施的企事业单位名称、单位统一代码、法定代表人姓名、通信地址、电话号码、注册资金、注册地点、主要经营地点、设立时间等。

（2）经济关系信息：行政主管单位名称、新兴技术项目出资人名称或事业单位预算管理形式（全额、差额、自收自支）、新兴技术项目企业的国有化程度（事业单位、国有或国有控股，国有参股，无国有资本也无外资，有外资）、新兴技术项目企业的规模（特大型、大型、中型、小型或不划型）。

（3）经营范围信息：承担新兴技术项目的类别（保留能力、民口配套、放开能力、撤销能力），新兴技术项目企业（含子公司）的经营状况（盈利、持平、亏损）。

2. 新兴技术项目资产的技术信息

从新兴技术项目的技术角度反映新兴技术项目资产的信息。以下以固定资产为例：

（1）装备类信息：代码、名称、出厂型号、技术规格、产地、制造厂名、出厂日期、启用日期、装备设施重要性等级（专用、重大、关键、重要、其他）、技术等级（精密且贵重、精密、普通、超标）、主要技术性能、主要配套装备代码、使用存放保管地点的设施代码、数字格式的装备外形图。

（2）设施类信息：代码、名称、总建筑面积（容积）、总高度、总长度、总宽度、结构特征、装备设施重要性等级（专用、重大、关键、重要、其他）、所有权证书编号、竣工日期、其他主要特征、主要配套设施代码、所占土地代码、数字格式的设施外形图。

（3）土地类信息：代码、地址、土地面积、四至、地块号、土地使用证书编号、取得日期、用地性质、其他主要特征、主要配套土地代码、地上主要设施代码。

3. 新兴技术项目资产的财务信息

从经济运营角度反映新兴技术项目资产的财务信息。以固定资产为例，包括：原值、净值（或未摊销额）、累计折旧（或已摊销额）、折旧年限（或摊销年限）、耐用年限（或准用年限）、尚可使用年限、年折旧率、预计残值、本期增加额、本期减少额、购建方式等。以上信息可以在企业财务报表的基础上进行。

4. 新兴技术项目资产的使用信息

从使用角度反映新兴技术项目资产的信息，仍然以固定资产为例。

（1）等级信息。新兴技术项目重要性等级（型号研发项目中的关键件、型号研发项目中的一般件、预研或主导研发项目中的关键件、预研或主导研发项目中的一般件、其他）、可替代等级（国内唯一不可替代、本省市自治区内唯一不可替代、本单位内唯一不可替代、本单位内可替代）、工艺适应等级（指定任务或技改无法改变、专用于某项工序、有一定适用范围、适用范围广）。

（2）效率信息。新兴技术项目资产利用状态等级（在用、未使用或封存、不需用、报废）、计划时间利用率、日历时间利用率、装备能力利用率、装备综合利用率。

（3）状态信息。新兴技术项目技术状态等级（完全达标、次要指标超标堪用、主要指标超标堪用、不堪用仍在用）、寿命周期费用、累计维持费（含运行费、维修费、后期支援费、报废费用等）、修理复杂系数等级、低劣化数、大修次数。

（4）经营信息。使用新兴技术项目资产的经营性活动状况以及所获得的经营收益。

11.5.4 新兴技术项目企业资产管理登记制度的用途与步骤

登记制度不仅可以为新兴技术项目主管部门对新兴技术项目资产进行核查，监管提供决策依据，而且有助于对新兴技术项目整个实施过程中资产的使用情况和流向进行检查和监管，以保证项目是按照规章制度进行。同时，登记内容及实施过程在新兴技术项目企业的发展规划、投资方向的调整、投资总量的控制、新兴技术项目企业的效绩评估、队伍建设和培养、人事任免等都具有重要的参考意义。

由于登记制度需要不断地改进和完善，因此，贯彻实施登记制度应该经过如下步骤：首先，在一定范围内讨论该制度，选择试点单位，形成条例（试行稿）和实施细则；其次，在试点单位内实施；再次，完善该制度，并与其他制度一起成为部门法规；最后，全面推广。

11.6 本章小结

本章首先根据目前我国新兴技术项目资产管理中存在的问题进行了分析和论述，并提出相应的政策建议和改进措施。其次，针对新兴技术项目的资产管理问题，提出建立新兴技术项目资产管理登记制度的构想。最后，给出了具体的实施方案。本章不仅提出了新兴技术项目资产管理职能具有战略意义的调整措施，而且提出了新兴技术项目资产转为固定资产后，进一步完善资产管理制度的构想。

本章主要针对由国家财政资金资助的新兴技术项目，但其中很多内容也可以应用到非国家财政资金资助的一般新兴技术项目的资产管理制度构建中。

第 12 章　新兴技术项目综合管理体系的构建

12.1　引　言

由于任何科研项目的管理都应包括项目立项、项目研发过程、项目完成及转化和实施效益等各个环节的评估和管理，这些环节同样构成了新兴技术项目综合管理体系的主要内容。由于新兴技术项目的评估是新兴技术项目管理的前提条件和基础。因此，新兴技术项目的评估在整个新兴技术项目的管理体系中处于特别重要的地位。新兴技术项目的风险评估问题在前面几章中已经进行了较为详细的分析和讨论。本章将针对新兴技术项目的特点，就项目的整个管理体系的架构进行讨论，包括对新兴技术项目的立项评估、阶段性（风险）评估、产品的赊销风险管理、产品（售后）服务代理商选择、新兴技术项目的资产管理[①]以及结题验收评估和后评估等新兴技术项目管理体系中各个主要环节进行讨论，并在此基础上构建新兴技术项目的综合管理体系。特别地，本章对当前新兴技术项目管理体系中缺失的后评估制度进行了较为详细的分析和论述。关于新兴技术项目的阶段性（风险）评估问题，本书在第 6 章进行了理论层面上的探讨，新兴技术项目的资产管理问题在第 11 章进行了详细的讨论。

本章主要针对由国家财政资金资助的新兴技术项目综合管理体系的构建问题

① 一般的科研项目管理通常未涉及资产管理问题，而新兴技术项目的资产管理是新兴技术项目管理体系中的重要内容。

展开讨论。本章的安排如下：12.2 节至 12.5 节分别就新兴技术项目的立项评估、阶段性（风险）评估、项目产品的赊销风险管理与服务代理问题以及项目的资产管理进行了阐述；12.6 节讨论了结题验收评估与项目后评估的主要内容和实施过程；12.7 节提出了新兴技术项目综合管理体系的架构；12.8 节是本章小结。

12.2 新兴技术项目的立项评估

新兴技术项目立项评估的主要内容包括项目筛选、项目风险评估以及对项目申报单位的评估三个部分。其中项目风险评估主要是对新兴技术项目本身风险水平和预期收益的评估，对项目申报单位的评估主要是评估申报单位是否符合承担新兴技术项目的相应条件。项目筛选和项目风险评估部分又称对新兴技术项目的“适用性”评估。

12.2.1 项目筛选

1. 收集项目

项目的收集阶段是新兴技术项目主管部门接受新兴技术项目的申报书。目前，新兴技术项目的发起主要有两种方式：第一，主管部门根据总体情况，确定专项投资，并下发编写申报书的通知；第二，企业自行上报新兴技术项目申报书。在实际运作中，前者更多带有计划色彩，而后者较普遍，有时可以发现高质量的新兴技术项目。

2. 筛选项目

项目筛选是去粗存精的过程，筛选对象是新兴技术项目的申报书。由于新兴技术项目必须符合新兴技术的发展方向和技术要求，因此，主管部门必须通过筛选，从众多的申报提案中选出符合基本要求的项目，并形成新兴技术项目的立项规划。通常，项目筛选主要通过阅读申报书进行初步筛选，具体的又分为略读和细读，剔除不符合要求的提案。对于不同的情况，筛选采取的具体操作方法也有所不同。当申报书较多的时候，可以根据筛选的基本原则，通过简单的略读进行初步剔除；当申报书较少的时候，可以直接通过仔细阅读，决定是否剔除。项目

筛选阶段一般包含以下两种情况：

（1）项目申报书的初步筛选。

初步筛选的主要目的是淘汰不符合新兴技术项目立项原则和要求的项目申报书。就由国家财政资金资助的新兴技术项目而言，在实际的立项决策过程中，初选阶段的项目申报书淘汰率非常高。主要原因是很多项目申报书质量较差，或者不属于新兴技术支持的领域。为了不错过好的新兴技术项目，相关主管部门又必须对所有申报书进行初步浏览和筛选，筛选过程应尽量简单和快捷，特别是当申报书较多时。

项目申报书初步筛选的基本原则主要包括项目是否属于新兴技术领域、项目的重要性和所面临的风险水平、经济社会效益或前景以及所需的资金规模等方面。因此，初步筛选涉及以下五个指标：是否属于新兴技术领域、项目的重要性、项目风险、经济或社会效益、资金规模。

（2）项目申报书的详细筛选。

经过初选后，进一步对符合基本要求的项目申报书进行更细致的阅读和审查，以判断是否值得进入下一阶段的评估。由于该阶段主要通过项目申报书来了解有关信息，因此，要求申报书的表达应清晰流畅、真实客观。另外，申报书所包含的项目信息以及申报单位的内部与外部相关信息都应该充足，对新兴技术项目的内部环境分析要全面，并且有较为周详的计划书和合理可行的研发方案。因此，项目申报书的详细筛选将涉及以下指标：项目申报书本身的内容和质量、新兴技术项目的技术因素（主要包括是否具有独特性、是否属于新兴技术的发展领域）、项目产品的经济因素（包括对新兴技术项目产品的市场需求、适应性以及预期收益的分析）、项目的风险因素及防控措施。项目主管部门可以结合相关专家的意见，确定项目是否可以进入下一阶段的评估。

12.2.2　项目风险评估

项目风险评估可以委托有资质的中介评估机构或组织相关专家进行。其核心内容与目的是评估新兴技术项目的技术水平、发展前景、潜在的社会和经济效益以及项目的风险水平。新兴技术项目的风险评估主要包括以下四个步骤：

第一，对新兴技术项目的技术水平进行评估，确定该项目是否属于新兴技术的范畴，是否符合我国当前新兴技术的发展方向。

第二，对影响新兴技术项目成败的主要风险因素进行评估（即风险评估），由此判断该项目是否有研发前途。

第三，新兴技术项目的总体风险及预期收益水平的评估。通过该评估可以掌握新兴技术项目的风险和收益大小，判断该项目是否可能达到预期的目标。

第四，形成评估意见。就国家财政资金资助的新兴技术项目而言，根据国家财政投资的计划，以评估报告的形式对新兴技术项目批复立项，明确该项目应达到的目标、主要研究内容、项目周期、资金来源及使用计划、项目风险及防控措施等。

综上所述，新兴技术项目“适用性”评估流程，见图 12-1。项目风险评估是新兴技术项目能否立项的关键依据，需要收集新兴技术项目尽可能多的相关信息，前面章节提及的新兴技术项目风险评估指标和评估方法都可能用到。

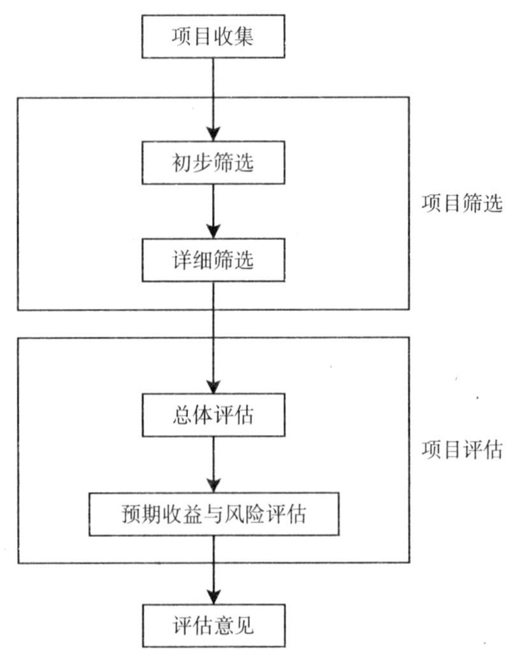

图 12-1　新兴技术项目适用性评估流程

12.2.3　对新兴技术项目申报单位的评估

对新兴技术项目申报单位的评估包括对项目申报单位的内部条件和外部风险因素的评估。

1. 申报单位内部条件的评估

如果新兴技术项目申报单位是企业，则内部条件主要包括企业领导人及其管理团队、企业的经营条件、知识产权管理和信用风险水平。

（1）新兴技术项目申报企业领导人及其管理团队的评估，主要包括企业领导人的品质和管理素质、技术创新能力、经营能力、市场营销能力、社会交往能力、金融管理能力、市场应变能力、风险预见能力、人员构成的完备性、人员素质（学历、专长与能力、相关经验）等方面。

（2）新兴技术项目申报企业经营条件评估，主要包括人事制度、组织结构、所需投资的规模、企业文化和经营理念以及项目产品的技术因素、经济因素、财务因素等。

（3）新兴技术项目申报企业知识产权管理水平的评估。

（4）新兴技术项目申报企业的信用风险评估。信用风险评估结果是申报企业能否承担新兴技术项目的重要依据，是立项的前提条件，高信用风险的申报企业将被“一票否决”。

如果新兴技术项目申报单位是高校和科研院所，则申报单位的内部条件主要根据申报单位已承担的相关科研项目情况与科研实力进行判断。

2. 申报单位的外部风险因素的评估

主要包括：新兴技术项目产品的技术稳定性、市场规模与成长性、市场竞争性和进入壁垒以及领导时间、退出渠道。如果申报单位为企业，则还要考虑企业与金融界的关系、与政府的关系、与供应商和销售商的关系以及与潜在消费者的关系等。

12.2.4　风险与预期收益评估

风险和预期收益的评估结果将决定该新兴技术项目是否可以立项。风险和预期收益的评估涉及新兴技术项目和新兴技术项目申报单位，评估指标涵盖了项目风险、预期收益和环境类指标（详见第 3 章的内容），评估方法可采用第 5 章的方法，由此可以得到新兴技术项目风险和预期收益的综合评估结果。

至此，本章建立了新兴技术项目的立项评估和管理体系，并给出了相应的评估指标与评估方法。

12.3 新兴技术项目的阶段性（风险）评估

根据新兴技术项目的特点可知，当新兴技术项目立项后，从项目的研发到项目产品的开发并形成市场规模通常具有明显的阶段性特征，因此，对新兴技术项目的全过程管理也应该具有动态和阶段性管理的特点。新兴技术项目的阶段性（风险）评估是新兴技术项目阶段性管理最主要的内容，新兴技术项目的阶段性（风险）评估步骤可归纳如下：

（1）根据某一具体新兴技术项目的特点和实施的进展情况，给定 T 个待评估的阶段。

（2）构建多阶段评估模型对新兴技术项目进行阶段性（风险）评估①（关于阶段性风险评估的讨论见第 6 章的内容）。

（3）根据阶段性（风险）评估结果即可适时掌握该新兴技术项目的风险状况。

一般而言，阶段性评估通常由上级主管部门组织现场评估，如果出现项目变更或资金计划调整等重大情况，必须报请上级主管部门审查并给出具体意见②。阶段性（风险）评估的结果不仅可以让管理部门和企业管理层对在项目实施过程中所发现的问题提出改进意见和措施，而且项目管理部门和出资方可以由此确定对该新兴技术项目是否继续支持或者退出，以避免更大的损失。

12.4 新兴技术项目产品的赊销和服务代理商选择

12.4.1 新兴技术项目产品的赊销风险管理

新兴技术项目一方面给新兴技术项目企业带来了竞争的优势和发展机遇，另

① 如果风险评估指标由绩效评估指标替代，即可对新兴技术项目进行阶段性绩效评估。

② 如果涉及股东或利益相关者的权益或利益，应提交董事会批准。

一方面又给新兴技术项目企业带来巨大的研发、生产与经营风险。为了让新兴技术项目产品快速进入市场，赢得规模效应，产品的赊销便成为新兴技术项目企业的必然选择。

基于此，新兴技术项目企业必须构建新兴技术项目产品的赊销风险管理机制。首先，需要对应收账款持有量与产品的赊销信用成本进行仔细分析，根据经风险调整后的赊销收益计算出新兴技术项目企业为防御因产品的赊销风险所引发的非预期损失而应该留存必要的"赊销风险资本"，使企业的赊销收益与其应承受的风险相匹配，同时采用组合赊销的方式分散赊销风险。其次，应及时地建立赊销客户的信用档案。再次，应该在生产企业内部建立专门的赊销风险管理组织机构以协调各部门，并实现对赊销的全过程管理。进一步，新兴技术项目企业应该根据市场情况和企业的战略规划，制定合理的赊销政策。最后，建立新兴技术项目产品赊销风险的管理流程，并付诸实践。具体方法可以参看第 9 章的内容，此处不再赘述。

12.4.2　新兴技术项目产品的服务代理商选择与网点布局

在现代科学技术迅猛发展的时代，新兴技术项目的产品面临变化多端的市场环境。当新兴技术项目产品推向市场之后，由于产品的技术不完善或者用户使用不当，都可能导致新兴技术项目产品的效能不稳定或者发生故障。同时，新兴技术项目企业都希望能够将自身有限的人力、物力和资源投入新兴技术元器件和装备的研发和扩大再生产上，因此，（售后）服务对新兴技术项目企业来说至关重要，由此产生了对（售后）服务代理的需求。由于新兴技术项目产品的特点，在选择服务代理商时必须非常谨慎，否则，不仅可能导致新兴技术项目的失败，而且会给新兴技术项目企业带来极大的损失。由于不同的服务代理商在本质上有很大差别，因此，新兴技术项目企业必然面临产品服务代理的合理布局问题。

服务代理商的选择问题又是（售后）服务能否满足用户需要的关键所在。新兴技术项目企业，尤其是大型新兴技术元器件和装备的生产企业必须重视服务代理的网点布局和服务代理商的选择方法。具体方法可以参看第 10 章的内容。

12.5 新兴技术项目的资产管理

当新兴技术项目的研发、生产和商业化运作过程完成之后，新兴技术项目企业依托新兴技术项目形成了一批经营资产，如果项目是由国家财政投入，则这些资产应该属于国有资产。但迄今为止，由国家财政资金资助的新兴技术项目形成的国有资产管理问题仍然没有得到有效的解决。第 11 章针对新兴技术项目的资产管理问题，提出了建立新兴技术项目资产管理登记制度的构想，并给出了具体的实施方案。

登记制度不仅可以为新兴技术项目主管部门对新兴技术项目资产的核查和监管提供决策依据，而且可以掌握项目实施过程中资产使用的情况和流向。登记制度的实施不仅有助于新兴技术项目企业发展规划的制定和投资总量的控制，而且在新兴技术项目企业的效绩评估、队伍建设和培养、人事任免等方面均都具有重要的参考意义。

12.6 新兴技术项目的结题验收评估和后评估

12.6.1 结题验收评估和后评估的必要性

新兴技术项目的结题验收评估和后评估都是指新兴技术项目完成之后，项目管理部门或出资人对项目所进行的绩效评估，是新兴技术项目管理的重要内容。通过对新兴技术项目的结题评估和后评估不仅可以提高和改善新兴技术项目企业的科研与管理水平，而且也是管理部门或出资人对新兴技术项目企业进行监管的重要手段。

新兴技术项目的结题验收评估一般仅限于对是否完成该项目的各项技术和经济指标所进行的评估，而新兴技术项目的后评估主要是客观分析已经完成的新兴

技术项目的目标、执行过程、效益、作用和带来的影响等，包含了更加丰富的内涵。具体而言，项目后评估通过对项目的检查总结和评估，分析项目成功或失败的原因以及主要的风险因素，进一步总结经验教训，并且及时有效地反馈信息。这不仅会对项目实施过程中出现的问题提出一定的改进措施，而且为未来新兴技术项目的决策和管理水平的提高提供一定的依据。对于新兴技术项目的综合管理体系而言，后评估环节十分重要，可以有效地实现新兴技术项目的闭环管理。

新兴技术项目结题验收评估和后评估是指项目完成之后所进行的评估，其中，新兴技术项目的结题验收评估一般仅限于对是否完成项目的各项指标进行评估，而新兴技术项目的后评估则包含了更加丰富的内涵。新兴技术项目的结题验收评估和后评估是新兴技术项目闭环管理的重要阶段，也是新兴技术项目管理的重要内容。结题验收评估和后评估可以为进一步改善新兴技术项目企业的科研与管理水平提供重要依据。

（1）新兴技术项目的结题验收评估主要包括：对比项目立项时确定的目标、技术指标、经济指标、环境指标以及社会指标等，对项目的研发和实施结果进行分析，总结经验，吸取教训，并提出相应的对策和建议。同时，新兴技术项目管理部门也可以由此提高新兴技术项目的管理水平。

（2）新兴技术项目的后评估是通过全面回顾新兴技术项目的立项、实施过程以及项目所产生的效益，分析和评估该项目对新兴技术和新兴技术项目企业的未来发展、技术进步、经济效益、行业布局、产业结构调整以及资产运营和管理水平。

目前，科研项目管理虽然已有结题验收评估制度，但大多数并没有实质性的开展项目后评估和总结工作。对于整个新兴技术项目的管理体系而言，这一环节的缺失，造成了新兴技术项目的管理没有形成有效的闭环管理模式。以下主要针对新兴技术项目的后评估问题展开讨论。

12.6.2　新兴技术项目后评估的主要内容

新兴技术项目后评估的内容主要包括项目全过程的回顾、风险和影响评估、目标完成程度与持续研发需求评估、经验总结和建议、知识产权的管理等方面展开。对于大型、复杂的新兴技术项目，后评估的内容应该更加系统、全面和完整。

12.6.2.1　全过程的回顾

新兴技术项目全过程的回顾包括项目立项阶段、项目准备、项目研发阶段、项目结题验收和运营阶段以及项目的资产管理阶段的回顾。

（1）立项阶段的回顾主要包括对项目立项的必要性、项目的可行性，项目的评审和立项批准过程进行的回顾。回顾的目的是对项目的立项过程是否规范，是否存在需要进一步加强或改进的地方。

（2）项目准备阶段的回顾主要包括投资来源、新兴技术项目承担单位的支持、项目管理和技术人员的配备、项目研发方案的设计及实施的保障条件与落实措施、招标采购以及合同条款的设计等。

（3）项目研发阶段的回顾涵盖项目研发的各个阶段，主要包括资金投入和成本、时间的控制、项目执行情况以及重大变更事项的处理情况等。

（4）项目结题验收和运营阶段的回顾主要包括工程是否按照合同完成、各项技术指标的实际值与预期值是否存在差异以及项目产品的生产和市场销售情况。

（5）项目的资产管理阶段的回顾主要考察新兴技术项目（特别是由国家财政资金资助的项目）承担单位对新兴技术项目资产的运营效果以及是否认真地履行了项目资产的保全义务。

12.6.2.2　风险和影响的评估

新兴技术项目的风险和影响评估可以从项目的技术风险、财务风险、管理以及经济与社会影响四个方面进行。

（1）技术风险评估主要评估新兴技术项目研发成果的质量、安全性能、适用性和技术的先进性以及新兴技术项目资源的合理利用程度。同时，要特别关注新兴技术项目对我国新兴行业的技术进步、产业布局和产业升级的贡献程度。

（2）财务风险评估主要包括对新兴技术项目的研发成本、利润、负债、总投资等相关财务指标以及新兴技术项目资产是否保值增值。评估时应重点分析新兴技术项目投资风险和效益，突出新兴技术项目对提升新兴技术项目企业科研水平和经营效益的作用和影响。

（3）管理评估主要评估新兴技术项目相关管理者的管理水平、综合素质以及项目的管理体制、监管状况、管理创新以及新兴技术项目资产的管理水平等。

（4）经济与社会影响评估主要包括新兴技术项目的实施对当地生态和经济环境的保护措施是否到位，是否改善就业状况，是否有助于地区的技术进步、经济

效益提升、产业结构调整以及社会经济的发展等。必要时，可对利益相关者进行分析。

12.6.2.3　目标完成程度与持续研发需求的评估

在新兴技术项目立项阶段通常会明确项目需要达到的具体目标、宏观目标以及风险管控的措施。项目目标的完成程度可以从项目的完成情况和技术先进性入手，考察内容主要包括新兴技术项目的预期目标是否完全达到、风险管控的措施是否到位以及技术的先进程度，特别要关注新兴技术的技术创新程度以及与国际同类技术的比较。

在新兴技术项目的资金投入全部完成之后，还应该考察该项目是否存在继续研发的空间，是否有更高的预期目标。这就需要对新兴技术项目的持续研发需求进行评估。持续研发需求的评估主要包括新兴技术项目企业是否有条件和技术能力进行技术升级，是否可能研发出更先进的新兴技术项目产品以及这些技术升级产品对我国科技创新、产业结构调整和经济社会发展的重要性等。

12.6.2.4　经验总结和建议

新兴技术项目后评估是建立在对真实情况调查的基础上，对项目的整个实施过程和完成情况进行的分析和总结。新兴技术项目后评估的主要目的之一是总结经验和教训，通过发现项目管理链上各个环节存在的不足，有针对性地提出改进建议。这些改进建议将对今后新兴技术项目的管理具有重要的指导意义。新兴技术项目后评估的经验教训和对策建议应包括新兴技术项目本身、新兴技术项目企业、新兴技术行业发展和技术进步以及项目对社会经济的影响四个层面的内容。

12.6.2.5　知识产权的管理

在新兴技术项目研发和实施过程中，应该注意新兴技术的知识产权管理问题。新兴技术项目企业通过对技术和项目产品的专利分析、战略研究和知识产权评估等工作，及时申请相关专利，并形成新兴技术和项目产品的知识产权发展战略，搭建保护新兴技术和项目产品知识产权的管理体系。另外，通过对所申请专利的评估，可以发现优势的技术领域和研发中的技术“瓶颈”，进而构建新兴技术和项目产品的发展路径，对新兴技术和项目产品的再投入、技术转换和产业布局提供指引。

12.6.3 新兴技术项目后评估涉及的评估指标与评估方法

12.6.3.1 后评估指标

评估指标体系是评估是否准确的关键，对评估结果将产生直接的影响。对于不同类型的新兴技术项目的后评估，在指标的选取上虽然不尽相同，但都是按照逻辑结构来构建的。首先，针对不同的情况，可以将新兴技术项目分解为多个层次，如投入、产出和项目目标、宏观影响等层次；或者根据项目的评估和管理环节划分层次，如立项、合同执行、财务状况、管理水平、技术标准和技术创新性、实施过程、结题验收、技术转化和投产、资产管理等层次。其次，针对每一层次构建评估指标。最后，汇总各层次的指标，即可以构建出新兴技术项目的后评估指标体系。一般情况下，新兴技术项目后评估的主要指标应该包括技术类指标、财务和效益类指标、环境和社会影响类指标、资产管理类指标以及管理效率等。其中，项目立项与转化投产（或结题验收）应作为重点内容进行分析。

12.6.3.2 后评估方法

新兴技术项目后评估方法可以遵循一般项目评估的原则和方法。系统工程、反馈控制等相关理论是新兴技术项目后评估方法的理论基础，逻辑框架法和对比法是新兴技术项目后评估的主要评估方法。

1. 逻辑框架法

逻辑框架法是一种综合性的评估方法，主要依据投入、产出、项目目标、宏观影响四个层次，对项目进行分析总结和评估。

2. 对比法

与逻辑框架法不同，对比法则主要对比新兴技术项目立项时制定的预期目标、相关的各类技术指标和项目实施后的实际完成情况等，找出其中的差异和原因，并在此基础上进行经验或教训的总结。对比法通常可以分为三类方法，即前后对比法、有无对比法和横向对比法。其中，前后对比法是对比新兴技术项目实施前所制定的预期目标与项目实施后的实际情况之间的差异；有无对比法是针对新兴技术项目评估和管理环节中的各类指标，对比不实施该项目情况下的预期值与实施该项目后的实际值之间的差别；横向对比法是对比该项目与同行业内其他类似的新兴技术项目的实施情况。三种对比法的比较对象不同，作用也有所不同。例如，前后对比法可以用来直接评估新兴技术项目实施与否的相对效应，有

无对比法则可以度量新兴技术项目实施的真实效益和作用；横向对比法可以用来评估新兴技术项目（或新兴技术项目企业）的绩效和竞争力。

12.6.4　后评估的实施

新兴技术项目后评估管理的主要任务是制订新兴技术项目后评估的实施细则和后评估计划，对新兴技术项目的研发、实施效果和实施过程进行总结、分析，并获取项目的经验和教训。

新兴技术项目后评估的实施以及结题验收后的自我评估，通常由新兴技术项目企业负责，但应该选择第三方评估机构进行评估，避免出现“自己评估自己”的现象。新兴技术项目企业应根据后评估的结果，撰写“新兴技术项目后评估报告”（包括经验、教训和政策建议），该报告将成为今后新兴技术项目主管部门编制新兴技术项目规划和决策的参考依据，同时，也将作为新兴技术项目企业重大决策失误责任追究的重要依据。

新兴技术项目后评估的相关结论和经验总结，一方面可以为该类新兴技术项目积累资料；另一方面，可以作为新兴技术项目企业承接新的新兴技术项目的参考依据。新项目立项以后，项目承担企业可以参照已完成的新兴技术项目来设计新项目的实施方案和后评估的内容和评估指标体系，同时，通过建立新项目的信息管理系统，实时监测、分析和控制新项目的进程，以保障新项目的顺利完成。具体的项目后评估指标体系，见图 12-2[①]。

① 知识产权管理也是新兴技术项目后评估的重要内容，对知识产权管理效应的评价可以单独进行。

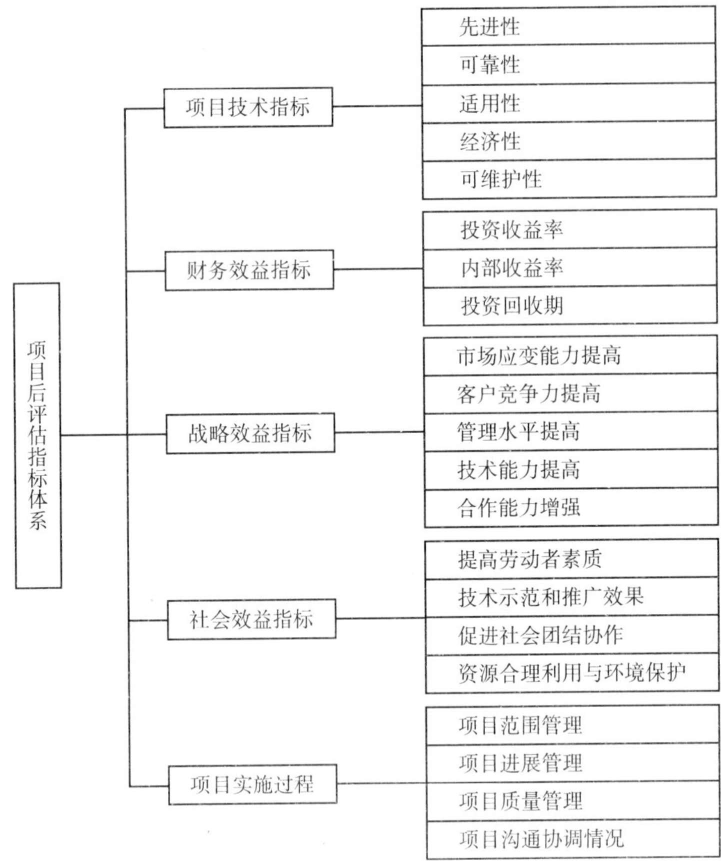

图 12-2　新兴技术项目的后评估指标体系

12.7　新兴技术项目综合管理体系的架构

综上所述，新兴技术项目的综合管理体系架构，见图 12-3。

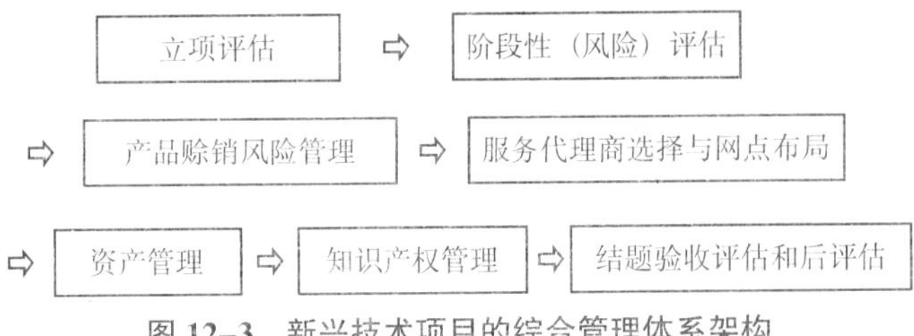

图 12-3　新兴技术项目的综合管理体系架构

综上所述，新兴技术项目的综合管理体系一般可以归纳为七个阶段，即①立项评估；②阶段性（风险）评估；③新兴技术项目产品的赊销风险管理；④产品（售后）服务代理商选择与网点布局；⑤新兴技术项目的资产管理；⑥知识产权管理；⑦结题验收评估和后评估[①]。

其中，前面①和②属于新兴技术项目的立项和研发管理阶段；③和④为新兴技术项目的商业化运作阶段；⑤、⑥和⑦是新兴技术项目的后管理阶段[②]。

12.8　本章小结

本章讨论了新兴技术项目综合管理体系的架构，得出以下结论：

（1）在新兴技术项目的立项评估、阶段性（风险）评估和结题验收与后评估阶段，由于评估目标与对象不同，因此，所采用的评估指标与评估方法也有所不同。因此，仅仅采用一种方法进行评估是不适宜的。

（2）本章构架的新兴技术项目综合管理体系具有多阶段、多方法、易操作的特点。在实际操作时，可以针对新兴技术项目的具体内容和评估目标，在本章所构建的综合管理体系的框架下，选用适当的评估指标和评估方法，并赋予评估指标相应的权重，即可得到所需要的最终评估结果。

（3）新兴技术项目的后评估是对已经完成的新兴技术项目的目标、执行过程、效益、作用和影响等进行的客观性评估，后评估制度的建立对完善新兴技术项目的管理体系具有十分重要的意义。

（4）由于本书主要针对集研发、生产和商业化运作于一身的新兴技术项目企业展开讨论，因此，在综合管理体系中涉及新兴技术项目产品的赊销风险管理和产品的（售后）服务代理问题。

（5）在新兴技术项目的综合管理体系中，新兴技术项目（特别是由国家财政资金资助的项目）资产的管理问题至今还没有得到有效的解决，本书在第 11 章中已进行了较为详细的讨论。

---

① 对于基础类的研发项目而言，项目研发任务完成后即可进行结题评估；对于开发类的项目而言，项目的经济效益可以通过两种渠道来实现：一是项目成果的转让，二是企业自身进行商业化运作。

② 鉴于目前我国新兴技术项目资产管理的问题突出，结题评估和后评估的内容应包括资产管理的效益。

第 13 章　提高我国新兴技术项目研发水平的思考

13.1　引　言

随着我国不断加大技术创新的力度，我国新兴技术取得了长足的发展，新兴技术项目产品从设计、开发、检测、试验、生产到技术创新水平都有了不同程度的提高。然而，我国新兴技术项目的管理体制依然还存在较严重的计划经济管理模式和痕迹，存在技术基础能力和整体创新能力薄弱、核心技术的高科技含量不高、新兴技术项目的研发资金渠道单一、人才培养不适应我国新兴技术发展的需要等诸多亟待解决的问题。本章基于未来我国新兴技术的发展趋势，为提高我国新兴技术项目的研发水平，针对上述问题提出相应的一些解决思路、抛砖引玉。

本章的安排如下：13.2 节讨论了新兴技术项目的投融资体制；13.3 节提出了应重点支持以关键新兴技术元器件换代技术产品为研发目标的新兴技术项目；13.4 节给出了以固定资产投资为牵引促进新兴技术项目资源共享的思路；13.5 节是本章小结。

13.2　建立新型的新兴技术项目投融资体制

拓广新兴技术项目的投融资渠道是提高我国新兴技术项目研发水平的重要举

措，应尽快建立“政策引导、企业主体、金融支持、政府扶持”的投融资新体制。新体制不仅可以扩大新兴技术项目的资金来源、健全新兴技术项目的监督职能，而且对于提高新兴技术项目的投资效益有着十分重要的意义。因此，建议设立新兴技术发展引导基金、出口信贷和外贸发展基金、创新人才奖学金和交流辅助基金以及对新兴技术项目企业自主研发能力予以资金和政策上的扶持等，实现除国家财政投入之外的多种新兴技术项目投资渠道并存的新兴技术投融资体制。

13.2.1 建立新兴技术发展引导基金

按照经济学的原理，项目必须注重经济效益。建立新兴技术发展引导基金制度的目的是针对国家亟须发展的探索型新兴技术领域[①]，依据新兴技术行业发展的规划和产业政策，发挥政府的引导职能，积极引导社会性的投资，遏制低水平的重复建设。引导基金制度的实施方案是国家出一部分引导性资金，法人和自然人出一部分资金，共同组建股份制新兴技术发展引导基金。基金性质为法人实体，具有法人治理结构和现代企业制度，实现自负盈亏和自我积累的良性循环。当基金向国家缴纳的税金大于国家投入资金时，可以将国家投入资金形成的股本转让给其他股东，政府不再干预基金的经营。

13.2.2 建立出口信贷和外贸发展基金

建立出口信贷和外贸发展基金的目的是支持新兴技术项目企业利用自身的比较优势，积极开发国际市场，利用出口信贷生产适销对路的新兴技术项目产品。在不影响国家安全的前提下，利用外贸发展基金对外销售新兴技术项目产品，寻找国际战略合作伙伴。这些举措不仅可以增强国内新兴技术的可持续发展能力，提升我国新兴技术的水平，而且可以扩大我国在国际上的影响力，增强国家的国防和外交实力。

13.2.3 设立创新人才奖学金和交流辅助资金

设立创新人才奖学金，既可以充分利用国家的教育资源，加速培养和造就符合新兴技术发展的科技人才，又可以扩大新兴技术的影响。通过增强从事新兴技

① 此处不包括涉及国家安全或国防类新兴技术项目，但可以包括部分军民两用的新兴技术项目。

术研发和产品开发人员的荣誉感，吸引更多的科技人才投身于新兴技术行业。设立交流辅助资金，主要用于新兴技术高层次人才和创新团队科技骨干的培养、引进和学术交流。

13.2.4　对新兴技术项目企业自主研发能力的扶持

随着市场机制的引入，目前新兴技术行业中的部分企业，已经开始根据市场和国家的需求，自己投入资金研制和开发新兴技术项目产品。由于新兴技术项目产品的研发费用一般需求较大和企业自有资金的限制，阻碍了新兴技术项目企业的自主研发水平和创新能力。因此，在新兴技术项目的研制和开发活动由政府主导型逐步转为企业主导型的战略部署下，通过国家财政的投入对符合条件的新兴技术项目企业的自主研发和创新能力予以扶持，引导新兴技术项目企业的自主研发活动。该举措是我国由技术大国转为技术强国的必经之路，也是实现政府管理方式由直接管理到间接管理、由主导型管理向引导型管理的重要途径。对军民两用的新兴技术和新兴技术项目产品，在国家加大研发投入的同时，通过政策优惠，扶持军民两用的新兴技术的研发和新兴技术项目产品的开发。同时，有条件地开放并合理引导社会性资金的投入。

13.3　加大对核心新兴技术元器件研发项目的支持力度

13.3.1　研发核心新兴技术元器件的意义

新兴技术核心元器件的技术水平是决定新兴技术装备的功能和性能的关键，新兴技术核心元器件项目的研发水平在较大程度上反映了我国的科技水平与发展方向。因此，加大对新兴技术核心元器件研发项目的支持力度，具有基础性、重要性、战略性及先导性等普遍意义。随着新兴技术的发展，关键新兴技术元器件换代产品的不断涌现，已经而且未来也必将继续引发新兴技术装备的原理及性能的变革。例如，在新兴电子技术领域，微波管的发明产生了雷达、通信和电子装备；微电子芯片的发明带动了微型计算机和现代移动通信的发展；动力电池能量的提高，大幅提高了航行器的航速和航程；固态功率器件由于体积小、重量轻、功耗低、可靠性高等特点，对新兴技术装备的小型化、智能化起着重要的作用；半导体碳化硅功率器件大幅增加了发射输出功率，提高了探测距离和分辨力等。这些案例充分说明新兴技术核心元器件对技术装备的决定性与带动性作用。在一定意义上讲，现代技术装备中所含新兴技术越多、越先进、元器件技术越高，技术装备的功能和性能越强大。因此，新兴技术核心元器件的研发和应用水平，以及国产化程度是增强我国综合实力的重要保证。

13.3.2 我国关键新兴技术元器件发展现状与主要问题

自“八五”以来，国家通过各种渠道支持新兴技术元器件的研发。例如，在基础研究条件方面，通过建设重点实验室，在设计和工艺基础能力等都得到较大幅度的提升。但由于我国支撑新兴技术核心元器件的工业基础还十分薄弱，主要表现在以下几个方面。

（1）核心元器件部分依赖进口，应急保障体系受到一定限制。

（2）国产核心元器件实用化总体技术水平还待提高。

（3）核心元器件生产工艺技术还比较薄弱。

（4）自主创新能力不足，一些核心元器件的研发还处于满足整机型号的状态，一些部门或企业没有形成激励自主知识产权研发的有效机制。

13.3.3 核心新兴技术元器件的发展思路

以新兴技术核心元器件研发项目为切入点，充分利用技术改造和技术创新成果，建立新兴技术核心元器件供应基地，以实现统筹规划、统一组织、优化结构等目标。具体内容包括以下几个方面：

1. 建设模式

通过新兴技术的自主创新，建设一批满足新兴技术装备批量生产需要的中试生产线，实现以中试批量生产与研发相结合的建设模式。

2. 实现自主创新研发模式

以先进的技术平台和高素质的新兴技术人才队伍为基础，攻克世界一流先进技术的技术难关，建立一批与国际先进技术水平接轨的新兴技术核心元器件重点

实验室、技术中心与开发基地。

3. 改变新兴技术核心元器件部分依赖进口的被动局面

通过提高新兴技术核心元器件领域的自主发展和自我配套能力，逐步形成标准化、系列化、通用化的新兴技术核心元器件的产品体系，建成完整、高效的核心元器件供应保障体系，改变部分依赖进口的被动局面。

13.4　以固定资产投资为牵引促进新兴技术项目资源共享

新兴技术项目的资源共享是提高我国新兴技术项目的研发水平的重要举措。在我国，政府可以动用的公共资源的深度和广度大得超乎想象。除了涉及国家安全机密而不能公开的以外，许多资源信息主要掌握在政府或相关部门手中。由于个人或集团的利益因素以及制度方面的缺失，我国很多信息和资源的利用率较低，部门之间缺少沟通，存在“信息孤岛”现象。由于大多数信息具有时效性，“信息孤岛”现象已不适应我国新兴技术项目研发的需要。

13.4.1　新兴技术项目的资源共享

新兴技术项目资源主要指由政府及相关管理机构、新兴技术项目的研发和实验基地、大型新兴技术项目的科学设施与仪器装备、新兴技术项目的实验数据与信息、新兴技术项目的技术标准和计量与检测技术体系、新兴技术项目的科技成果等组成的资源。资源共享是指在确保国家安全的前提下，上述资源在政府与公众、企事业单位之间、行业之间和军民之间等实现互通互用及有偿利用。

13.4.2　促进新兴技术项目资源共享的实施路径

新兴技术项目资源是技术创新和发展的重要物质基础。以固定资产投资为牵引促进新兴技术项目资源共享的实施路径有以下几个方面：

第一，通过固定资产投资，充分发挥政务网、科技信息专网、数字图书馆等数字化科技平台的作用，促进新兴技术项目的科技信息与文献资源的共享。

第二，通过固定资产投资，搭建面向新兴技术行业的材料、工艺、元器件、环节与可靠性试验等共用数据库，推动信息共享的进程。

第三，加强技术改造资金的投入，面向全国建设开放式的新兴技术项目科技申报与成果推广转化网络，集成并发布新兴技术项目的最新科技成果和信息资源。

第四，加强新兴技术项目研发中心的示范作用，通过固定资产投资，实施新兴技术项目的技术推广计划，提高新兴技术项目的技术集成和技术配套能力以及技术服务水平。

第五，大力推进产学研的结合，以多种合作形式，建设跨部门或区域化的新兴技术项目产业化示范基地和科技园区，加速新兴技术项目成果的推广和产业化。

第六，通过固定资产投入的带动，进一步完善新兴技术项目资源共享的组织管理模式，以及新兴技术项目知识产权保护等保障运行制度。同时，制定新兴技术项目资源共享的保密、降密、解密管理办法和考核、评估办法。

第七，建立新兴技术项目技术转移成果和新兴技术项目科技资源共享信息制度的同时，加强与国内外知名大学、实验室、技术中心和著名企业的交流与合作，建立面向全国乃至国际的新兴技术项目联合实验室或新兴技术项目研发中心。

第八，鼓励采用委托试验测试、装备租赁等多种形式，引进和利用国外先进的科技资源和新兴技术项目的管理制度及规范标准。

第九，鼓励科技中介服务机构开展新兴技术项目资源的共享与政策咨询，拓宽新兴技术项目成果面向广大企事业单位和社会的转化、推广应用和资源共享的服务渠道，不断提高新兴技术项目的资源共享面。

13.5 本章小结

随着我国不断加大科技创新的力度，我国新兴技术取得了长足的进步，然而，总体水平与国外发达国家相比仍有较大差距。本章结合我国当前的实际情况，为进一步提高我国新兴技术项目的研发水平，提出我国新兴技术项目的研发

方向。本章第一部分就当前我国新兴技术项目研发过程中存在的技术基础能力和创新能力薄弱、核心元器件技术含量不高、新兴技术项目的研发资金渠道单一、人才培养不适应我国新兴技术发展等诸多需要亟待解决的问题展开讨论。提出建立新型的新兴技术项目投融资体制，包括设立新兴技术发展引导基金、出口信贷和外贸发展基金、新兴技术人才奖学金和交流辅助基金以及对新兴技术项目企业自主研发能力和军民两用技术的研发给予资金和政策方面的扶持等多种扩展新兴技术项目投融资渠道的新措施；本章第二部分针对目前我国新兴技术核心元器件项目研发的现状，提出加大对新兴技术核心元器件研发项目支持力度的构想；本章第三部分提出以固定资产投资为牵引，促进新兴技术项目资源共享的思路和实施路径。

结束语

随着我国科技现代化的快速推进，我国新兴技术的发展正面临新的机遇与挑战。本书针对新兴技术项目的风险评估与管理问题展开讨论，本书的成果不仅适用于由政府财政资助的重大新兴技术项目，也适用于非财政资助的一般新兴技术项目。因此，本书对促进我国新兴技术的发展和科技现代化有着积极而深远的理论和现实意义。

本书从新兴技术项目风险评估和管理的视角，在分析我国新兴技术项目管理的特点、现状与不足的基础上，讨论了新兴技术项目的风险评估方法和综合管理体系。由于新兴技术项目门类众多，规模有大有小，本书仅仅是抛砖引玉，希望对新兴技术企业和新兴技术项目的投资方或管理部门有一定的借鉴和参考意义。由于技术本身和资料的限制，本书没有对新兴技术项目的具体类型进行划分，仅针对新兴技术项目的一般共性特征从理论层面上展开了讨论。因此，本书所提出的新兴技术项目风险评估和综合管理的架构，可以适用于各类具体的新兴技术项目。

本书共分为四篇，从第二篇开始分别针对新兴技术项目的风险评估方法、新兴技术项目企业和新兴技术项目综合管理体系展开了相应的探讨，具体内容如下：

（1）在新兴技术项目风险评估方法篇，主要讨论了以下几个方面的内容：

1）构建了新兴技术项目风险评估的指标体系，并从理论层面上分析了评估指标的序关系。

2）针对新兴技术项目的特点，提出基于风险和预期收益的新兴技术项目综合评估方法。

3）针对新兴技术项目的阶段性（风险）评估问题，提出新兴技术项目的多阶段组合风险评估方法，并对组合评估误差进行了理论分析。

（2）在新兴技术项目企业篇，主要讨论了以下内容：

1）讨论了新兴技术项目企业的主要特征，并构建了新兴技术项目企业的四维特征模型。

2）为了评估新兴技术项目企业的融资和履约能力，提出了一类评估新兴技术项目企业信用风险的 IF-ISODATA 集成算法。

3）针对新兴技术项目企业面临的赊销风险，讨论了新兴技术项目产品的赊销风险管理问题。

4）对新兴技术项目产品的服务代理商选择和网点布局问题进行了探讨。

（3）在新兴技术项目综合管理体系篇，主要讨论了如下的内容：

1）针对当前我国新兴技术项目的资产管理中面临的突出问题，探讨了新兴技术项目资产管理制度的创新思路。

2）提出了新兴技术项目综合管理体系的构建思路，同时，针对新兴技术项目闭环管理和后评估制度缺失的现状进行了讨论。

3）提出了提高我国新兴技术项目研发水平的一些思考。

附录　基于 RS 理论的属性约简算法简介

1. 知识与不可分辨关系

在 RS 理论中，一般认为，知识是人类实践经验的总结和提炼，具有抽象和普遍的特性，属于认识论范畴的概念。“知识”被视为一种分类的能力，是分辨现实或抽象对象的能力。如医生辨别患者的疾病，投资者辨别投资的风险程度等，这些根据事物特征进行识别和分类的能力都被看作是“知识”。对于一个特定的问题而言，可以将该问题界定在一个范围内，则该范围内的所有个体就组成问题的论域 U。以分类为基础，可以将分类理解为等价关系，等价关系即成为划分论域 U 的基础，由等价关系划分出的任意子集 X 称之为 U 中的一个“概念”。这里，空集也被认为是一个特殊的“概念”。论域 U 中的任意概念族被称为关于 U 的抽象知识，简称知识[①]。它代表了对 U 中个体的分类。这样，知识就可以定义为：在给定的等价关系集合 R 下，对数据集合 U 的划分，记为 U/R，其表示由 U 导出的所有等价类，$[x]_R(x \in U)$ 表示包含元素 x 的 R 等价类[②]。U 上的一族划分（对应于 U 的分类）被称为关于 U 的知识库（Knowledge Base），知识库是一个关系系统 K = {U，R}，根据等价关系集合 R 就可以对 U 进行不同的划分，每种划分将把 U 分为不同的子集，这些子集称为基本概念或范畴。

在分类过程中，相差不大的个体被归于同一类 P，它们的关系是不可分辨的关系（Indiscernability Relation）[③]，记为 IND(P)。在不可分辨关系中，处于同一种分类的物体被认为是不可分辨的，可以理解为在该类属性下存在等效关系，因

① “知识”的概念在不同范畴内有不同的含义，在粗糙集理论中，“知识”是基于事物特征差别的一种分类能力。

② 所谓等价类构成的集合是指集合中的每个对象都与元素 x 有相同的特征属性（Attribute）。

③ 在分类过程中，相差不大的个体被归于同一类，它们的关系称为不可分辨关系，不可分辨关系也称等价关系（Equivalence Relationship）。

此，不可分辨关系又称为一组等效关系。基本集定义为由论域中相互间不可分辨的对象组成的集合，是组成论域知识的颗粒。知识也被认为是一组等效关系，它将论域分割成一系列的等效类。不可分辨关系的概念是 RS 理论的基石，它揭示出论域知识的颗粒状结构。

定义 1： 设系统 $K=(U, R)$ 为一个知识库，对于 $P \subseteq R$，则 P 在 R 的不分明关系 IND(P) 定义为：$IND(P)=\{(x, y) \in U^2 \mid \forall a \in P, a(x)=a(y)\}$。U/P 表示 P 的所有等价类构成的集合，$[x]_P$ 表示包含元素 $x \in U$ 的 P 等价类，IND(P) 把对象集 U 划分为 k 个等价类，记为：$U/P=\{X_1, X_2, X_3, \cdots, X_k\}$。

2. 粗糙集的下逼近、上逼近、边界区和粗糙隶属函数

对于粗糙集，根据属性 R 的集合，对于每个 $x \in U$ 的集合，我们研究它们不可分辨等价类的情况。为此，我们可对粗糙集近似的定义，即使用两个精确集，即粗糙集的上近似集和下近似集来描述。

给定一个有限的非空集合 U 称为论域，R 为 U 上的一族等价关系。R 将 U 划分为互不相交的基本等价类，二元对 $K=(U, R)$ 构成一个近似空间（Approximation Space）。设 X 为 U 的一个子集，a 为 U 中的一个对象，$[a]_R$ 表示所有与 a 不可分辨的对象所组成的集合，即由 a 决定的等价类。当集合 X 能表示成基本等价类组成的并集时，则称集合 X 是可以精确定义的；否则，集合 X 只能通过逼近的方式来刻画。集合 X 关于 R 的下逼近（Lower Approximation）定义为：

$$R_*(X)=\{a \in U : [a]_R \subseteq X\} \tag{附-1}$$

$R_*(X)$ 实际上是由那些根据已有知识判断肯定属于 X 的对象所组成的最大的集合，也称为 X 的正区（Positive Region），记作 POS（X）。由根据已有知识判断肯定不属于 X 的对象组成的集合称为 X 的负区（Negative Region），记作 NEG（X）。集合 X 关于 R 的上逼近（Upper Approximation）定义为：

$$R^*(X)=\{a \in U : [a]_R \cap X \neq \phi\} \tag{附-2}$$

$R^*(X)$是由所有与 X 相交非空的等价类 $[a]_R$ 的并集，是那些可能属于 X 的对象组成的最小集合，显然，$R^*(X)+NEG(X)=$论域 U。集合 X 的边界区（Boundary Region）定义为：

$$BN(X)=R^*(X)-R_*(X) \tag{附-3}$$

BN(X) 为集合 X 的上逼近与下逼近之差。如果 BN(X) 是空集，则称 X 关于 R 是清晰的（Crisp）；反之如果 BN（X）不是空集，则称集合 X 为关于 R 的粗糙

集（Rough Set）。下逼近、上逼近及边界区等概念刻画了一个不能精确定义的集合的逼近特性。逼近精度定义为：

$$a_R(X)=\frac{|R_*(X)|}{|R^*(X)|} \tag{附-4}$$

式中$|R_*(X)|$表示集合$R_*(X)$的基数或势（Cardinality），对有限集合来说表示集合中所包含元素的个数。显然，$0\leqslant a_R(X)\leqslant 1$，如果$a_R(X)=1$，则称集合X相对于R是清晰的；$a_R(X)<1$，则称集合X相对于R是粗糙的。$a_R(X)$可认为是在等价关系R下逼近集合X的精度。

RS理论中定义了粗糙隶属函数（Rough Membership Function）。通过使用不可分辨关系，定义元素a对集合X的粗糙隶属函数如下：

$$u_X^R(a)=\frac{|X\cap[a]_R|}{|[a]_R|} \tag{附-5}$$

显然$0\leqslant u_X^R(a)\leqslant 1$，粗糙隶属函数也可以用来定义集合X的上、下逼近和边界区。

3. 约简与核

"约简（Reduction）"[①]和"核（Core）"的概念是RS理论的核心内容。所谓知识的约简是指知识的本质部分，它足以定义知识中所遇到的所有基本概念，而核是其最重要的部分。计算约简的复杂性随着决策表的增大呈指数增长，是一个典型的NP完全问题，当然，实际中没有必要求出所有的约简。引入启发式的搜索方法如遗传算法有助于找到较优的约简（即所含条件属性最少的约简）。

定义2： 设属性集合$R\subseteq C$，属性$r\in R$，当$IND(R)=IND(R-\{r\})$，则称r为R中可省略的[②]，否则r为R中不可省略的。

定义3： 对任一$r\in R$，若R不可省略，则R为独立的。

定义4： 设一等价关系为属性集合$R\subseteq C$，若：

$$k=\gamma_R(D)=card(POS_P(D))/card(POS_A(D)) \tag{附-6}$$

成立，则称属性D以依赖度$\gamma_R(D)$依赖于S中A的子集P。

【注】 知识的依赖性可形式化地定义如下：令$K=(U,R)$是一个知识库，P，$Q\subseteq R$。

① 知识约简或属性约简简称"约简"指在保持分类能力不变的条件下，删除其中冗余的属性。

② 属性是可省略的就意味着属性去掉后不影响分类的结果。

（1）知识 Q 依赖于知识 P（记作 $P \Rightarrow Q$）当且仅当 $IND(P) \subseteq IND(Q)$。

（2）知识 P 与知识 Q 等价（记作 $P \equiv Q$）当且仅当 $P \Rightarrow Q$ 且 $Q \Rightarrow P$。

（3）知识 P 与知识 Q 独立（记作 $P \neq Q$）当且仅当 $P \Rightarrow Q$ 与 $Q \Rightarrow P$ 均不成立。

（4）若知识 Q 是 $k(0 \leqslant k \leqslant 1)$度依赖于知识 P 的，记作 $P \Rightarrow_k Q$。

决策属性和条件属性有内在联系，决策属性对条件属性的依赖度 $k = \gamma_R(D)$ 表示在信息系统 S 中条件属性 P 下，肯定支持决策的对象个数占全部对象个数的比例。

定义 5： 设属性 $a \in C$，则 a 的属性重要度定义为：

$$SGF(a, C, D) = \gamma_R(D) - \gamma_{R-(a)}(D) \quad \text{(附-7)}$$

SGF(a，C，D) 表明从 C 中去除 a 后对分类决策的影响程度。有了这些概念后，就可以定义核和约简的概念。

定义 6： 属性子集 $B \subseteq C$，若 $POS_R(D) = POS_C(D)$，且 $\forall B' \subset B$，$POS_R(D) \neq POS_C(D)$，则 B 称为 C 的一个约简，记为 Red(C)。

定义 7： C 中所有不可省略属性的集合称为 C 的核①，即：

$$Core(C) = \cap Red(C) \quad \text{(附-8)}$$

“核”可以作为所有约简的计算基础，因为“核”包括在所有约简之中，并且可以直接计算。

【例】 附表 1 为一张决策表，论域 U 有 5 个对象，编号 1~5，{a，b，c} 是条件属性集，d 为决策属性。对于分类来说，并非所有的条件属性都是必要的，有些是多余的，去除这些属性不会影响原来的分类效果。“约简”定义为不含多余属性并保证分类正确的最小条件属性集。一个决策表可能同时存在几个约简，这些约简的交集定义为决策表的“核”，是影响分类的重要属性。“约简”结果为：{a，c} 和 {b，c}，见附表 2 和附表 3。它们维持了与原有条件属性集 {a，b，c} 相同的分类能力，其中 {c} 即是核，表明 c 是影响分类的重要属性。

附表 1　决策表

U	a	b	c	d
1	1	0	2	1
2	2	1	0	2
3	2	1	2	3
4	1	2	2	1
5	1	2	0	3

① 换言之，属性集中所有最小子集的交集称为“核”。

附表2　约简｛a，c｝

U	a	c	d
1	1	2	1
2	2	0	2
3	2	2	3
5	1	0	3

附表3　约简｛b，c｝

U	b	c	d
1	0	*	1
2	1	0	2
3	1	2	3
4	2	2	1
5	2	0	3

从另一个角度看，决策表实际上也是一组逻辑规则的集合。例如，附表1中的对象1蕴含的规则是 $a_1 b_0 c_2 \Rightarrow d_1$，化简决策表的过程也就是抽取分类规则的过程。附表2中对象4在去掉属性b后与附表1蕴含相同的分类规则，为避免重复而被除去。约简中的规则还可进一步化简，删除那些与分类无关的次要属性。附表3第一行中的"*"表示属性c的取值不重要，即只要 $b=0$，d一定为1（$b_0 \Rightarrow d_1$）。

4. 基于RS理论的属性约简算法

近十年，国内外许多学者对约简算法进行了大量的研究，常见的基于粗糙集的属性约简算法包括以下几种：

（1）数据分析属性约简算法。

（2）基于区分矩阵的属性约简算法。

（3）归纳属性约简算法。

（4）基于互信息的属性约简算法。

（5）基于特征选择的属性约简算法。

其中最常用的是数据分析属性约简算法和基于区分矩阵的属性约简算法。数据分析属性约简算法的约简过程是通过对属性的逐个移去，通过观察信息表进行约简。

定义8： 设 $S=\{U, C, D, V, f\}$ 是一个知识表达系统，用 $M(S)$ 表示 $n \times n$

阶矩阵 (c_{ij})，称它为 S 的区分矩阵，$c_{ij}=\{A_{ii}\in C: C(u_i)\neq C(u_j)\wedge u_i, u_j\in U\wedge i, j=1, \cdots, n\}$（其中 $C(u_i)$ 表示样本 u_i 的条件属性 A_{ii} 的值，"∧"表示取最小上界，"∨"表示取最大下界）。

基于区分矩阵的属性约简算法的约简过程如下：

（1）原始数据离散化；

（2）删除重复条件属性和不可分辨的列；

（3）建立区分矩阵 M(S)；

（4）建立析取逻辑表达式 $L=\vee C(u_i)$（其中 $C(u_i)\in c_{ij}$）；

（5）计算析取逻辑表达式的最小析取范式；

（6）输出约简结果。

5. 连续数据离散化

在运用粗糙集处理决策表时，要求决策表中的值用离散数据表示，如果评价指标值为连续值，则必须将它离散化。鉴于此，本部分采用模糊 c 均值聚类[①]对数据进行离散化。

连续数据离散化的步骤如下：

第一步：对信息表中的原始数据进行数据标准化处理，使之便于分析和比较。

设有 n 个待评的服务代理商对象，每个待评的对象有 m 个评价指标，r_{ij} 表示第 j 个服务代理商对应第 i 个评价指标的值。原始数据形成的评价矩阵 $R=(r_{ij})_{m\times n}$ 如下：

$$R=\begin{pmatrix} r_{11} & r_{12} & \cdots & r_{1n} \\ \vdots & & \ddots & \vdots \\ r_{m1} & r_{m2} & \cdots & r_{mn} \end{pmatrix} \tag{附-9}$$

数据标准化处理公式为：

$$r'_{ij}=\frac{r_{ij}-\min\limits_{j}\{r_{ij}\}}{\max\limits_{j}\{r_{ij}\}-\min\limits_{j}\{r_{ij}\}},\quad r'_{ij}\in[0, 1] \tag{附-10}$$

在（附-10）式中，$\max\limits_{j}(r_{ij})$ 和 $\min\limits_{j}(r_{ij})$ 分别表示不同服务代理商同一指标的

① 模糊 c 均值聚类算法是一种基于划分的聚类算法，是一般 c 均值算法的改进（应用一般 c 均值算法对样本的划分是硬性的），其基本功能是在一定规则下，将相似度大的样本划分到同一簇中，而相似度小的样本则被划分在不同簇中。

最大值和最小值。

第二步：利用最大最小法求出每个条件属性的相似矩阵。计算相似矩阵的公式如下：

$$x_{ij}=\frac{\sum_{k=1}^{m}\min(r'_{ik},\ r'_{jk})}{\sum_{k=1}^{m}\max(r'_{ik},\ r'_{jk})} \tag{附-11}$$

式中 x_{ij} 表示元素 r'_i 和 r'_j 的相似系数。

第三步：对相似矩阵进行聚类划分。

对于相似矩阵 X：

$$X=\begin{bmatrix} x_{11} & x_{12} & \cdots & x_{1n} \\ x_{21} & x_{22} & \cdots & x_{2n} \\ \vdots & \vdots & \ddots & \vdots \\ x_{m1} & x_{m2} & \cdots & x_{mn} \end{bmatrix}$$

如果存在矩阵 C：

$$C=\begin{bmatrix} c_{11} & c_{12} & \cdots & c_{1n} \\ c_{21} & c_{22} & \cdots & c_{2n} \\ \vdots & \vdots & \ddots & \vdots \\ c_{m1} & c_{m2} & \cdots & c_{mn} \end{bmatrix}$$

满足：

$$\sum_{i=1}^{m} c_{ij}=1 \quad (j=1,\ 2,\ \cdots,\ n)$$

$$0<\sum_{i=1}^{n} c_{ij}<n \quad (i=1,\ 2,\ \cdots,\ m)$$

则称矩阵 C 是相似矩阵 X 的一个模糊聚类划分。求矩阵 C 的具体算法可以采用传递闭包法、最大树法和直接动态法等。

第四步：分别用 0，1，…，n 进行离散。

参考文献

[1] Acharya V, J Carpenter. Corporate Bond Valuation and Hedging with Stochastic Interest Rates and Endogenous Bankruptcy [J]. Review of Financial Studies, 2002, 15: 1355-1383.

[2] Adler P S, McDonald D W & F McDonald. Strategic Management of Technological Functions [J]. Sloan Management Review, 1992, 12: 19-37.

[3] Admati A R, Perry M. Joint Projects Without Commitment [J]. Review of Economic Studies, 1991, 58 (2): 259-276.

[4] Altamn E I, S Anthony. Credit Risk Measurement: Developments over the last 20 Years [J]. Journal of Banking and Finance, 1998, 21: 1721-1742.

[5] Altamn E I. Financial Ratios Discriminant Analysis and the Prediction of Corporate Bankruptcy [J]. The Journal of Finance, 1968, 23 (4): 589-609.

[6] Altamn E I. Commercial Bank Lending: Process、Credit Scoring and Costs of Errors in Lending [J]. Financial and Quantitative Anal, 1980, 15: 813-832.

[7] Altamn E I. The Importance and Subtlety of Credit Rating Migration [J]. Journal of Banking and Finance, 1998, 22: 1231-1247.

[8] Altman E I, Marco Getal. Corporate Distress Diagnosis: Comparisons Using linar Discriminant Analysis and Neural Networks (the Italian Experience) [J]. Journal of Banking and Finance, 1994, 18: 505-529.

[9] Altman E I, Brenner M. Information Effects and Stock Market Response to Signs of Firm Deterioration [J]. Journal of Financial and Quantitative analysis, 1981, 16 (3): 35-51.

[10] Altman E I, Haldeman, Narayanan. ZETA Analysis: A New Model to Identify Bankruptcy Risk of Corporations [J]. Journal of Banking and Finance,

1977, 1: 29-54.

[11] Arrow R A. Estimating Recovery Rates and Pseudo Default Probabilities Implicit in Debt and Equity Prices [J]. Financial Analysts Journal, 1999, 57 (2): 75-92.

[12] Baldwin J, Gezen G W. Bankruptcy Prediction Using Quarterly Financial Statement Data [J]. Journal of Accounting Auditing and Finance, 1992, 7 (1): 269-289.

[13] Barth J R, R D Brumbaugh & D Sauerhaft. Thrift Institution Failures: Estimating the Regulator's Closure Rule. G. G. Kaufman (Ed), Research in Financial Services, Greenwich, CT: JA I Press, 1989, 1: 125-136.

[14] Bass F. A New Product Grouth For Model Consumer Durables [J]. Management Science, 1968, 15 (5): 215-228.

[15] Bass F M, T V Krishnan & D C Jain. Why the Bass Model Fits Without Decision Variables [J]. Marketing Science, 1994, 13 (3): 203-223.

[16] Bazan J G, Skowron A & Synak P. Dynamic Reducts as a Tool for Extracting Laws from Decisions Tables [J]. Methodologies for Intelligent Systems, 1994, 86 (9): 346-355.

[17] Beaver W H. Financial Ratios as Predictors of Failure [J]. Journal of Accounting Research, 1966, (4): 71-111.

[18] Bekaert G & C R Harvey. Emerging Markets Finance [J]. Journal of Empirical Finance, 2003, 10: 3-55.

[19] Bergemann D, Hege U. Venture Capital Financing, Moral Hazard and Learning [J]. Journal of Banking and Finance, 1998, 22 (2): 703-735.

[20] Bezdek J C. Pattern Recognition with Fuzzy Objective Function Algorithms [M]. New York: Plenum Press, 1981.

[21] Bienz C, Hirscha J. The Dynamics of Venture Capital Contracts [D]. Center for Financial Studies and Goethe University Frankfurt, 2006.

[22] Black F, M Scholes. From Theory to a New Financial Product. Journal of Finance [J]. 1974, 5: 399-412.

[23] Black F, Cox J C. Valuing Corporate Securities: Some Effects of Bond Indenture Provisions [J]. Journal of Finance, 1976, 31 (2): 351-367.

[24] Black F, Scholes M. The Pricing of Options and Corporate Liabilities [J]. Journal of Political Economics, 1973, 5 (3): 637-659.

[25] Boyle M, J N Crook & Etal. Methods for Credit Scoring Applied to Slow Payers. Credit Scoring and Credit Control. New York: Oxford University Press, 1993.

[26] Briys E, V F De. Valuing Risky Fixed Rate Debt: An Extension [J]. Journal of Financial and Quantitative Analysis, 1997, 32 (2): 239-248.

[27] Burgelman R, M Maidique. Strategic Management of Technology and Innovation [M]. Illinois: Irwin, 1988.

[28] Burns T, G Stalker. The Management of Innovation [M]. London: Tavistock Publication, 1961.

[29] Caouette J B, Altman E I & Narayanan P. Managing Credit Risk: The Next Great Financial Challenge [M]. John Wiley & Sons, 1998.

[30] Chava S, Jarrow R A. Bankruptcy Prediction with Industry Effects [J]. Review of Finance, 2004, 8 (3): 537-569.

[31] Chotigeat T, Pandey I & Kim D J. Comparasion of Venture Capital and Private Equity [J]. Multinational Business Review, 1997, 5 (2): 54-62.

[32] Coats P, L Fant. Recognizing Financial Distress Pattens Using Neural Network Tool [J]. Financial Mamagement, 1993, 142-155.

[33] Cornelli F, Yosha O. Staged Financing and the Role of Convertible Securities [J]. Review of Economic Studies, 2003, 70 (1): 1-32.

[34] Courtois O L, Quittard-Pinon F. Risk-Neutral and Actual Default Probabilities with an Endogenous Bankruptcy Jump-Diffusion Model [J]. Asia-Pacific Finance Markets, 2006, 13 (1): 11-39.

[35] CSFB. CreditRisk+: A Credit Risk Management Framework [M]. Credit Suisse Financial Products, 1997.

[36] Cumby R E, P Tuvana. Emerging Market Debt Measuring Credit Quality and Examining Relative Pricing [J]. Journal of International Money and Finance, 2001, 20: 591-609.

[37] Cuny J, Talmor E. The Staging of Venture Capital Financing: Milestone Vs Rounds [D]. Washington University in St. Louis, London Business School and

University of California，2006.

[38] Cybinski P. Description，Explanation，Prediction the Evolution of Bankruptcy Studies [J]. Managerial Finance，2001，27 (4)：29–44.

[39] Darrell D，Kenneth S. Credit Risk：Pricing Measurement and Management [M]. Princeton：Princeton University Press，2003.

[40] Das S R，P Tufano. Pricing Credit–sensitive Debt when Interest Rates，Credit Rating and Credit Spreads are Stochastic [J]. The Journal of Financial Engineering，1996，5 (2)：161–198.

[41] Dekimpe M，P Parker & M Sarvary. Global Diffusion of Technological Innovations：A Coupled Hazard Approach [J]. Journal of Marketing Research，2000，37 (1)：47–59.

[42] Deng J L. Introduction to Grey System [J]. The Journal of Grey System (UK)，1989，1 (1)：1–24.

[43] Desaietal V S. A Comparison of Neural Networks and Linear Scoring Models in the Credit Union Envirnmemt [J]. European Journal of Operational Reasearch，1996，95：23–37.

[44] Dimitras A I，S H Zanakis & C A Zopounidis. C Survey of Business Failures with an Emphasis on Prediction Methods and Industrial Applications [J]. European Journal of Operational Research，1996，90：487–513.

[45] Dixit A K，Pindyck R S. The Options Approach to Capital Investment [J]. Harvard Business Review，1995，73 (1)：105–115.

[46] Duffee G R. Estimating the Price of Default Risk [J]. Review of Financial Studies，1999，12 (1)：197–226.

[47] Duffie D，Singleton K. Credit Risk for Financial Institutions：Management and Pricing [M]. 1998b.

[48] Duffie D，Singleton K. Modeling Term Structures of Defaultable Bonds [J]. Review of Financial Studies，1999，12：687–720.

[49] Duffie D，Singleton K. Simulating Correlated Defaults [M]. Stanford University，1998a.

[50] Duffie D，Garleanu N. Risk and Valuation of Collateralized Debt Obliga–

tions [J]. Financial Analyst's Journal, 2001, 57 (1): 41-59.

[51] Dugan M T, Forsyth T B. The Relationship between Bankruptcy Model Predictions and Stock Market Perceptions of Bankruptcy [J]. The Financial Review, 1995, 30 (3): 507-527.

[52] Echiselli E. Explorations in Management Talent [M]. Calif: Goodyear Publishing, 1971.

[53] Embrechts P, A McNeal & D Straumann. Correlation and Dependence in Risk Management: Properties and Pitfalls [R]. Working Paper, Risklab, Ethz, Zurich, 1999.

[54] Estrada J. Systematic Risk in Emerging Markets: The D-CAPM [J]. Emerging Markets Review, 2002, 3: 365-379.

[55] Freed N, F Glover. Simple but Powerful Goal Programming Formulations for the Statistical Discriminant Problem [J]. European Journal of Operational Research, 1981, 7: 43-60.

[56] Fried V H, Hisrich R D. Towards A Model of Venture Capital Investment Decision Making [J]. Financial Management, 1994, 23 (3): 28-37.

[57] Frydman H, EI Altman & DL Kao. Introducing Recursive Partitioning for Financial Classification: The Case of Financial Distress [J]. Journal of Finance, 1985, 40 (1): 269-291.

[58] Garber T, J Goldenberg, Libai B et al. From Density to Destiny: Using Spatial Dimension of Sales Data for Early Prediction of New Product Success [J].Marketing Science, 2004, 23 (3): 419-428.

[59] Gerke R, Johnson H E. The Valuation of Corporate Liabilities as Compound Options: A Correction [J]. Journal of Financial and Quantitative Analysis, 1984, 19 (2): 231-232.

[60] Geske R. The Valuation of Compound Option [J]. Journal of Financial Economics, 1979, 7 (2): 63-81.

[61] Geske R. The Valuation of Corporate Liabilities as Compound Options [J]. Journal of Financial and Quantitative Analysis, 1977, 12 (1): 541-552.

[62] Goh C H, Tung Y C A, Cheng C H. A Revised Weighted Sum Decision

Model for Robot Selection [J]. Computers & Industrial Engineering, 1996, 30 (2): 193-199.

[63] Gompers P A. Optimal Investment, Monitoring and the Staging of Venture Capital [J]. Journal of Finance, 1995, 50 (5): 1461-1491.

[64] Guo Z Q, Z F Zhou. A Multi-objectives Decision-making for Commerce Banks Portfolio [J]. Lecture Notes in Artificial Intelligence, 2004, 3227: 221-228.

[65] Gupta S, D C Jain, Sawhney M S. Modeling the Evolution of Markets with Indirect Network Externalities: An Application to Digital Television [J]. Marketing Science, 1999, 18 (3): 396-416.

[66] Hellmann T. Financial Structure and Control in Venture Capital [D]. Stanford University, 1994.

[67] Henderson R, K Clark. Architectural Innovation the Reconfiguration of Existing Product Technologies and the Failure of Established Firms [J]. Administrative Science Quarterly, 1990, 1: 9-30.

[68] Henley W E, D J Hand. A k-nearest-neighbor Classification for Assessing Consumer Credit Risk [J]. The Statistician1, 1996, 45 (1): 121-132.

[69] Ho T H, S Savin & C Terwiesch. Managing Demand and Sales Dynamics in New Product Diffusion Under Supply Constraint [J]. Management Science, 2002, 48 (2): 187-206.

[70] Hughston L P, Sturnbull. Credit Risk Constructing the Basic Building Blocks [J]. Economic Notes, 2001, 30 (2): 281-292.

[71] Huisman K J M, P M Kort. Strategic Investment in Technological Innovations [J]. European Journal of Operational Research, 2003, 114: 209-223.

[72] Hull J, White A. The Impact of Default Risk on the Prices of Options and Other Derivative Securities [J]. Journal of Banking and Finance, 1995, 19 (2): 299-322.

[73] J Bates, C J Granger. Combination of Forecasts [J]. Journal of Forecasting, 1969, 20 (4): 451-468.

[74] J I Munoz, J Contreras, J Caamano, P F Correia. Risk Assessment of Wind Power Generation Project Investments Based on Real Options [C]. Power Tech,

2009 IEEE Bucharest, 2009.

[75] J K Yu, M Xiao & Z F Zhou et al. Research on Determine the Financial Crisis of Enterprise Group Based on CLL Model [J]. Pioneer Journal of Advances in Applied Mathematics Reprint, 2012, 4 (2): 67–74.

[76] J K Yu, Z F Zhou & Chao X. Research on the Evaluation Indexes System of Emerging Information Technology Project [C]. The 3rd International Conference on Information Science and Engineering (ICISE 2011), Wu Han, 2011.

[77] J Sun, F Wei et al. Solving The Multi–Stage Portfolio Optimization Problem with a Novel Particle Swarm Optimization [J]. Expert Systems with Applications, 2011, 6 (23), 6726–6735.

[78] J Yu, Z F Zhou, H Zhong & H Z Huang. An Improved Fuzzy ISODATA Algorithm for Credit Risk Assessment of the EIT Enterprises [J]. Modern Economy, 2012, 3: 686–689.

[79] Jain D, V Mahajan & E Muller. Innovation Diffusion in the Presence of Supply Restrictions [J]. Marketing Science, 1991, 10 (1): 83–90.

[80] Jarrow R, S Turnbull. Pricing Options on Financial Securities Subject to Default Risk [J]. Journal of Finance, 1995, 50: 53–86.

[81] Jarrow R A, D Land & S M Turnbull. A Markov Model for the Term Structure of Credit Risk Spreads[J]. Review of Financial Studies, 1997, 10: 481–523.

[82] Jones M, C J Ritz. Incorporating Distribution into New Products Diffusion Models [J]. International Journal of Research in Marketing, 1991, 8 (6): 91–112.

[83] Kaplan S N, Stromberg P. How well do Venture Capital Databases Reflect Actual Investments [M]. University of Chicago, 2004, 3 (1): 33–37.

[84] Kay G. A Simple Exponential Modle for Dependent Default [J]. Journal of Fixed Income, 2003, 13 (3): 74–83.

[85] Kerling M. Corporate Distress Diagnosis–aninternational Comparison [C]. Proceedings of the Third International Conference on Neural Networks in the Capital Market, 1995, 407–421.

[86] Kijima M, Y Muromachi. Credit Events and the Valuation of Credit Derivatives of Basket Type [J]. Review of Derivatives Research, 2000, 4: 55–79.

[87] Kim C N, Jr R M. Expert, Linear Models and Nonlinear Models of Expert Decision Making in Bankruptcy Prediction: A Lens Models Analysis [J]. Journal of Management Information Systems, 1999, 16 (1): 189-206.

[88] Kim I J, K Ramaswamy & S M Sundaresan. Valuation of Corporate Fixed Income Securities [J]. Financial Management, 1993, 8: 117-131.

[89] Klausner M, Litvak K. What Economists have Taught us about Venture Capital Contracting? [D]. John M. Olin Program in Law and Economics, 2001, 13-17.

[90] Kluger BD. Information Quality and Bankruptcy Prediction [J]. Managerial and Decision Economics, 1989, 10 (4): 275-282.

[91] Krishnan TV, FM Bass & V Kumar. Impact of a Late Entrant on the Diffusion of a New Product/Service [J]. Journal of Marketing Research, 2000, 37 (2): 269-278.

[92] Kumar S, Ressler T, Ahrens M. Decision Support Model Based on Risk Return Tradeoff for Examining Viability of A Business Venture [J]. Journal of Revenue and Pricing Management, 2009, 8 (1): 81-95.

[93] Leland H E, Toft K B. Optimal Capital Structure Endogenous Bankruptcy and the Term Structure of Credit Spreads [J]. Journal of Finance, 1996, 50 (1): 789-819.

[94] Leland H E. Agency Costs, Risk Management and Capital Structure [J]. Journal of Finance, 1998, 51: 987-1019.

[95] Leland HE. Risky Debt, Bond Covenants and Optimal Capital Structure [J]. Journal of Finance, 1994, 49: 1213-1252.

[96] Li D X. On Default Correlation: A Copula Function Approach [R]. Working Paper 99-07, The Risk Metrics Group, 1999.

[97] Lindsay D H, Campbell A. Chaos Approach to Bankruptcy Prediction [J]. Journal of Applied Business Research, 1996, 12 (4): 1-9.

[98] Liu G. Q, Zhou Z. F, Shi Y. A Multi-Dimensional Forward Selection Method for Firms'Credit Sale [J]. Computers and Mathematics with Applications, 2007, 54 (2): 1228-1233.

[99] Liu S F, Lin Y. An Introduction to Grey Systems: Foundations, Method-

ology and Applications [M]. Slippery Rock: IIGSS Academic Publisher, 1998.

[100] Longstaff F, E Schwartz. A Simple Approach to Valuing Risky Fixed and Floating Rate Debt [J]. Journal of Finance, 1995, 50: 789-819.

[101] Longstaff F, E Schwartz. Valuing Credit Derivatives [J]. Journal of Fixed Income, 1995, 6: 6-12.

[102] Lundy M. Cluster Analysis in Credit Scoring [M]. New York: Oxford University Press, 1993.

[103] M Shahid, K H T Manmood. Establishing and Improving an Integrated Management System of Publieand Private Sector [C]. IAMOT, 2006.

[104] MacMillan I C, Siegel R & Subbanarasimha P N. Criteria Used by Venture Capitalists to Evaluate New Venture Proposals [J]. Journal of Business Venture, 1985, 1 (1): 109-128.

[105] MacMillan I C. Criteria Used by Venture Capitalists to Evaluate New Venture Proposals [J]. Journal of Business Venturing, 1985, 1: 45-64.

[106] Madan D, H Unal. Pricing the Risks of Default[J]. Review of Derivatives Research, 1998, 2: 121-160.

[107] Madan D, P Carr & E Chang. The Variance Gamma Process and Option Pricing [J]. European Finance Review, 1998, 2: 79-105.

[108] Mahajan V, S Sharma & R D Buzzell. Assessing the Impact of Competitive Entry on Market Expansion and Incumbent Sales [J]. Journal of Marketing, 1993, 57 (3): 39-52.

[109] Manigart S, De Waele K, Wright M, Robbie K, Sapienza H & Beeckman A. Venture Capitalists, Investment Appraisal and Accounting Information: A Comparative Study of the USA, UK, France, Belgium and Holland [J]. European Financial Management, 2000, 6 (3): 389-403.

[110] Martin D. Early Warning of Bank Failure: A Logit Regression Approach [J]. Journal of Banking and Finance, 1977, 2: 249-276.

[111] Mason S, S Bhattacharya. Risky Debt Jump Processes and Safety Covenants [J]. Journal of Financial Economics, 1981, 9: 281-307.

[112] Merton R. On the Pricing of Corporate Debt: the Risk Structure of Inter-

est Rates [J]. Journal of Finance, 1974, 29 (3): 449-470.

[113] Merton R C. Option Pricing when Underline Stock Returns are Discontinuous [J]. Journal of Financial Economics, 1976, 3: 125-144.

[114] Mou T Y, Z Q Guo & Z F Zhou. Customer's Credit Evaluation of Commercial Bank Based on Data Mining [J]. GESTS International Transaction, 2005, 9 (1): 1-8.

[115] Neher D. Staged Financing: An Agency Perspective [J]. Review of Economic Studies, 1999, 66 (2): 255-274.

[116] Nielsen L, J Saà-Requejo & P Santa-Clara. Default Risk and Interest Rate Risk: The Term Structure of Default Spreads [R]. Working Paper, INSEAD, 1993.

[117] Ohlson J A. Financial Ratios and the Probabilistic Prediction of Bankruptcy [J]. Journal of Operation Research, 1980, 9 (15): 109-131.

[118] Pawlak Z. Rough Set-Theoretical Aspects of Reasoning about Data [M]. Dordrecht. Kluwer Academic Publishers, 1991.

[119] Pawlak Z. Rough Set Theory and Its Application to Data Analysis [J]. Cybernetics and Systems, 1998, 29 (7): 661-688.

[120] Penrose E T. The Theory of the Growth of the Firm [M]. Oxford: Oxford University Press, 1995.

[121] Porter Michael. The Competitive Advantage of Nations [M]. New York: Free Press, 1990.

[122] Press S J, S Wilson. Choosing between Logistic Regression and Discriminant Analysis [J]. Statist.Assoc, 1978, 73: 699-705.

[123] Robert E B. The Technological Base of the New Enterprise [J]. Research Policy, 1991, 20 (4): 45-67.

[124] Ronn E I, A K Verma. Pricing Risk Ajusted Deposit Insurance: An Option Based Model [J]. Journal of Finance, 1986, 41 (4): 871-895.

[125] Sahlman W A. The Structure and Governance of Venture Capital Organizations [J]. Journal of Financial Economics, 1990, 42 (2): 473-521.

[126] Salchenberger, Linda et al. Neural Networks: A New Tool for Predicting Thrift Failures [J]. Decision Sciences, 1992, 23: 899-916.

[127] Salomons R, H Grootveld. The Equity Risk Premium: Emerging vs Developed Markets [J]. Emerging Markets Review, 2003, 4: 121-144.

[128] Sami H. Random Monitoring in Financing Relationships [J]. Quarterly Review of Economics and Finance, 2009, 49 (2): 239-252.

[129] Schonbucher P J, D Schubert. Copula-Dependent Default Risk in Intensity Models [R]. Working Paper, Department of Statistics, Bonn University, 2001.

[130] Scott E. The Probability of Bankruptcy: A Comparison of Em-pirical Predictions and Theoretical Models [J]. Journal of Banking and Finance, 1981, 9: 317-344.

[131] Seiford L M, J Zhu. An Acceptance System Decision Rule with Data Envelopment Analysis [J]. Computers and Operations Research, 1998, 25 (4): 329-332.

[132] Shimko D, N Tejima & DV Deventer. The Pricing of Risky Debt when Interest Rates are Stochastic [J]. The Journal of Fixed Income, 1993, 9: 58-65.

[133] Shocker A D, Bayus B L & N Kim. Product Complements and Substitutes in the Real World: The Relevance of other Products [J]. Journal of Marketing, 2004, 68 (1): 28-40.

[134] Silviu G. Information Theory with Application [M]. New York: Mcgraw-Hill. CO., 1977.

[135] Smolarski J, Kut C. The Impact of Venture Capital Financing Method on SME Performance and Internationalization [J]. International Entrepreneurship and Management Journal, 2009, 17 (1): 1538-1555.

[136] Song I, P Chintagunta. A Micromodel of New Product Adoption with Heterogeneous and Forward Looking Consumers: Application to the Digital Camera Category [J]. Quantitative Marketing and Economics, 2003, 1: 371-407.

[137] Stewart H. Bankruptcy Prediction Models [J]. Credit Control, 1993, 14 (11): 16-22.

[138] Storey D J. Understanding the Small Business Sector [M]. New York: Rutledge, 1994.

[139] Sueyo S T. Extended DEA-discriminant Analysis[J]. European Journal of Operational Research, 2001, 131: 323-351.

[140] Sun L. A Re-Evaluation of Auditors' Opinions Versus Statistical Models in Bankruptcy Prediction [J]. Review of Quantitative Finance and Accounting, 2007, 28 (2): 55-78.

[141] Susheng W, Hailan Z. Staged Financing in Venture Capital: Moral Hazard and Risk [J]. Journal of Corporate Finance, 2004, (10): 131-155.

[142] Tam K Y, M Kiang. Managerial Applications of Neural Networks: The Case of Bank Failure Predictions [J]. Management Science. 1992, 38: 927-947.

[143] Tan J, Zhang W & Xia J. Managing Risk in A Transitional Environment: An Exploratory Study of Control and Incentive Mechanism of Venture Capital Firms in China [J]. Journal of Small Business Management, 2008, 46 (2): 263-285.

[144] Thomas H. Lee, Shoji Shiba. Integrated Management Systems—A Practical APProach to Transforming Organizations [M]. New Ham Pshire: Center for Quality Management, 1999: 3-7.

[145] Thorsen Poddig. Bankruptcy Prediction: a Comparison with Discriminant Analysis. Neural Networks in the Capital Market [M]. John Wiley & Sons Ltd, 1995.

[146] Timothy K C. Time-varying Risk Preferences and Emerging Market Co-movements [J]. Journal of International Money and Finance, 2002, 21: 1053-1072.

[147] Trott P. Innovation Management and New Product Development [M]. FT Prentice Hall, 1998.

[148] Troutt M D, A Rai & A Zhang. The Potential Use of DEA for Credit Applicant Acceptance Systems [J]. Computers and Operations Research, 1996, 23 : 405-408.

[149] Tyebjee T, Bruno A V. A Model of Venture Capitalist Investment Activity [J]. Management Science, 1984, 9 (30): 1051-1066.

[150] Tyree E W & J A Long. Assessing Financial Distress with Probalilistic Neural Networks [C]. Proceedings of the Third International Conference on Neural Networks in the Capital Market, 1995.

[151] Utterback J M. Innovation in Industry and the Diffusion of Technology [J]. Science, 1974, 183: 620-626.

[152] Wu C Y. Using Non-Financial Information to Predict Bankruptcy: A

Study of Public Companiesn Taiwan[J]. International Journal of Management, 2004, 21 (2): 194-201.

[153] X Hu. Knowledge Discovery in Database: An Attribute-oriented Rough Set Approach [D]. University of Regina, Canada, 1995.

[154] X W Tang, Z F Zhou. The Research of Variable Weights in Combined Forecasting [J]. Computers Mathematics with Applications, 2003, 45 (3): 723-730.

[155] X W Tang, Z F Zhou, Y. Shi. The Errors Bounds of Combined Forecasting [J]. Journal of Mathematical and Computer Modelling, 2002, 36 (1): 997-1005.

[156] X W Tang, Z F Zhou, Y. Shi. Multi-Objective Constrained Nonlinear Optimization: An ODE Approach [J]. International Journal of Electron, 2004, 7 (4): 487-497.

[157] X W Tang. Forecast Theory with Its Applications [D]. Versity of Electronic Science & Technology of China Publisher, 1992.

[158] Y Zhang, Z F Zhou. An Selection Method of the ETF's Credit Risk Evaluation Indicators [D]. ICCS 2008, Kraków, Poland.

[159] Yu F. Default Correlation in Reduced Models [J]. Journal of Investment Management, 2003, 3 (1): 33-42.

[160] Yu J K, Zhou Z F, Li Y K. Study on Evaluating the EIT Project Establishment Based on Membership Cloud Gravity Center [J]. International Journal of Information Science and Computer Mathematics, 2011, 3 (2): 91-100.

[161] Yu J K, Zhou Z F. Research on Emerging Electron Technology Project Evaluation Index System [C]. The 3rd International Conference on Information Science and Engineering (ICISE 2011), Wu Han, 2011.

[162] Yurt Alici. Neural Networks in Corporate Failure Prediction: The UK Experience [D]. Proceedings of the Third International Conference on Neural Networks in the Capital Market, 1995.

[163] Z Pawlak. Rough Set-Theoretical Aspects of Reasoning about Data [M]. Dordrecht. Kluwer Academic Publishers, 1991.

[164] Z F Zhou, X W Tang. The Error Estimates of Continuous Variable Weight Combined Forecasting [J]. Journal of Systems Science and Electron, 2003, 3 (1):

235–242.

[165] Z F Zhou, X W Tang. The Research on Ordering Structure of Credit [J]. Journal of Systems Science and Electron, 2004, 3 (2): 531–534.

[166] Zhang Y, Zhou Z. An Selection Method of the ETF's Credit Risk Evaluation Indicators [D]. ICCS 2008, Kraków, Poland.

[167] Zhang Y, Zhou Z F. A Geometrical Method on Multidimensional Dynamic Credit Evaluation [J]. International Journal of Electron Technology & Decision Making, 2008, 1 (7): 103–114.

[168] Zhou C S. An Analysis of Default Correlation and Multiple Default [J]. The Review of Financial Studies, 2001, 14 (2): 555–576.

[169] Zhou Z F, X W Tang. Research on Targets Evaluation for Customers Credit [J]. Journal of Systems Science and Information, 2003, 1 (4): 635–638.

[170] Zhou Z F, X W Tang. The Research on Ordering Structure of Credit [J]. Journal of Systems Science and Information, 2004, 2 (3): 531–534.

[171] Zhou Z F, Tang X W & T Y Mou. The Optimization Techniques Approach to Customers'Credit [A]. Proceedings of ICSSSE' 2003 Hong Kong, 2003, 5: 177–182.

[172] Zhou Z F, Tang X W & Y J Lu. An Multi-targets Evaluation Approaches to Customers Credit [C]. Proceedings of 2003 International Conference on Management Science & Engineering, America, 2003, 4: 987–990.

[173] Zhou Z F, X W Tang & Y Shi. Estimate Errors on Credit Evaluation of Commerce Banks [J]. Lecture Notes in Artificial Intelligence, 2004, 3227: 229–233.

[174] Zhou Z F, Chen L & Tang X W. The Research on Space Frame of Multidimensional Dynamic Credit Evaluation[J]. Systems Engineering Theory & Practice, 2007, 4 (1): 1–8.

[175] Zhou Z F, Mu T Y & Shi Y. The Mathematical Structure on Credit Evaluation [J]. Far East Journal of Applied Mathematics, 2005, 1 (20): 113–119.

[176] Zhou Z F, Tang X W & Mou T Y. The Ordering Relation and Dominance Structure of Index Space for Credit [J]. Systems Engineering: Theory & Practice,

2004，24（11）：9-15.

［177］蔡风景，杨益党，李元. 基于损失程度变化的 CreditRisk+的鞍点逼近［J］. 中国管理科学，2004，12（6）：29-33.

［178］蔡建春，王勇，李汉铃. 风险投资中投资风险的灰色多层次评价［J］. 管理工程学报，2003，17（2）：94-97.

［179］蔡强. 基于新兴技术微观特征的投资决策研究［C］. 首届中国管理学年会论文集，2006：12.

［180］陈春霞，刘小平. 选择第三方逆向物流服务代理商指标体系研究［J］. 商场现代化，2007：505，120.

［181］陈德棉，裴夏生，沈明宏. 高技术投资风险预测和评价的理论和方法［J］. 预测，1998，17（1）：48-50.

［182］陈辉，张新立. 风险投资的分段投资博弈模型分析［J］. 烟台大学学报，2006，19（3）：170-175.

［183］陈林，周宗放. 从互联网在我国的发展浅论新兴技术企业的信用风险［J］. 价值工程，2005，4：123-126.

［184］陈晓红，张泽京，王傅强. 基于 KMV 模型的我国中小上市公司信用风险研究［J］. 数理统计与管理，2008，27（1）：164-175.

［185］陈雄华，林成德，叶武. 基于神经网络的企业信用等级评价［J］. 系统工程学报，2002，17（6）：570-575.

［186］谌述勇，陈荣秋. 论 JIT 环境下制造商和供应商之间的关系［J］. 1998，12（3）：46-52.

［187］程安亭，王雄. 科研项目评估研究［J］. 科技进步与对策，2008，（7）：17-20.

［188］邓光军，曾勇，唐小我. 新兴技术初创企业价值的实物期权定价分析［J］. 系统工程，2004，22（2）：73-81.

［189］邓光军，曾勇. 新兴技术的研发投资决策［C］. 中国企业运筹学学术交流大会论文集，2005.

［190］邓聚龙. 灰色系统理论教程［M］. 武汉：华中理工大学出版社，1990.

［191］邸凯昌，李德毅，李德仁. 云理论及其在空间数据发掘和知识发现中的应用［J］. 中国图像图形学报，1999，4（11）：930-935.

[192] 董秀秀，张洪伟. Fuzzy ART 研究在银行信用风险评价中的应用 [J]. 计算机工程与应用，2008，44（15）：231-233.

[193] 方洪全，曾勇. 银行信用风险评价方法实证研究及比较分析 [J]. 金融研究，2004，1：62-69.

[194] 高建，魏平. 新兴技术的特性与企业的技术选择 [J]. 科研管理，2007，28（1）：47-52.

[195] 顾婧，周宗放. 基于 Stackelberg 博弈的风险项目投资水平分析 [J]. 管理学报，2010，7（1）：1386-1390.

[196] 顾婧. 风险投资项目的初始和中止决策研究 [D]. 成都：电子科技大学，2010.

[197] 关伟，薛峰. 基于灰色聚类法的中小企业信用风险评价研究 [J]. 生产力研究，2004，1：109-117.

[198] 郭菊娥，晏文隽，张国兴. 风险投资主体对高新技术企业分阶段投资的时机选择 [J]. 系统工程理论与实践，2008（8）：38-43.

[199] 郭战琴，周宗放，李建平. 商业银行中长期贷款动态定价方法研究 [J]. 中国管理科学，2007，6：1-6.

[200] 郭战琴，周宗放. VaR 方法在银行信用风险防范中的应用 [J]. 电子科技大学学报（社科版），2004，6（3）：11-14.

[201] 郭战琴，周宗放. 基于 VaR 约束的商业银行贷款组合多目标决策方法 [J]. 系统工程理论方法应用，2005，2：149-153.

[202] 郭战琴，周宗放. 信贷风险管理的区间数参数模型及其应用 [J]. 电子科技大学学报（自然版），2006，35（1）：137-140.

[203] 国家发展计划委员会编选组. 国有资产评估与产权界定法律手册 [M]. 北京：人民法院出版社，2001.

[204] 韩祯祥，张琦，文福拴. 粗糙集理论及其应用综述 [J]. 控制理论与应用，1999，2：153-157.

[205] 韩沚清，纪秀红. 第三方物流服务代理商选择研究综述 [J]. 港口经济，2008，3：22-24.

[206] 郝建新，刘金兰. 发达国家及地区的政府投资项目管理 [J]. 水利水电技术，2004，（8）：83-85.

[207] 何海云. 青海省科技项目前评估及指标体系建立 [J]. 青海科技, 2007, 6: 72-74.

[208] 何应龙, 周宗放. 国外新产品扩散模型研究的新进展 [J]. 管理学报, 2007, 4 (4): 529-536.

[209] 胡乐江, 潘德惠, 曾鹏鑫. 基于马尔科夫过程的风险资本多阶段投资决策 [J]. 系统工程, 2003, 21 (2): 12-16.

[210] 黄慧中, 周宗放, 于继科. ILMBP 神经网络模型及其在个人信用评估中的应用 [J]. 管理学家, 2010, 10: 1-3.

[211] 黄健元. 模糊 ISODATA 聚类分析方法的改进 [J]. 南京航空航天大学学报, 2000, 32 (2): 179-183.

[212] 霍佳震等. 连锁超市配送中心管理信息系统的设计与研究 [J]. 计算机应用研究, 1999, 2: 73-75.

[213] 姜明辉, 王雅林, 赵欣等. K-近邻判别分析法在个人信用评价中的应用 [J]. 数量经济技术经济研究, 2004, 2: 143-147.

[214] 蒋嵘, 李德毅, 陈晖. 基于云模型的时间序列预测 [J]. 解放军理工大学学报, 2000, 1 (5): 13-18.

[215] 焦跃, 李德毅, 杨朝晖. 一种评估 C3I 系统效能的新方法 [J]. 系统工程理论与实践, 1998, 18 (12): 68-73.

[216] 金永红, 慈向阳, 叶中行. 风险投资多阶段动态信号传递契约安排 [J]. 上海交通大学学报, 2004, 38 (3): 434-437.

[217] 瞿焱. 建筑企业质量环境安全一体化管理框架的构建及运用 [D]. 杭州: 浙江大学, 2002.

[218] 柯孔林, 薛峰. 基于扩展数据包络判别法的商业银行信用风险评价 [J]. 系统工程理论与实践, 2004, 4: 117-122.

[219] 柯孔林. 粗糙集理论在高技术项目投资风险评价中的应用 [J]. 科技进步与对策, 2007, 24 (3): 125-128.

[220] 李德毅, 孟海军, 史雪梅. 隶属云和隶属云发生器 [J]. 计算机研究与发展, 1995, 32 (6): 15-20.

[221] 李竟成, 赵守国. 风险投资多阶段动态信号博弈分析 [J]. 哈尔滨工业大学学报, 2009, 41 (10): 279-282.

[222] 李萌. Logit 模型在商业银行信用风险评价中的应用研究 [J]. 管理科学，2005，18 (2)：33-38.

[223] 李舜蛟，王文胜. EDF 模型在中国商业银行信用风险管理中的应用 [J]. 金融论坛，2008，1：22-26.

[224] 李云飞，周宗放，于继科. 基于 UTAHP 的风险投资项目非系统风险的一类评估方法 [C]. “中国视角的风险分析和危机反应”——中国灾害防御协会风险分析专业委员会第四届年会论文集，2010.

[225] 李云飞，周宗放. 风险投资项目风险综合评估方法研究 [C]. 第四届 (2009) 中国管理学年会论文集，2009：89-93.

[226] 李云飞. 风险投资的契约机制及风险评价方法研究 [D]. 成都：电子科技大学，2012.

[227] 李振华，王浣尘. 风险资本投资合作多阶段多目标决策分析 [J]. 系统工程，2002，20 (6)：71-76.

[228] 李众，杨一栋. 一种新的基于二维云模型不确定性推理的智能控制器 [J]. 控制与决策，2005，20 (8)：866-873.

[229] 林汉川，夏敏仁. 企业信用评级理论与实务 [M]. 北京：对外经济贸易大学出版社，2003.

[230] 林清泉，张建龙. CVaR 的鞍点解析式及其在 CreditRisk+框架下的应用 [J]. 系统工程，2008，26 (2)：25-30.

[231] 刘德学，樊治平. 风险投资非系统风险的模糊评价方法 [J]. 科技进步与对策，2002，19 (2)：113-115.

[232] 刘林. 应用模糊数学 [M]. 西安：陕西科学技术出版社，1996.

[233] 刘清. Rough 集及 Rough 推理 [M]. 北京：科学出版社，2001.

[234] 刘思峰，郭天榜，党耀国. 灰色系统理论及其应用 [M]. 北京：科学出版社，1999.

[235] 刘希宋，曹霞，李大震. 风险投资及投资风险评价 [J]. 中国软科学，2000，(3)：42-46.

[236] 刘晓宏. 分阶段风险投资决策实物期权价值分析——分阶段投资的延期效应与风险效应 [J]. 中国管理科学，2005，13 (3)：26-31.

[237] 刘增桂. 政府投资项目管理存在的问题及防范对策的思考 [J]. 特区经

济，2007，(8)：210-213.

[238] 刘正林，徐伟宣. 风险资本多阶段投资决策分析 [J]. 中国管理科学，2002，10 (2)：1-5.

[239] 骆正山，陈红玲，郑楠. 多因素模糊综合评判模型的风险投资项目评估应用研究 [J]. 西安科技大学学报，2010，30 (3)：358-362.

[240] 马红燕，张光明，盛永祥. 评价物流厂商绩效的效用理论方法 [J]. 2003，17 (6)：78-83.

[241] 马若微. KMV 模型运用于中国上市公司财务困境预警的实证检验 [J]. 数理统计与管理，2006，25 (5)：593-601.

[242] 马杨，宋大文，凡雨. 影响技术创新项目成败的因素及其选择评估 [J]. 科技管理研究，1999，2 (5)：1-4.

[243] 迈克尔·波特. 竞争优势 [M]. 陈小悦译，北京：华夏出版社，1997.

[244] 蒲小雷，韩家平. 企业信用管理典范 [M]. 北京：中国对外经济贸易出版社，2001.

[245] 乔治·戴，保罗·休梅克. 沃顿论新兴技术管理 [M]. 石莹等译，华夏出版社，2002.

[246] 邵大宏，万玉成. 基于属性综合评估系统的科研评估模型 [J]. 数学的实践与认识，2007，(18)：23-28.

[247] 施锡铨，邹新月. 典型判别分析在企业信用风险评价中的应用 [J]. 财经研究，2001，10：53-56.

[248] 斯蒂芬罗斯. 公司理财 [M]. 北京：机械工业出版社，2010.

[249] 苏为华，陈骥. 模糊 Borda 法的缺陷分析及其改进思路 [J]. 统计研究，2007，24：58-64.

[250] 孙小琰，沈悦，罗璐琦. 基于 KMV 模型的我国上市公司价值评估实证研究 [J]. 管理工程学报，2008，22 (1)：102-108.

[251] 孙兴. 贵州科技计划项目评估体系研究 [J]. 贵州工业大学学报（社会科学版），2007，5：68-75.

[252] 孙瑛. 第三方物流运作效率评价指标体系的构建 [J]. 特区经济，2006：365-366.

[253] 唐炎钊，孙建国. 地方软科学研究项目评估流程和评估方法研究 [J].

科技进步与对策，2005，1（6）：17-21.

[254] 王春峰，李汶华. 商业银行信用风险评价：投影寻踪判别分析模型[J]. 管理工程学报，2000，14（2）：43-47.

[255] 王春峰，万海晖，张维. 商业银行信用风险评估及其实证研究 [J]. 管理科学学报，1998，1（1）：68-72.

[256] 王春峰. 基于神经网络技术的商业银行信用风险评价 [J]. 系统工程理论与实践，1999，9：12-16.

[257] 王国胤. Rough 集理论与知识获取 [M]. 西安：西安交通大学出版社，2001.

[258] 王建稳，梁彦军. 基于 KMV 模型的我国上市公司信用风险研究 [J]. 数学的实践与认识，2008，38（10）：46-53.

[259] 王文婕，官建成. 技术进步贡献率与新兴技术投资战略 [J]. 管理学报，2005，2（3）：301-303.

[260] 王小龙. 从国外典型实践看政府科研计划项目评估 [J]. 中国科技论坛，2007，1（5）：27-32.

[261] 王瑛，孙林岩，汪慕红. 第三方物流服务代理商特征属性的前沿评价[J]. 西南交通大学学报，2009，39（4），525-530.

[262] 吴学渊，王文涵. 国有资本营运与监管 [M]. 北京：中国经济出版社，2002.

[263] 夏红芳，马俊海. 基于 KMV 模型的上市公司信用风险预测 [J]. 预测，2008，27（6）：39-43.

[264] 夏晖，曾勇. 新兴技术创新速度分析一种实物期权方法 [J]. 管理学报，2005，2（3）：295-230.

[265] 小艾尔弗雷德，D. 钱德勒. 看得见的手——美国企业的管理革命[M]. 重武译，北京：商务印书馆，1987.

[266] 肖位枢. 模糊数学基础及应用 [M]. 北京：航空工业出版社，1992.

[267] 谢科范，马仁钊，杨青. 新产品开发风险管理 [J]. 电子科技大学学报，1993，3（1）：73-87.

[268] 徐少锋. Fisher 判别分析在个人信用评价中的应用 [J]. 统计与决策，2006，1：133-135.

[269] 杨福坤，张春生. 中华人民共和国国防法释义 [M]. 北京：法律出版社，1998.

[270] 杨季美，史本山. 群体评价中的合并方法 [J]. 系统工程理论与实践，1992，2：49–53.

[271] 杨水龙. 安全管理系统业务流程再造 [J]. 矿业安全与环保，2003.

[272] 杨玉中，吴立云. 胶带运输系统安全性的模糊综合评判 [J]. 数学的实践与认识，2008，38（3）：29–35.

[273] 易丹辉. 统计预测 [M]. 北京：中国统计出版社，2001.

[274] 尹淑娅. 风险投资中的创业企业价值评估模型及其运用 [J]. 中国软科学，1999，2（1）：78–93.

[275] 于继科，李云飞，杨扬，周宗放. 电子类项目投资风险评价方法研究 [C]. "中国视角的风险分析和危机反应"——中国灾害防御协会风险分析专业委员会第四届年会论文集，2010.

[276] 于锟等. 粗糙集理论应用中的离散化方法综述 [J]. 西南科技大学学报，2005，20（4）：32–36.

[277] 张飞舟，范跃祖，沈程智等. 基于隶属云发生器的智能控制 [J]. 航空学报，1999，20（1）：89–92.

[278] 张功杭. 我国政府投资项目管理存在的问题及解决对策 [J]. 广东行政学院学报，2008（2）：17–21.

[279] 张国良，陈宏民. 国内外技术创新能力指数化评价比较分析 [J]. 系统工程理论方法应用，2006，15（5）：385–392.

[280] 张立新. 非对称信息条件下风险投资契约机理研究 [D]. 大连：大连理工大学，2008.

[281] 张玲，杨贞柿，陈收. KMV 模型在上市公司信用风险评价中的应用研究 [J]. 系统工程，2004，11：83–89.

[282] 张玲，曾维火. 基于 Z 值模型的我国上市公司信用评级研究 [J]. 财经研究，2004，5（6）：51–56.

[283] 张维，李玉霜，王春峰. 递归分类树在信用风险分析中的应用 [J]. 系统工程理论与实践，2000（3）：50–54.

[284] 张维，李玉霜. 基于分类树的商业银行信贷分类数据处理问题 [J]. 系

统工程理论方法应用，2002，11（1）：15–19.

[285] 张伟，朱宏亮. 我国政府投资项目管理的制度变迁 [J]. 土木工程学报，2007，（5）：37–40.

[286] 张蔚虹. 指数平滑法在销售预算中的应用 [J]. 中国管理信息化，2008，11（2）：27–31.

[287] 张文修，吴伟志，梁吉业. 粗糙集理论与方法 [M]. 北京：科学出版社，2001.

[288] 张新立，杨德礼. 多层次灰色评价在风险投资项目决策中的应用 [J]. 科技进步与对策，2006，23（10）：140–142.

[289] 张友棠，杨轶. 基于“5C”的企业信用评价标准化体系的构建 [J]. 世界标准化与质量管理，2005（9）：21–23.

[290] 张渝，周宗放. 基于模糊熵的商业银行信用风险评价指标选择方法 [J]. 管理评论，2006，7：27–34.

[291] 张渝，周宗放. 商业银行信用风险评价指标的熵权选择方法 [J]. 电子科技大学学报（自然版），2006，6：856–859.

[292] 张忠志，唐焕文，荣莉莉. 数据包络分析在信用评价的应用 [J]. 运筹与管理，2004，13（1）：112–117.

[293] 郑君君，刘玮，孙世龙. 关于风险投资项目风险综合评价方法的研究 [J]. 武汉大学学报，2005，38（4）：125–128.

[294] 郑毅，蔺帅. 遗传神经网络在商业银行信用风险评价中的应用 [J]. 社会科学家，2008，1：133–135.

[295] 钟华，张英，周宗放. 基于模糊聚类的高新技术企业信用风险评价方法研究 [J]. 经营者管理，2008，13：386–387.

[296] 周涛，程钧漠，乔忠. 物流厂商绩效评价体系及模糊综合评判 [J]. 物流技术，2002，9：26–28.

[297] 周宗放，陈林，唐小我. 多维动态信用评价的信用状态空间结构研究 [J]. 系统工程理论与实践，2007，4：1–8.

[298] 周宗放，刘国强，肖珉. 企业赊销风险评价与管理 [M]. 北京：经济科学出版社，2011.

[299] 周宗放，任家富. 服务代理商选择与备件备品库存优化研究 [M]. 北

京：经济科学出版社，2011.

[300] 周宗放，张瑛，陈林. 新兴技术企业信用风险演化机理与评估方法研究 [M]. 北京：科学出版社，2010.

[301] 朱明强. 政府投资项目管理模式的探索 [J]. 建筑技术，2007，11：33-35.

[302] 朱兴德，冯铁军. 基于神经网络的个人信用评价 [J]. 系统工程理论与实践，2003，12：70-75.

[303] 庄平，李延喜. 基于G1——变异系数法的企业投资风险评价模型与实证研究 [J]. 软科学，2011，25 (10)：107-112.

[304] 邹鹏，叶强，李一军. 面向巴塞尔新资本协议的自优化神经网络信用评价方法 [J]. 管理学报，2005 (7)：406-409.

后 记

20 世纪 90 年代以来，以互联网、信息与电子技术、生物技术、新材料等新兴技术代表了最先进的生产力。随着技术革新的步伐加快，新兴技术已成为整个社会经济持续发展的重要驱动力。一方面，由于新兴技术项目大多属于国家重点支持的发展领域，一些项目规模很大且主要由国家财政资金投入；另一方面，承担新兴技术项目研发和产品开发的企事业单位的实力参差不齐。因此，新兴技术项目的评估与管理问题已成为当前新兴技术产业发展中面临的突出问题，也是当前我国实施科技强国的战略、提升科技效益和实施现代化发展战略中面临的重大问题。

目前，关于一般项目风险评估的方法较多，本书基于新兴技术项目本身的特征和部分风险评估指标不易度量的特点，提出了新兴技术项目风险评估的一些方法供读者参考。

企业信用风险方面的评估方法很多，一方面，由于信用风险评估不是本书的核心内容；另一方面，由于新兴技术项目企业的特点，评估其信用风险的指标数据通常难以获取或者不完整①。因此，本书仅采用了评估新兴技术项目企业信用风险的一类方法，该方法通过建立参照样本系，部分解决了新兴技术项目企业信用风险数据缺失或不完整的状况。随着经济发展方式转变，越来越多的民营企业将参与到新兴技术项目中，因此，对新兴技术项目企业的信用风险进行评估，具有越来越重要的现实意义。

新兴技术项目产品为了快速地进入市场，以利于赢得时间和获得规模效应，赊销便成为新兴技术项目企业的普遍选择。基于此，本书结合企业赊销风险管理

① 除国防类新兴技术项目企业对保密性的要求外，一些新兴技术项目企业可能处于成长期或者初次置身于新兴技术市场，其成长和发展通常具有较大的不确定性，相关的信用风险评估数据要么难以获取，要么不完整。

的实际经验，对新兴技术项目企业赊销风险管理体系中涉及的一些基本问题展开了讨论。随着科技进步和市场经济的发展，新兴技术项目企业的赊销风险管理问题将会越来越突出，甚至可能成为新兴技术项目企业生存和发展的桎梏。

随着市场竞争日益激烈，快速响应用户的需求是厂商生存与发展的根本保证。对于新兴技术项目企业而言，除了需要为用户提供产品或装备的（售后）维护维修服务外，还需要提供相应的备品备件以及技术支持。为了节约服务成本和及时满足用户的需求，新兴技术项目产品或装备的（售后）服务应逐步实现本土化、本地化。因此，服务代理商的选择问题必然是新兴技术项目产品或装备生产企业所面临的重要问题。

由于新兴技术项目在研发、生产、市场销售和管理等各个环节均面临很大的风险，因此，本书根据新兴技术项目的这一特征，基于风险评估与管理的视角，从新兴技术项目的立项风险评估、阶段性风险评估、新兴技术项目企业信用风险评估、市场赊销风险管理、服务代理商的选择以及项目的资产管理、项目的综合管理等进行了探讨，这些内容涵盖了新兴技术项目立项、研发、生产、市场销售和管理等各个环节，由此形成了本书的主要特色。

由于新兴技术的高技术性和部分涉密性以及新兴技术项目产品商业模式的特殊性，在新兴技术项目的立项、研发、生产、市场销售和管理等各个环节上都是点到为止，没有展开进一步的讨论，也未提供相应的实证数据。虽然本书仅仅是站在相关管理部门的视角从理论层面上进行了有益的探讨，但本书的内容可以为承担具体新兴技术项目的单位或相关管理部门提供管理思想和理论支撑。